高等学校"十三五"规划教材
市政与环境工程系列丛书

生态伦理学教程

主　编　李永峰　杨倩胜辉　李　彧
副主编　范桂荣
主　审　应　杉

哈尔滨工业大学出版社

内容简介

本书以生态伦理学研究为中心,介绍了生态伦理的相关概念及其主要内容,包括生态道德相关内容,生态文明、动物解放论、权利论、儒家个人中心主义、道家自然中心主义、人类中心主义、生物、生态中心主义、生态女性主义等内容,并且将生态伦理理论与科学发展观联系到一起,为我国的可持续发展提供借鉴。

本书可作为高等学校相关专业本科生的公共课教学用书,也可作为硕士生和博士生的研究参考资料,还可供其他从事相关专业的科技、生产和管理人员参考。

图书在版编目(CIP)数据

生态伦理学教程/李永峰,杨倩胜辉,李彧主编. —哈尔滨:
哈尔滨工业大学出版社,2017.8
ISBN 978-7-5603-6871-9

Ⅰ.①生… Ⅱ.①李…②杨…③李… Ⅲ.①生态伦理学-教材
Ⅳ.①B82-058

中国版本图书馆 CIP 数据核字(2017)第 203289 号

策划编辑	贾学斌
责任编辑	苗金英
出版发行	哈尔滨工业大学出版社
社　　址	哈尔滨市南岗区复华四道街10号 邮编150006
传　　真	0451-86414749
网　　址	http://hitpress.hit.edu.cn
印　　刷	哈尔滨市工大节能印刷厂
开　　本	787mm×1092mm 1/16 印张11.25 字数271千字
版　　次	2017年8月第1版 2017年8月第1次印刷
书　　号	ISBN 978-7-5603-6871-9
定　　价	28.00元

(如因印装质量问题影响阅读,我社负责调换)

前　言

生态伦理学是环境哲学的一个分支，二者之间的关系和伦理学与哲学的关系一样。生态伦理学，又称环境伦理学，是关于人与环境之间关系的道德原则、道德标准和行为规范等方面的研究，是人与自然协同发展的道德学说。它根据现代科学所揭示的人与自然相互作用的规律性，以道德为手段，从整体上协调人与自然的关系。它不是传统伦理学向自然领域的简单扩展，而是在人类反思生态环境问题的基础上产生的一门新兴学科，它作为可持续发展的拓展学科，正在引起广大学者乃至全世界的广泛关注。

本书主要介绍了生态伦理的相关概念及相关学派的理论，如生态中心主义和生物中心主义等。其中着重介绍了生态道德，儒家、道家的生态伦理观，动物权利以及生态女性主义，自然价值论等内容。本书注重各个伦理的相关介绍，可作为生态伦理以及可持续发展拓展方面的参考书籍，为可持续发展及环境保护提供相关佐证。希望本书的出版能够使得更多读者参与到环境保护的行动中来，为地球的可持续发展尽自己的一份力量。

本书由李永峰、杨倩胜辉、李彧担任主编，范桂荣担任副主编，应杉博士主审。编写分工如下：第1章至第3章由范桂荣编写；第4章、第5章由杨倩胜辉、李永峰编写；第6章、第7章由李彧、李永峰编写；第8章至第14章由李永峰编写。全书文字整理和图表制作由骆雪晴、彭方玥、张伊帆完成。

本书的出版得到黑龙江省高教学会重点项目（16Z015）成果和资金的支持。使用本书的学生可免费获得电子课件，如有需要，可与李永峰教授联系（mr_lyf@163.com）。本书可作为高等学校相关专业本科生的公共课教学用书，也可作为硕士生和博士生的研究参考资料，还可供其他从事相关专业的科技、生产和管理人员参考使用。

由于时间紧迫，编者的水平与知识有限，书中难免存在不妥之处，真诚希望专家学者、广大师生和读者批评指正。

编　者
2017年1月

目 录

第1章 绪 论 ·· 1
  1.1 生态伦理学 ·· 1
  1.2 生态伦理学的研究对象与学科性质 ·· 4
  1.3 生态伦理学与相关科学的关系 ·· 7

第2章 生态道德的本质、结构、功能和教育 ··· 10
  2.1 生态道德的本质 ··· 10
  2.2 生态道德的结构 ··· 12
  2.3 生态道德的功能 ··· 16
  2.4 生态道德的教育 ··· 19

第3章 生态道德的原则与规范 ··· 24
  3.1 生态价值观念的确立 ··· 24
  3.2 生态道德的基本原则 ··· 28
  3.3 生态道德的主要规范 ··· 29

第4章 生态文明 ··· 31
  4.1 生态文明的概念与发展 ·· 31
  4.2 生态文明建设 ·· 34

第5章 动物解放论 ·· 37
  5.1 动物解放论的理论背景 ·· 37
  5.2 动物解放思想的理论主张：反物种歧视 ···································· 39
  5.3 动物解放论的基本内容——以彼得·辛格动物解放论为原型 ········ 42
  5.4 动物解放论与动物权利论的比较 ··· 43

第6章 动物权利论 ·· 46
  6.1 种际伦理及其现实需要 ·· 46
  6.2 种际伦理原则 ·· 48
  6.3 动物的道德地位 ··· 50
  6.4 忽视动物权利的主要观点 ··· 54

第7章 儒家个人中心主义 59
7.1 儒家生命观 59
7.2 儒家个人中心主义生态伦理观 63
7.3 儒家个人中心主义操守 67
7.4 儒家个人中心主义批判 72

第8章 道家自然中心主义 73
8.1 道家生命观 73
8.2 道家自然中心主义生态伦理观 75
8.3 道家自然中心主义操守 80
8.4 道家自然中心主义批判 86

第9章 人类中心主义 88
9.1 人类中心主义的概念与发展 88
9.2 人类中心主义的生态伦理观 90
9.3 人类中心主义与非人类中心主义 93
9.4 生态人类中心主义 97

第10章 生物中心主义 99
10.1 生物中心主义的基本概念 99
10.2 生物中心主义的基本原理 100
10.3 生物中心主义的生态伦理观 101
10.4 生物中心主义的基本流派 102
10.5 生物中心主义的内在价值 107
10.6 生态学视阈下的生物中心主义 109

第11章 生态中心主义 112
11.1 生态中心主义产生的前提 112
11.2 大地伦理观 114
11.3 自然价值论 116
11.4 深层生态学 118
11.5 生态中心主义 119
11.6 中国传统生态观 122

第12章 生态女性主义 123
12.1 生态女性主义产生的背景 123
12.2 生态女性主义的根源 124
12.3 生态女性主义概述 124

12.4　生态女性主义的基本观点 ··· 124
　12.5　生态女性主义思想的理论和现实意义 ································· 127
第13章　生态伦理学实践 ··· 133
　13.1　西方环境运动与绿色政治 ··· 133
　13.2　人口增长与消费 ·· 135
　13.3　核武器与太空开发 ··· 137
　13.4　大气污染与气候变暖 ·· 140
　13.5　抗生素 ·· 142
　13.6　基因工程与作物改良 ·· 144
　13.7　生态美学和生态文化 ·· 147
第14章　自然价值论 ·· 150
　14.1　自然资源价值基本概念 ··· 150
　14.2　面向可持续发展的自然资源价值观 ···································· 155
　14.3　自然资源价值理论 ··· 161
后记 ··· 168
参考文献 ··· 171

第1章 绪 论

生态伦理学是环境哲学的一个分支,二者之间的关系和伦理学与哲学的关系一样。生态伦理学,又称环境伦理学,是关于人与环境之间关系的道德原则、道德标准和行为规范等方面的研究,是人与自然协同发展的道德学说。它根据现代科学所揭示的人与自然相互作用的规律性,以道德为手段,从整体上协调人与自然的关系。它不是传统伦理学向自然领域的简单扩展,而是在人类反思生态环境问题的基础上产生的一门新兴学科。

1.1 生态伦理学

1.1.1 生态伦理学的产生

生态伦理学的产生既是20世纪自然科学与人文科学发展的必然,又是现代人类生态环境实践的要求。因此,它的产生既有理论上的准备,又是社会需求的结果。

人类从诞生起就注定了与自然之间存在着微妙的相互制衡的关系,随着人类的发展,尤其是在工业革命之后,科学技术有了巨大的发展,人类改造与支配自然的能力也得到了空前提升,与此同时,人类对自然资源的消耗和对自然环境的破坏也变得如灾难般肆意蔓延,已经严重威胁到了人类自身的生存与发展。面对如此严峻的形势,人们开始重新审视自身的发展战略,开始重新反思人与自然的关系。在这样的背景下,以承认自然生态的基本权利和价值、倡导人与自然和谐发展、关注人类自身的可持续发展为核心理念的生态伦理学应运而生。

从古代开始,希腊及亚洲地区的一些哲学家便一直在思索大自然以及人类和大自然的关系等一系列问题。他们所提出的许多世界观都隐含了伦理价值,但都没有发展成为完整的生态伦理学。

近代工业革命以来,科技的进步使工农业生产以前所未有的速度向前发展,已突破了增长的极限。特别是第二次世界大战以后,各国为了增强实力、发展经济,都加速了工业化进程,掠夺式地开发自然资源。工业文明在给世界带来福音的同时,也给人类带来了深重的灾难。工业化和与之相伴随的城市化进程带来了环境中的资源和原料的大量需求与消耗,而大量的工业生产和城市生活的废弃物则排放到土壤、河流和大气中,最终造成了环境污染危机的多样化发展和全面爆发。时至今日,全球生态环境日益恶化的总体趋势仍未从根本上得到遏制。

面对生态环境问题,人们最初认为这是"自然现象"或者认为是"上天的惩罚",于是就祈求上苍或者躲避。后来人们认识到那是自然运动规律和人类行为联合作用的结果,于是就按照业以证明为正确的思维习惯把希望寄托在环境治理技术的发明和推行上。但是日复一日、年复一年地投入了巨大的人力、物力和财力,制定了无数个强制执行的法规,可是环境问题依然未得到根本性的改善,更看不到彻底解决的希望。

"山重水复疑无路,柳暗花明又一村。"人类永远不会停下自己发展的脚步,不过在迈出新的一步之前被迫(慢慢就变成了自觉)多了一层思考,准确一些说是多了一层反思。不但审视自己在解决环境问题过程中的成败得失,而且审视自己在开发利用自然资源环境过程中的成败得失。在这种反思中,人们发现人类在开发利用自然环境来养育自己的过程中没有去善待自然环境。于是人类应该如何对待自然环境的问题或者说在人与自然环境构成的世界系统中自然环境应处于什么地位的问题被提上了议事日程,生态伦理学应运而生。

生态伦理学揭示出来的生态系统中各要素的相互依赖性,系统的平衡性、有机性和整体性都展示了一幅与传统的机械论自然观迥然不同的图景。不仅如此,生态系统所表现出的整体性还孕育了一种强调互补、平等和均衡关系的价值观,其关注动植物之间的密切联系以及整个生物世界对光合作用等基本生态过程的依赖。

1.1.2 生态伦理学的拓展——可持续发展观

可持续发展是1987年世界环境与发展委员会在《我们共同的未来》报告中第一次阐述的新概念。在人与自然关系发生尖锐矛盾、整个人类社会陷入"生态困境"、社会发展失衡的严峻形势下,一切不同制度、不同国家的人们都在考虑社会发展的模式,即如何解决社会经济发展与生态保护的统一问题。1992年6月,联合国在巴西里约热内卢召开了环境与发展大会,通过了《里约宣言》,与会者一致承诺把可持续发展的道路作为国际社会迈向21世纪的战略。这在人类发展道路上竖起了一座新的里程碑。

可持续发展战略的含义是指在不损害后代满足其需要的前提下追求一种最大限度地满足当代人生产、生活需要的模式。人类作为自然界的主体,其生存和繁衍只能依赖于自然环境这个客体。因此,人类在从事经济活动的同时,也要加强环境建设,处理好人与自然协调发展的关系,使自然界能够持续地满足人类生存和繁衍的需要。

古人说:"人定胜天。"我们要征服世界、改造自然。这实际上是人类中心主义的哲学理念,人类在征服、控制、改造自然的同时,也在掠夺、破坏自然,这种世界观是片面的。人与自然和谐发展既不是自然中心主义,也不是人类中心主义,不能要发展不要环境,也不能要环境而不要发展,要在其中找到一个契合点。这一点就是人与自然和谐发展,就是可持续发展。

自工业革命以来,由于人类自身发展需求的不断膨胀,生产力的不断提高,驾驭自然能力的不断增强,随之而来的人口膨胀、资源匮乏、环境污染等一系列问题逐步演变成威胁人类发展和生存的根本性问题,人类面临着空前的危机。为此,人们开始对这些危机进行反思,提出了可持续发展战略。

可持续发展战略是人类以新的价值观和道德观审视道德主体行为善恶而做出的理性选择。它作为一种新的发展观,一经提出便被国际社会普遍接受。可持续发展战略为人类社会设计了一个全新的发展模式,它涉及经济与社会发展的各个领域。

中国是一个发展中国家,目前正面临着发展经济和保护环境的双重任务。1996年7月江泽民同志在第四次全国环保会议上就环境保护与可持续发展做了精辟的分析:"在社会主义现代化建设中,必须把贯彻实施可持续发展始终作为一件大事来抓。可持续发展的思想最早源于环境保护,现在已成为世界许多国家指导经济社会发展的总体战略。经济的发展必须与人口、环境、资源统筹考虑，不仅要安排好当前的发展，还要为子孙后代着想，为未来的发展创造更好的条件，决不能走浪费资源、走先污染后治理的路子，更不能吃祖宗饭断子孙路。"

(1) 必须爱护、尊重生命和自然界，保护与促进生态系统的完整和稳定。

这一生态伦理原则作为人类从事经济活动的最高行为准则，在此基础上，研究解决生态环境保护，实现国民经济可持续发展的制胜战略。

依照生态学的观点来看，自然界的所有生物包括动植物和微生物，一旦存在就有按照生态学规律继续存在下去的权利。人类对自然界中的一切生物的存在负有尊重、爱护的责任和义务。不能剥夺它们的生存权利，而导致生物物种的灭绝。从这一观点出发，在经济建设中，从促进经济发展与环境保护相统一的角度合理制定社会经济的发展规划，改变传统的发展模式，走可持续发展的道路。

传统的发展模式是以高投入、高消耗作为其发展的重要手段和根本途径，以高消费、高享受作为其发展的追求目标和推动力。它片面强调发展的经济目标和推动力，片面强调发展的经济目标和发展的速度与数量，而忽视了生态环境的保护和自然资源的综合利用，忽视了对环境污染的防治。这是一种以牺牲环境为代价的发展模式，必须加以否定。可持续发展则强调保护生态环境的完整性与统一性，强调人与自然的和谐，强调资源的合理开发和可持续利用，强调后代人与当代人具有同等的发展机会。改变传统的发展模式，走可持续发展的道路是中国经济健康、快速发展的必由之路，也是解决生态危机的根本出路。

可持续发展以人类整体利益与长远利益为最终目标。它既满足当代人的需要，又不对后代人的发展构成危害。它既要保障人类的基本生存需要，又要不断提高人类的生活质量，实现人的全面发展。这种价值目标从伦理道德角度上要求人们在经济建设过程中，在追求眼前的、局部的物质利益时必须兼顾长远利益和整体利益；克服急功近利、为了少数人的眼前利益而损害整个国家的利益，甚至损害整个人类的共同利益，影响子孙后代生存发展需要而开发掠夺自然资源，造成环境污染，破坏生态环境的不道德行为。

(2) 广泛开展全民性的环境教育和生态道德教育，培养广大群众的环境意识和生态道德意识，提高全民族的生态道德素质，为实现国民经济的可持续发展创建良好的道德氛围。

一个国家社会公众环境意识水平的高低对于生态环境保护有着极其重要的作用。国际上通常把环境意识分为两个层次：一是与人们关系密切的日常生活的环境意识，这是一种浅层次的认识；二是与人们间接联系的远离人们日常的生态环境意识，这是一种较深层次的认识。据有关专家调查表明，目前中国人的环境意识多数停留在第一个层次，即人们对日常生活环境具有较高的关注程度和意识水平，如对水污染、大气污染和生活垃圾污染方面大家比较关心，而对于远离日常生活的生态资源的破坏，如森林破坏、水土流失、野生动植物减少、海洋污染等的关注却远远不足。

为了改变广大群众的环境意识和生态道德建设薄弱的现象，我国政府通过图书报刊、广播电视等新闻媒介以及组织群众性的环保宣传活动等多种渠道，向广大社会公众进行强化环保知识和生态环境意识的培养。

生态伦理学是生态危机的必然产物。生态伦理学的形成和发展确立了人与自然和谐发展、共同进步的道德准则，反映了人类道德的进步，标志着人类认识世界和改造世界的实践达到了一个新的高峰。

人类的可持续发展,在今天已经不再是单纯的经济发展模型,而是包括生态可持续发展、经济可持续发展、社会可持续发展在内的综合性社会发展理论。生态伦理是实现人类可持续发展的途径之一,生态伦理这一功能的实现有赖于通过代内公正和代际公正来协调人类自身的利益。如果说人类生态环境恶化是由诸多原因造成的,但最根本的原因还在于人类在工业化发展过程中未能正确处理人与人之间的关系。协调同一时代强势群体与弱势群体之间、不同时代的本代人与后代人之间在生态资源分配中的利益冲突,实现人类社会的可持续发展,才是生态伦理学的理论归宿。

1.2 生态伦理学的研究对象与学科性质

1.2.1 生态伦理学的研究对象

20 世纪五六十年代以来,人类生存环境日趋恶化,这一状况促使人们从各个领域对人类征服自然的活动进行反思。于是以保护生态环境、促进人类可持续发展为目的的生态伦理学异军突起,成为应用伦理学中的一门科学。在人类整体利益的基础上,生态伦理学构建了一整套处理人与自然之间关系的伦理规范,但是这些理论在转化为环保实践的过程中却遭遇到许多现实的困难。究其原因,除了环保实践过程中的人为因素外,在理论上,生态伦理学的研究对象是人与自然的关系还是人与人的关系?他的研究对象究竟是什么?这是生态伦理学研究中的一个症结。

伦理学的存在已有数千年。然而长期以来,传统的伦理学,无论是亚里士多德的伦理学、康德的伦理学、穆勒的伦理学,还是经典的马克思主义伦理学;无论是西方的伦理学,还是东方的伦理学,都基本上属于人际伦理学的范畴,它们讲的道德基本上是人际道德。也就是说,在传统的伦理学中,无论善、恶等道德观念,义务、良心、荣誉、幸福等道德范畴,集体主义、英雄主义等道德原则,勿偷盗、勿奸淫、勿欺诈、团结、公正、友爱等道德规范,都主要是针对人与人的关系而言。生态伦理学则不同,它是关于自然道德的学说。换言之,它研究的是人类与自然之间的关系。

生态伦理学研究的是人类与自然之间的道德关系,而非人类社会内部人与人之间的道德关系。它实现了伦理学由人际道德向自然道德的拓展。这一拓展是有根据的。其根据在于:包括道德现象在内的整个文化现象,实际上是以人类的时间为中介而建立起来的人-社会-自然的三维结构。换言之,它是人与社会、人与自然以及人与社会同人与自然三对矛盾错综运动的表达。正如离开了人与社会之间的矛盾运动便无法正确说明人与自然之间的矛盾运动一样,离开了人与自然之间的矛盾运动,也无法正确说明人与社会之间的矛盾运动。我们只有在这些矛盾的相互联结上方可求得对包括道德现象在内的整个文化现象的合理解答。人与社会的关系折射着人与自然的关系,人与自然的关系也折射着人与社会的关系。由人对待自然的态度和行为所决定的人与自然的关系,之所以具有道德意义,归根结底,是因为这一关系最终会对人的社会现实生活产生影响,触及人的利益。因此,自然道德和人际道德作为两种道德并非彼此分离与孤立,它们在实质上是同一的,在内容上相互渗透,在功能上互补。

西方生态伦理学的奠基人、生物中心主义者施韦兹说:"传统伦理学只涉及人与人之间的关系,只对人讲道德,是人际关系的伦理学,这种伦理学是不完整的,从而也不可能具有充分的伦理功能。人与人的关系甚至人与自然的中介关系也不是伦理学中的主要关系,只有人－自然、个人－自然的关系(其中的连接号表示人与自然、个人与自然的整体不可分性)才对人具有重要的和绝对的意义。普通伦理学研究的是人与人的关系,人与万物的关系是排除在外的,而生态伦理学则以'我与现存的一切关系'为对象,实际上,伦理与人对所有存在于他的范围之内的生命行为有关,只有当人认为所有生命,包括人的生命和一切生物的生命都是神圣的时候,他才是道德的。"生态伦理学提出"尊重生物生命"。如果只承认爱人的原则,伦理就不可能规则化,但是,如果把爱的原则扩展到一切动物,就会承认伦理的范围是无限的。从而,人们就会认识到,伦理就其全部本质而言是无限的,它使我们承担起无限的责任和义务。这种根本上完整的伦理学,具有完全不同于只涉及人的伦理学的深度、活力和功能。

澳大利亚哲学家辛格、美国哲学家雷根等人的主张与施韦兹的观点大同小异。他们认为,自然界的生物有两种,一种有感觉能力,一种没有感觉能力。所有动物都像人一样,有感觉痛苦和享受愉快的能力,因而它们都拥有过一种较为幸福或较不痛苦的生活权利,人类应当予以关心。在这方面,人类与非人类动物之间并不存在一条泾渭分明的分界线。至于说一块石头,因为它不能感受苦乐,那么它就没有什么需要我们加以考虑的。所以,他们主张伦理学的界线应当画在有感觉能力的生物,尤其是动物那里。

西方生态伦理学的创始人、生态中心主义者莱奥波尔德认为,伦理学的发展有三个阶段:最初的伦理学研究人与人之间的关系;后来伦理学扩展到研究人与社会之间的关系;现在伦理学发展到第三阶段,即把它的研究范围扩大到人与大地之间的关系。他提出"大地共同体"的概念。他说:"大地是一个共同体。这是生态学的基本概念。大地是可爱的,而且应该受到尊重。这是伦理学的一种扩展。"道德向大地共同体的延伸,就成为"大地伦理学"。大地伦理学只是扩大了共同体的边界,把土地、水、植物和动物包括在内,或把这些看作是一个完整的集合——大地。也就是说,要把传统伦理学的道德规范从调节人与大地之间的关系,把道德权利扩大到动物、植物、土壤、水域或其他自然界的实体,确认他们在自然界中持续存在的权利。他认为,人类必须承认人以外的其他自然界实体存在的伦理权利;如果只承认人的伦理权利而不承认自然界其他实体的伦理权利,那就是人类沙文主义。

美国著名生态伦理学家、自然生态系统价值论者罗尔斯顿认为,传统伦理学"主要是把人作为价值和权利的主体,如果涉及非人类领域,也只是把它们作为从属于人的领域。我们在这里提出的建议,是对价值的范围加以扩展,是自然不再仅仅被看作'财产',而是被看作一个共和国"。我国一些生态伦理学继承和发扬了西方自然中心主义生态伦理学家的说法。

余谋昌教授认为:"生态伦理学主张把伦理学的知识领域,从人与人的社会关系扩展到人与自然的生态关系,把道德对象的范围从人类共同体扩展到'人—自然'共同体,以人与自然的和谐发展与共同进化为目标,从承认生命和自然界的价值,到承认生命和自然界的权利,并制定新的道德原则和道德规范。这是人类道德的进步。"他引证并赞同美国学者纳什的观点:"过去的伦理学的对象是家庭和部落,现在的伦理学的对象是国家、种族、人类和一部分动物,未来的伦理学的对象是所有动物、植物、生命以及岩石体、生态系统和星球。"

刘湘溶教授说得更直接、更明确:"生态伦理学研究的是人类与自然之间的道德关系而非人类社会内部人与人之间的道德关系,它实现了伦理学由人际道德向自然道德的拓展。"

叶平教授认为:"生态伦理学以人与自然的生态道德关系为研究对象,这是伦理学领域的第三次扩展(前两次:人与人、人与社会领域)。其特点是:①扩大伦理思考的边界,包括整个生物圈的地球生命系统;②改变人类对自然的概念,从自然的主宰者转变到普通一员;③确立新的伦理信念,既尊重人类社会,也尊重自然社会。生态伦理学这种道德观念和基本伦理观念的转变,其最基本的前提和依据,是承认环境问题和人对自然关系具有伦理道德的意义。"

对于上述生态伦理学家的意见,可以归纳为以下四种:

①生态伦理学研究的不是人类社会内部的人与人之间的伦理关系,而是人与自然界其他生物物种之间的伦理关系。

②生态伦理学研究的不是人类社会内部的人与人之间的伦理关系,而是人与自然之间的伦理关系,这里所说的"自然"不仅包括动物、植物、微生物等生命体,而且包括水、岩石、矿物等无机物,包括整个自然生态环境。

③生态伦理学不仅研究人类社会内部人与人之间的伦理关系,而且研究人与生物共同体中其他生物物种之间的伦理关系,它把道德对象从人扩大到一切生物物种。

④生态伦理学不仅研究人类社会内部人与人之间的伦理关系,而且研究人与自然共同体中一切存在物的伦理关系,它把道德对象从人扩大到一切自然存在物。这些意见的共同点是认为人与自然之间具有伦理关系。

1.2.2 生态伦理学的学科性质

生态伦理学作为一门新兴的学科,究竟是一门什么性质的学科?有以下五种不同意见:

①生态伦理学是生态学和伦理学相互渗透而形成的一门交叉学科。

②生态伦理学是介于生态学和伦理学之间的一门独立学科,既不是伦理学的扩展,也不是生态学的延伸,更不是生态学与伦理学的相加,而是"生态意义上的伦理学",是揭示生态道德及其建构规律的学科。

③生态伦理学是一种"种际伦理学",它以调节人这个物种与其他物种之间的伦理关系为己任。

④生态伦理学是研究人类与自然之间的伦理关系的科学,它把道德关怀扩展到人之外的各种非人存在物对象上,是一种全新的、革命性的伦理思潮。

⑤生态伦理学是对环境退化进行哲学反思的学科,是传统伦理学在生态环境领域上的应用,是一门应用伦理学。

在上述五种意见中,第一种看法从学科构成的角度,说明生态伦理学是一门生态学与伦理学的"交叉学科",但是没有进一步说明它究竟是以生态学为基础还是以伦理学为基础,实际上并没有揭示出生态伦理学的学科性质;第二种看法从学科比较的角度,说明生态伦理学是一门与生态学有联系但又不是生态学,与伦理学有联系但也不是伦理学的学科,由于它是"揭示生态道德及其建构规律的",所以理应属于伦理学的性质,但是它又不属于传统伦理学,而是一门与传统伦理学并列的"独立学科";第三、第四种看法从学科内容的角度,说明生态伦理学是一门"超越"了传统伦理学对象范围的"全新的、革命性"的伦理学;而第五种看法则从哲学-伦理学的高度,说明生态伦理学是传统伦理学在生态环境领域的应用,是传统伦理学的新发展。这些说法虽然各不相同,但是除了第一种说法以外,都承认生态伦理学是一门属于社会人文科学性质的新的伦理学。

1.3 生态伦理学与相关科学的关系

对于生态伦理学能否成为一门独立的学科,仍然是众说纷纭。有的人认为,生态伦理学最好还是被看作更广泛的伦理学的一部分。而生态伦理学家帕斯莫尔则认为,根本不需要建立或创立新的生态伦理学,是因为完全能够从"开明的人类中心论"出发,对西欧文化的传统信念——必须统治世界——做出生态学上可以接受的、中肯的解释。

我们不同意上述这些观点,仍然坚持生态伦理学是一门独立的学科。对此,可以从生态伦理学与其相关学科之间的联系与区别中得出结论。

1.3.1 生态伦理学与生态学

自然科学的发展,是人类道德进步和伦理学发展的重要推动力。这是因为自然科学的重大发现和它在生产领域中的运用,必然引起生产力的发展,一旦生产力发展到一个新的更高的水平,又必然引起生产关系和包括道德在内的整个上层建筑的变革,促使人类道德观念的变化和发展。

"生态学"这门学科是1866年由德国生物学家海克尔创立的。20世纪50年代以来,现代生态学家广泛吸收了遗传学、生理学、行为学、物理学、化学、气象学等传统学科的科学内容,同时运用系统论、控制论、信息论、耗散结构、协同学等新学科的新概念和新方法,丰富和发展了生态学,使之成为一门公认的相对成熟的自然科学。

生态学的出现,使人们逐步认识到整个生态的关系中要有一种和谐、一种平衡。作为生物圈中的任何一分子,都有存在的理由和价值。在当代物质生产和消费过程中,生产工艺对人的身体有危害,食物被污染。碳、氧、水作为维持人类和一切生命的最重要的物质,它们在自然界的循环是维持人和一切生命的最重要的源泉。

随着对生态认识的加深,人们开始思考:人与自然之间是否存在道德问题?

一种生产工艺对工人的身体健康有危害,长期如此而不积极设法加以改进;在农业生产中,由于不合理地使用土地,滥伐森林,滥垦草场,在植被破坏以后,发生严重的水土流失,土地沙漠化,人为地造成一大片一大片荒原、沙漠或裸露岩石的地面,破坏了生态平衡和许多生物的生存条件;由于工业活动,大量工业废弃物排向空气、水源和土壤,造成环境污染,生态平衡失调,严重危害了生物的生存条件。用美国著名学者沃德(Barbara Ward)和杜博斯(René Dubos)在其著作《只有一个地球》中的话来说,"人类生活中的两个世界——他所继承的生物圈和他所创造的技术圈——业已失去了平衡,正处于潜在的矛盾中"。而人类正好生活在这种矛盾中间,这就是我们所面临的历史转折点。这未来的危机,较之人类任何时期所曾遇到的都更具有全球性、突然性、不可避免性和困惑不可知性。

这是涉及整个人类的利益、具有全人类性质的问题。生态学研究成果所揭示的这种生态形势表明,我们必须对后代承担道德义务和道德责任,必须自觉地调节人类活动,使人和生物协调发展,这是最起码的伦理道德要求。人类活动造成的这种生态形势,也危及生物的生存条件。对于植物和动物有没有正义的问题呢？那种无缘无故地杀死动物和毁坏植物的行为是道德的还是不道德的呢？能不能以某些生物无用、植物没有痛感为理由来为这种行为辩解呢？这一切，都必须由生态伦理学来研究，来回答。正是生态学的建立，促进了伦理道德的研究由人与人之间的关系扩展到人与自然之间的关系。

1.3.2 生态伦理学与传统伦理学

生态伦理学的产生，是人类伦理思想合乎规律的发展，是伦理进化的需要。它面临世界所面临的严重危机，科学地解决以往伦理学未曾解决或未曾遇到的一系列重大问题，从而，使伦理思想发展上升到一个新的阶段。但是，我们同时也承认，生态伦理学与传统伦理学有着承袭和突破的关系。

中外许多生态伦理学家都认为，生态伦理学是一门"创新伦理学"，是对传统伦理学的一种革命。生态伦理学的创始人施韦兹早就开宗明义地说过：在传统伦理学中，人是道德唯一关心的对象，只有人具有道德权利，生态伦理学提出"尊重生物生存权利"的原则，"把爱的原则扩展到动物，这对伦理学是一种革命"。

美国学者诺兰说："生态意识中所包含的道德问题属于我们时代中最新颖的、富于挑战性的道德困境。这些问题之所以最新颖，是因为它们要求我们考虑这样一种可能性，即承认动物、树木和其他非人的有机体也具有权利；这些问题之所以最富于挑战性，是因为它们可能会要求我们抛弃那些我们所长期珍惜的一些理想，即我们的生活应达到一定的水准以及为了维持这种水准应该进行各种各样的经济活动。"

我国学者余谋昌教授具体发挥了诺兰的说法：生态伦理学之所以被称为"我们时代的最新颖和最富有挑战性的问题"，是因为：第一，它认为，不仅要对人讲道德，而且要对生命和自然界讲道德，把人类的道德关怀扩展到整个自然界（但是这种扩展不是道德主体边界的扩展，而是道德对象的扩展，是把道德共同体从人扩展到"人－自然"系统）；第二，它认为自然界是有价值的，不仅对人有价值，即作为人的工具的价值，这是它的外在价值，而且具有它自身的内在价值、固有价值和系统价值；第三，它认为生命和自然界具有权利，人应当尊重它们的生存。这些问题在传统的道德法典中是不曾记载过的。

传统伦理学作为一门研究道德的科学，自然要全面研究道德现象的各个方面。在传统伦理学中，道德意识观象，是指人们在社会生活中形成的反映道德关系和道德活动的各种心理过程和观念的总和。道德意识既表现于社会成员的个人意识中，形成千差万别的个体道德意识；又表现在一定的阶级、民族、社会之中，形成普遍的、群体的道德意识，并通过道德观念、道德规范体系和道德理论的形式反映出来。人们的道德行为直接受个体道德意识的指导，群体道德意识由于反映了一定社会和一定阶级的利益和意志，具有一种不以个人意志为转移的力量，制约着个体道德意识和道德行为，发挥着调整人与人之间的关系的作用。

在传统伦理学中的道德现象，是指人类社会生活中，围绕着善恶问题的一切个人行为和社会活动。从本源来说，道德现象是人们的道德关系的表现形式，即人们的社会关系的一种表现形式。道德关系是通过人们的道德意识而形成的，依靠一定道德规范以及风俗习惯来维系的，体现个人利益与他人利益或社会利益相互关系的一种特殊的社会关系。

总之，从传统伦理学的研究对象来看，传统伦理学的研究范围不超出人与人之间的关系，其道德是属于"思想的社会关系"，它所要解决的特殊矛盾是个人与整体社会的矛盾，或者说，是由一定经济关系所决定的个人利益和社会整体利益的矛盾。也就是说，传统伦理学的伦理道德研究是在人与人的关系之间。

生态伦理学仍是以道德为研究的客体，但却与传统伦理学有着很大的不同。生态伦理学所研究的道德现象是生态领域中人们道德关系的具体表现。它包括的生态道德意识现象，虽同样是指在道德活动中形成，并影响道德活动的各种具有善恶价值的社会心理和个人心理，但是在生态伦理学中，却有了不同的意义和要求。此时的善恶并不指人与人的关系，而变成了人与自然的关系。生态伦理学中所要解决的特殊矛盾性，则是人与自然之间的矛盾，即是说，人生存的价值、利益与自然生存的价值、利益之间的矛盾。

由此可见，生态伦理学与传统伦理学之间既互相联系，又互相区别。

1.3.3 生态伦理学与生命伦理学

生命伦理学自20世纪50年代起，正以世界规模形成和发展。它创立的目的在于，与现代生命科学迅速发展的功过相适应，超越传统科学的专业领域，综合研究环绕"生命"有关的一切事实和现象的价值判断和标准的框架，顺利地解决具体问题。

生命伦理学的研究，主要可以划分为以下三部分：

①环绕生物学－医学科学实验和人类生命开始时期的生命伦理学，例如基因工程等。

②环绕提高人类生命质量的生命伦理学，例如自然、社会、环境和生命、生命权等。

③环绕人的生命结束时期的生命伦理学，例如自然死、尊严死的立法等。

从生命伦理学的研究领域看，在某种意义上说，生命伦理学是对"人性"问题的一种再认识，特别是"人权"的认识，是以人权——人的尊严为焦点的超学科研究。它是由于生命科学的急剧发展而出现的，特别是在基因重组、体外受精、脏器移植、生命维持装置、心身调控等操作成为可能的情况下，而且甚至"人格"和"人的尊严"也很可能成为"生命操作"的对象的情况下产生的。

因此，生态伦理学和生命伦理学既有区别又有联系。它们之间的区别是：二者的研究领域不同，所研究的重点亦不同。生态伦理学是以人与自然的关系中存在的道德伦理现象为研究对象，重点解决人的利益和自然利益之间的矛盾。而生命伦理学是以环绕"生命"有关的一切事实和现象的价值判断为研究对象，重点解决"人权"问题。

生态伦理学和生命伦理学又有着极为密切的联系。首先，二者产生的前提条件是一致的。这就是"公害的加剧"——科学技术的急剧而高度的发展及其弊端使世界面临着极为严重的生态危机。其次，二者都是对新兴的自然科学发展中所提出的许多伦理学问题加以解决、回答。再次，二者的道德标准是一致的，就是说，凡是有利于社会进步和社会发展的，就是合乎道德的，反之就是不合乎道德的。最后，二者的基本前提是一致的，即承认人并不与自然界对立，并不否认人的生物因素的意义。人是自然存在物，人的生存和发展不能违反生物学规律。

第 2 章 生态道德的本质、结构、功能和教育

生态道德作为一种社会意识，本质上是生态存在的反映，是以道德的方式反映的生态存在，我们对生态道德的研究和考察首先要从生态道德的本质开始。

2.1 生态道德的本质

道德现象的本质就是事物的根本性质，即事物自身组成要素之间相对稳定的内在联系，通常是由事物本身具有的特殊矛盾构成的。

生态道德，又称环境道德，是道德范畴具有特殊含义的一部分，指反映生态环境的主要本质、体现人类保护生态环境的道德要求，并须成为人们的普遍信念而对人们行为发生影响的基本道德规范。生态道德具有以下几个主要特征：第一，它必须是反映人与自然、人与人之间的最本质、最主要、最普遍的道德关系的基本概念；第二，它的规定性必须体现一定的社会整体对人们的道德要求，显示人们认识和掌握道德现象的一定阶段；第三，它必须作为一种信念存在于人们内心，并能时时指导和制约人们的行为。

生态道德和伦理学的研究内容首先是作为道德行为主体的生态意识、生态道德观念、生态道德信念、生态道德原则、生态道德规范等一系列人类主观内省性的生态伦理学理论性内容。第二部分则包括了作为人类生态伦理是非标准的生态道德评价、生态道德教育及生态道德行为计量型控制指标体系——生态政策、法规等的生态道德基础研究。此外，还要掌握自然环境系统运动规律和一定的自然科学知识，否则就无法正确理解、把握和预测人、社会、自然三者之间生态道德关系变化所导致的结局。

从表面上看，生态道德似乎只是将传统道德的研究视野从人际领域扩展到了种际领域，但本质上它不是一个简单地扩展到关系对象的问题。当人与自然关系成为相对独立的领域后，人与自然的关系和人与人的关系之间虽然是交互作用的，但这两种关系并不能简单地相互包含或相互代替，适于人与人关系的伦理原则和道德规范不能简单地运用于人与自然的关系。这表明生态道德是一项有别于传统道德的新学问，而不仅仅是道德的扩展。

当我们把生态问题只简单地当作技术问题，而寄希望用某种具体的科学去解决时，我们冒着一定的风险。生态问题有相当的广度，他很少局限于某一种具体科学。比如，杀虫剂污染问题就包括农业、生物、化学、医学、经济学、政治学和法学各分支领域。同样，我们也不可能找到一个不提出基本价值问题的生态问题。

在把人类的未来后代作为道德责任的课题考虑时，必须进行人类中心道德伦理的拓展。这种方法仍然是人类中心主义的，其中只有人类才能在道德上进行考虑，但它只是把责任拓展到人。同样，早期环境运动提出的不同问题，如资源保护和核废料弃置等都采用了这种道德伦理观点。

学习生态道德伦理学的根本目的就是要把环境伦理学的立场、观点和方法运用到我们

实际的生活之中,使之能成为我们生活的信念和行动的原则。

近年来高速公路、铁路等交通建设迅猛发展,人们在津津乐道交通的四通八达时,却很少考虑到对生态的影响。车辆伤害动物的现象越来越多地在我们身边发生。"交通死亡动物"日渐成为一个流行的名词。英国一项调查表明,每年丧生于车轮下的动物有数百万之多。美国的动物在车轮下丧生的数量更可观:仅仅是在公路上,每天死亡动物达100万只。中国,据专家们冬季(动物们出没最少)考察,100千米长的路上,共发现了61处被轧死的动物留下的"血案现场",包括白兔、刺猬、獾和各种鼠类。流血的死亡只是对动物直接的谋杀,更可怕的是,四通八达的道路阻隔,让物种遗传多样性降低,同一物种基因出现不同的特征,从而影响到动物的繁衍生息。

人们可以从一些媒体上看到,一些驾驶员,看到动物过马路时,能够减速,有的干脆就停下来等一等,让动物先过,这成了人性的一大亮点。但是,在高速公路上这样做会危及车辆的安全。为此,就特别需要我们在建设公路、铁路时树立"动物也要过马路"的新理念。为了帮助动物过马路,现在许多国家已经开始重视这个问题,并采取了一些积极措施,而且设置通道的效果非常明显。从加拿大班弗国家公园穿过的公路,每天车流量达14 000辆,自从在公路上加设24处动物通道后,"动物交通事故"减少了近80%。考虑最周到的是柏林到科隆的铁路,在它经过的河流上,专门为水獭等水陆两栖动物量身定做了通道,在通道两侧拉起防护网,阻止了动物上路面。

任何生命都希望拥有"生之快乐"。人需要维持生命,其他形态的生命也是如此。在21世纪,环境意识意味着一个人的文明与教养。人不是生命共同体的主人,而是生命共同体中的一员,人的尊严体现在对其他动物的尊重中。尊重意味着对自然万物的敬畏之情以及人与自然的和谐相处,人的尊严正是从这种和谐中涌流而出的。从这个意义上说,环境保护能否起到实效,关键就在于我们以什么样的心态对待自然。生态文明是社会文明体系的基础,将促进社会主义的全面发展。面对当代生产力的飞速发展,特别是面对经济全球化所带来的诸如生态危机等全新挑战,迫使我们必须研究人与自然的文化伦理。

认清我们对自然的责任和义务,这种思维方式的转变有助于我们认清自己在自然界中的位置,能够以道德的方式生活。我们对自然所负有的责任和义务就是要最大限度地去维护地球生态系统的稳定、和谐与美丽。地球生态环境命运紧密相关,维护地球生态系统的稳定、和谐与美丽,无论对于地球生态系统还是对于我们自身都是有利的,我们所有人都是受益者。所以,尊重生命、尊重自然和保护生态环境是作为一个有道德的人必须履行的义务。

如今的地球生态系统的异常特征反映了地球生态过程的异常变化,这种异常变化的持续可能危及人类和地球生命。为此,我们需要有一种危机意识。这种危机意识能够唤起我们的生态良知,从而激发潜藏于我们内心的生态意识。

生态道德不只是要揭示人与自然生态系统关系中的道德关系,更重要的是要通过对这种关系的阐释建立起一种行动的原则,而能否将行动的原则付诸实施则需要我们每个人付出努力。

2.2 生态道德的结构

福斯特认为,生态道德的核心是人类并不拥有地球,我们只是使用地球,为了后代必须保护好地球。而当前日益严重的生态危机使资本主义社会陷入一种道德观、价值观的危机。其原因不在于人性善恶本身,而是"深层不道德"的资本主义制度使然。其逻辑关系是:在资本主义社会,受资本无限获取财富特性的驱使,利己主义占据了意识形态的主导地位,拥有财富的多少成为社会的道德标准和价值标尺,这种由制度造成的社会"结构性不道德"塑造影响着个人的道德观念和行为。在这种社会里,人们被迫将与其有关的一切——地球上的土地、河流、自然资源以及他们自身的劳动力都作为单纯的商品,都可以为获得更大的利益而加以开发利用。地球不再得到应有的尊重,它不仅成为失去理性的资本主义商品化的对象,而且成为过度消费的排污场所。面对这种金钱至上、个人利益至上、追求无限度财富的"结构性不道德"现象,福斯特主张进行人与自然关系上的"道德革命",这场革命针对的不仅仅是单个的消费者、政治家和首席执行官们不负责任的行为和决策,而且更重要的是将其作为社会革命的重要组成部分,以期改变资本主义制度本身的"深层不道德",进而建设一个生态和文化多样性的世界。

在我们建设生态文明、构建社会主义和谐社会过程中,福斯特的生态道德观启示我们:其一,生态危机的思想文化根源是金钱至上的价值观,建设生态文明需要在全社会倡导生态价值观;其二,重视公民生态道德意识的培育,在全社会树立以人与人、人与自然和谐发展为目标的生态道德;其三,用生态道德观念引导适度消费、绿色消费,抑制过度消费、危害社会的消费;其四,发挥生态道德原则和规范的调节功能,推动生态道德的发展。

2.2.1 在全社会提倡"以人为本"的生态道德价值观

价值观是指人们对周围客观事物的意义、重要性的总体评价和总的看法。传统的价值观只承认事物对人的有效性、需要的满足和实用价值,以及可以用"钱"衡量的价值。这种价值观在人与自然关系上形成的就是人类中心主义的生态价值观。反对这种传统价值观的另一个极端的观念是生态中心主义,他否定人类利益和价值的特殊性,认为自然环境也有独立的内在价值,并将其等同于人类的价值。福斯特认为:"关于人类中心主义和生态中心主义相对立的问题,已经有了无数的研究成果。尽管这使我们能够清楚地看到一些经常被忽视的问题,但是这里永远存在的二元论观念往往妨碍了知识和有意义的实践的真正发展。实际上,这种观点中所体现出来的二分法往往使'人类与自然相对立'的观念长期存在,而在很多方面,这种观念正是上述问题的根源。"

因此,我们在当前建设社会主义生态文明的过程中,在实践科学发展观的历程中,必须超越这种二分法,在全社会培育"以人为本"的生态价值观。

2.2.2 树立人与人、人与自然和谐发展的生态道德观

福斯特认为,资本主义"结构性不道德"的生态观不仅表现为人对自然的支配,而且表现为全球化的生态帝国主义。因此,要改变这种"深层不道德",需要我们树立一种视人与自然为一个共同体的道德观,建立人与人、人与自然平等地和睦相处的发展模式。这种和

谐发展的生态道德观包含了类平等、代内平等和代际平等三个方面。类平等就是强调人类要像对待自己的生命一样对待自然界中的其他生命，人类的发展不能以消亡其他类存在和发展的条件为代价，而应该与他类和睦相处，协同进化。类平等不反对自然达尔文主义，但是反对人类达尔文主义。代内平等就是呼吁个人、地区和国家的发展不能以损害他人、他区和他国的利益来实现自身的发展，反对利己主义、生态殖民主义和生态帝国主义。它追求建立一艘"生态伙伴关系"的"宇宙生命之船"。代际平等则认为，在自然历史发展过程中不仅要满足当代人的需要，而且要考虑下一代以及子孙后代的需要。当代人的发展不能以损害后代人的发展为代价。

但是，在中国从社会主义计划经济向社会主义市场经济转型，在社会主义新风尚、荣辱观不断确立的过程中，我们仍然面临着许许多多道德层面的困难和挑战。其中比较严峻的道德形式是：伴随着社会主义市场经济的发展，金钱至上、利益至上的观点在一些人的头脑中占据了主导地位，从而导致一部分人和企业、部门在实现发展时片面追求经济指标，往往忽略了环境和社会成本，进而引发大量的生态环境问题。诸如，为了单纯追求利益，一些农民过量使用化肥、农药，导致地力下降，引起水体、耕地污染；有些企业将未经任何处理的污水直接排入大江大河，致使地表水受到严重有机污染，地下水环境质量也受到了威胁，人们的饮水安全难以保障；甚至有些部门为了追求经济发展和国内生产总值（GDP）的高速增长，强征农民土地，致使耕地面积大幅减少，几乎接近了警戒线。

可见，在全社会树立人与人、人与自然和谐发展的生态道德观，必须当作一项系统的工程来抓，它需要个人、企业和政府积极参与。而政府在其中起主导性作用，企业扮演关键性角色，个人积极配合。首先，各级政府要为社会生态道德意识的提高创造外部条件，发挥主导作用。各级政府必须坚定不移地实施可持续发展战略，不断完善社会主义市场经济体制，建立和完善各种环境保护和教育的评估、奖惩和激励等方面的机制，为生态岛的建设提供方向性指导和制度性保障；利用党校和行政学院等各种领导干部培训班开设生态教育讲座，提高领导者的生态意识和生态道德水平，进而激发领导者带头做好生态保护工作的积极性和示范性；利用多种形式开展生态环境保护的宣传教育，积极宣传环境污染和生态破坏对个人和社会的危害，普及环境科学和环境法律知识，提高全民族特别是各级领导干部的环境意识和环境法制观念，树立保护环境人人有责的社会风尚。其次，企业转变经营理念，建立环保型发展模式，在建设社会生态道德感方面具有关键性的作用。政府可以制定环保型的路线、方针和政策，但却不能直接生产商品，因此，作为商品直接生产者的企业，在环境保护以及社会生态道德建设中起着举足轻重的作用。正是由于企业是直接的商品生产者，因此一旦其生产的商品对社会环境和人们健康造成了严重的破坏或伤害，企业发展将面临破产的危险。可见，企业的经营理念、环保型发展导向对企业自身长远发展起着决定性的影响。如果社会上的所有企业都能以环保型的经营理念和发展模式作为导向不断壮大自己的力量，这将对整个社会的生态道德建设起到不可估量的作用。最后，每一位民众要从我做起，从小事做起，发挥基础性作用。这要求人们自觉接受政府、学校等各级组织开展的形式多样的生态道德教育，在心目中树立起尊重自然、热爱生态的道德意识；同时将生态道德意识贯穿在自己的全部言行之中，如购买物品时考虑耐用性和可循环利用性、垃圾袋装和分类投放、回收废旧电池等。

2.2.3 用生态道德观念引导适度消费、绿色消费

某些资本主义国家为了追求利润增长,不断将生产性废物投放到自然环境中或转移到第三世界的丑恶行径,也指出了资本主义企业通过广告和文化灌输等手段不断地制造虚假需求,引导人们过度消费和超前消费的做法。因此,必须开展环保运动,提倡适度消费和绿色消费。对资本主义在生产消费和生活消费方面的批判,有助于我们在用生态道德观念引导适度消费、绿色消费方面进行积极有效的探索。

提倡绿色生产消费、反对污染产业和污染物的转移是我们在国际环保斗争中的重要任务。从我们在世界体系中的地位来看,我国是最大的发展中国家,也是第三世界的重要一员,而且我国也接纳了由发达国家转移来的数量惊人的污染物质。据2007年1月10日《人民日报(海外版)》的报道,全世界近70%的电子垃圾涌入了中国,中国成为世界上最大的电子垃圾倾倒场。《科学》杂志的数据表明,美国将近80%的废旧电脑被输往了中国。这固然有中国自身管理不严格的问题,但发达国家的险恶用心是昭然若揭的。为此,在当前中国经济、技术不发达的情况下,在不平等的的世界秩序中,我们必须坚持绿色生产与绿色消费,抵制各种污染严重的企业在中国落户,对已经建立的污染密集型企业要监督他们严格执行我国的污染物排放标准,否则坚决取缔;支持各种环保运动,对以环保为宗旨的各种民间性组织给予积极的支持和引导;通过参与制定国际规则来改变当前掠夺第三世界资源同时让其承受发达国家制造的环境污染这种不合理的现实,积极参与各种全球性、区域性以及双边的与生态环境有关的会议、倡议、项目和行动,与第三世界大多数国家和地区一道,抵制发达国家野蛮破坏生态环境的行径。

1. 以生态道德观为指导,树立生态消费理念

这需要通过各种形式的以生态消费理念为核心的生态道德教育,使消费者摆正自己在大自然中的位置。当前要重点摒弃"人是自然的征服者和统治者""自然资源是取之不尽的""自然界的自净能力是无限的""消费越多越幸福"等错误认识,树立以"有限福祉"和"共同福祉"为核心的生态消费理念。所谓"消费的'有限福祉'观"要求人们的追求不再是对物质财富的过度享受,而是一种适度的消费。消费是否适度可以从两个方面来衡量:一方面,从人类总体角度上说,它要求人类把消费控制在地球承载力范围之内;另一方面,从人类个体角度上说,它要求以人的合理需要为出发点,把消费控制在人的生理可承受范围之内。实践证明,过度的物质消费不仅会导致对自然生态环境的损害,而且会对人体自身机能产生伤害。"消费的'共同福祉'观"要求人类不再以当代人的消费需要满足为标准,而是以追求当代人与后代人共同消费需要的满足为立足点,既满足当代人的需要,又不损害后代人的需要。

2. 确立生态型的消费模式

由于我国是人口大国,也是20多年来经济发展最为迅速、城市化和工业化发展最快的大国,因此,我国面临的生活消费对环境的破坏尤为严重。根据2007年发布的《2006年中国环境状况公报》数据显示,2006年我国工业生产的废水排放量为239.5亿吨,而生活消费的废水排放量为297.5亿吨,生活消费的废水排放量远超过工业生产的废水排放量。同时,生活消费废水中的主要污染物化学需氧量、氨氮排放量,也均已超过工业生产废水中的上述污染物的排放量。为此,我们不仅需要转变发展方式,也需要建立生态型的消费模式,这

对摆脱目前的严峻形势尤为重要。

首先，要严格把关生产消费品过程，包括生产原材料、生产工艺和生产过程都需要做到对环境无害，这样才能保证消费品本身的绿色环保性。

其次，要恪守绿色消费、适度消费理念，确保消费品使用后，不会产生既不能回收又难以降解的对环境有害的物质。

最后，要完善废旧消费品的回收再利用体系，确保废旧物品的循环利用。

2.2.4　发挥生态道德原则和规范的调节功能

生态学家在阐述生态道德观的同时，没有局限于对生态道德观的传统式研究，而是提出了"道德革命"的生态道德实践主张。他们认为，生态问题的真正解决必须从道德价值伦理关系转入对物质关系和时间关系的理解当中，也就是说，必须发挥生态道德原则和规范的调节功能，将关于环境的学问和社会学结合起来，推动生态道德的社会实践。

首先，以生态道德观规范社会主义市场经济中的企业行为，减少市场经济对环境的负面影响。改革开放的实践证明，社会主义制度与市场经济相结合具有巨大的优越性和发展潜力，但由于历史、现实等各种原因，我们在这个过程中难免出现一些破坏环境的现象。如各类企业仅从盈利的角度考虑问题，致使非法排污现象屡禁不止。这些现象和问题的出现固然需要采取严厉的措施加以惩处，但是如果能够以生态道德观来引导、规范企业的经济行为，相信是一个不错的预防性措施。这就需要各级政府在制定法律和建立制度的过程中切实体现生态价值和道德，另一方面需要国家意识形态机构特别是各种媒体进一步拓展生态道德的传播渠道，加大宣传力度，为生态道德实践创造良好的舆论环境，提供正确的价值导向。

其次，以生态道德观规范我国党政机关的行为模式。由于地方保护主义等种种原因，一些地方政府在环境执法过程中经常出现执法不严、违法不究的现象，结果造成企业"守法成本高，违法成本低"，纵容了企业的违法行为。这种情况的出现一方面有制度、体制方面的原因，一些执法者生态道德观念的缺失也是一个重要的方面。此外，国家党政机关的工作人员理应是奉行生态道德规范的模范，为社会节能减排做出表率。研究表明，夏季室内空调温度设在26摄氏度要比24摄氏度节约一半的电能，可是，很多党政机关的办公室、会议室、餐饮场所设定的温度都低于26摄氏度。还有一些城市贪大求洋的大商场、大剧院、会议中心以及超豪华宾馆、一掷千金的宴请，这些都造成了惊人的资源能源浪费，早已备受百姓诟病。因此，通过各种方式提高党政机关人员的生态道德水平，有利于改善党和国家机关的形象，有助于不断完善党的执政方式，助推科学发展。

再次，提高生态道德观在社会主义精神文明建设中的地位。社会主义精神文明建设包括思想道德建设和教育科学文化建设两个方面。而社会主义精神文明建设的一个重要途径就是学校教育。但是在我们编写的课本当中，不仅生态道德很少被提及，而且有很多人类中心主义的语言仍然没有被删除。更为重要的是，迄今为止，在大学公共课的教育中，生态道德教育没有得到足够的重视。这一现象表明，生态道德建设在社会主义精神文明建设中没有得到足够的重视。因此，提高生态道德教育在思想道德建设和教育科学文化建设中的地位是当前的重中之重。

最后，明确生态道德建设在社会主义现代化建设中的重要性。这需要在以下几个方面加强力量：一是集中力量建设大型的生态保护和生态治理工程，建立各种自然保护区，为生态道德实践提供良好的示范基地和环境；二是鼓励相关专家和学者进行科学研究工作，为生态道德建设提供智力支持；三是发挥人民群众的积极性、主动性，大力开展各种形式的生态道德建设主题实践活动，贴近生活、贴近民心、形成人人参与的机制，努力使生态道德规范化为广大人民群众的自觉实践。

中国特色社会主义现代化建设是一项崭新的事业，它需要全面、协调、可持续地发展，其中生态道德体系的构建占据十分重要和紧迫的地位。如果按照生态学家的看法，马克思思想与生态理论之间具有内在的一致性，那么以马克思主义思想为指导的中国特色社会主义在本质上也应该是生态的社会主义。因此，在建设中国特色社会主义生态文明、贯彻落实科学发展观的今天，在全社会倡导"以人为本"的生态价值观，培育人与自然和谐发展的生态道德意识，引导人们适度消费、绿色消费，构建生态型的发展模式，推进以生态道德为主题的实践活动，从而构建理论与实践相结合的社会主义生态道德体系具有重大意义。

2.3 生态道德的功能

从今天我们面临的巨大的生态危机来看，人与自然之间的道德伦理关系不仅是可能的而且是必然的。人类需要建立起一种人对自然的道德伦理关系。因为人与其他生物不同，生物只是简单地适应环境，而人类不仅能主动地适应环境，而且已经大大地改变和重建了其生存的环境。但是，从根本上讲，人与自然是统一的。人不过是自然之子，是作为整体的自然的一个部分，或者说是自然实体的样式之一，因此，人类本身就是一种自然存在。人能够能动地改变自然，却永远不能脱离自然。我们说人与自然中的其他具体存在物的存在不同，却不能说人类这种独特的自然存在已经超越了自然本身，因为人必须依赖自然。在我们的历史上，任何文化都或明或暗拥有某种关于自然的观念。迄今为止，工业文明所建立的一切都是在自然环境中取得或发展起来的。现代人的生活虽然充满了色彩，但仍然依赖于自然生态系统。这个系统中的所有资源，土壤、空气、水、光合作用、气候等，对于人来说都是生死攸关的。人类文明和大自然的命运已相互交织在一起，就如同心灵与身体密不可分一样。今天，我们应该认识到，人类不可能像征服者那样对自然发号施令。只有维护自然系统的稳定与和谐，才能保证人类生存的幸福繁荣。在人类作用于自然力量迅速增长的条件下，人类更应当自觉地充当自然稳定与和谐的调节者。应当由自然的征服者变成自然自觉的调节者，这是一次深刻的角色转换，实现这一角色的转换不仅需要强制性的政策法规，更需要道德的力量。人类需要一种新的生态道德伦理学，以便为人类适应这种新的角色建立起系统的道德准则和行为规范。

道德作为一种与人类共存的社会现象，是衡量一个人、一个社会、一个国家文明程度的重要标准。与社会心理所具有的自发性、零散性相比，道德则具有自觉性和系统性。它不像法律那样，对人的行为采用强制手段，而是采取感化的劝诫的方式。它也不像政治方式的直接形式反作用于经济关系，而是通过社会舆论、传统习惯、内心信念等许多中间环节来反作用于社会的经济基础。从调节的尺度来看，政治、法律等以"必须怎样"的准则为调节尺度，是对当时全体社会成员或全体当事人都必须达到的最基本的起码要求，又包括非基本的、更高层次的要求。

生态道德作为调整人与人、人与自然及其相互关系的社会规范,是由生态道德原则、生态道德规范和生态范畴以及生态道德行为选择、评价等道德要求所组成的完整体系。其中,生态道德的基本原则、规范和范畴是构成生态道德体系的核心部分,是建立具体的生态道德规范的主旋律,研究这些问题对中国在新世纪的社会发展和建设具有特别重要的意义。

作为地球上道德的代理人或道德的监督者,人要诗意般地栖息于地球上,拥抱、热爱、尊重和保护地球。为此,就要把环境伦理学作为自己的世界观,实践它的理论和原则,把它作为自己的生存之道。总之,这种新的世界观,主张把道德对象的范围从人扩大到生命和自然界,承认生命和自然界的价值和权利,其目标是保护环境,保护地球,并且只有这样才能保护自身。

早在古希腊时期,苏格拉底就给人类提出了一个最基本的问题:我们应该怎样生活? 2 000多年来,随着人类生存环境的恶化,人们对这个问题的回答引发了更深层次的思考。像所有的文化一样,希腊人有一系列的信仰、态度和价值观来指导他们的生活。我们需要的不是某种新伦理学,而是一种新的道德手段。现在的问题并不出在伦理学本身,而是我们未能按伦理学的要求去生活,因为任何一种真正完整的伦理学都或多或少地包含着伦理学的内容,或者至少是间接地告诉了我们,我们对植物、湖泊、无机物等可以或不可以、应该或不应该做些什么。对于古希腊人来说,一种符合伦理道德的生活就是符合他们文化的习惯、信念、态度和价值。按照道德主体的不同就可以分为社会伦理学和个体伦理学。如果说良心、义务、责任、修养、慎独等德行与活动大多是针对个人而言,属于各地道德的范畴的话,那么公平、公正、正义、合理性则主要是对社会、机构、制度、组织的要求,直接涉及国家和社团组织的职能和性质。

由于当代环境问题是人类经济活动的结果,而经济活动又联系着人类的社会、政治、文化等各个方面,因此,应当使环境道德观在社会各个领域尤其是经济与政治领域,实现对传统伦理的更新。在此基础上,构建环境伦理的基本规范,促进经济社会的可持续发展。

自工业革命以来,传统的经济发展一直驱使着人们为了自己的物质追求,无视自然界固有的规律性和自然生态环境的价值,对自然资源进行疯狂开发,从而将现代社会发展推向举步维艰的困境。特别是日益增加的人口数量以及对自然资源的开发,造成了生态环境的恶化,给经济发展和人民的生活与健康带来一系列恶果。因此,只有确立一种新的环境道德观,重新规划人与自然环境的关系,才能使人类的共同利益关系得以合理地调整。这是对传统道德观念的突破和拓展。

生态规范伦理学集中在两个基本问题上:一是由尊重自然情感而来的一般规范或责任。二是解决人与其他生物之间冲突的优先权法则。作为一个最新的可应用于环境实践的生态伦理学的例子,我们简述这些规范性论断。

从尊重自然出发,生态学家提出了四个一般性责任,它们是无毒无害原则、不干涉原则、忠诚原则及重构公平性原则。如其字面意思,无毒无害原则要求我们不伤害任何生物。生态学家将此视为一个消极性责任,即我们有责任阻止任何伤害生物的行为,但我们没有主动的责任去防止我们不再引发的伤害,也没有义务去降低痛苦或帮助生物体去达到其自身之善。最后如所有的责任一样,这一责任针对特定的道德主体,比如,不能限制除了人之外的猎食性动物去伤害它们的猎物。

不干涉原则也要设立一些消极性责任。基于此原则,我们不去干涉个体生物的自由,也不去干涉生态系统或生物群落。由于人类会以多种途径干涉个体生物,从而产生许多具体的义务。我们不应当人为地妨碍生物体自由地追求其善,也不应当破坏它们为达到目的而必需的东西。这样,我们不应捕捉或奴役生物个体,也不应做对其健康和营养不利的事。不干涉原则要求我们"不要试图操纵、控制、改变或'管理'自然生态系统,或介入其正常的功用"。最后,因其为消极性责任,我们没有积极主动的义务去帮助生物体达到其目的,否则我们的行为就是伤害的原因。

生态学家只把忠诚原则应用于野生的动物。尊重自然的善要求我们不欺骗或背叛野生动物。大多数捕猎、钓鱼和设陷阱——多数为此类娱乐和问题——都企图欺骗并背叛野生动物。在任何形式的欺骗中,欺骗者都假定了其超越被欺骗者的优越地位。无论是动物还是人,被骗者都被认为在价值上比欺骗者低。尽管捕猎、钓鱼及设陷阱也典型地违反了不危害、不干涉责任,它对忠诚原则的违背是另一种意义上对自然的不尊重。

重构公平性原则要求伤害其他生物有机体的人对该有机体进行重构。公平性要求当一个道德主体被伤害后,对该伤害负责的人必须对该伤害进行修复。总之,前三个责任建立了人类对其他生物之间最基本的道德关系。当其中任何一个原则被侵犯后,重构公平性原则要求这二者之间的道德平衡要被恢复。这样,若我们毁了动物的栖息地,公平性要求我们将其恢复;若我们捕捉到一个动物或植物,公平性要求我们将其重返自然环境。

最后,生态学家提出了这四个原则的优先关系,他们认为不危害责任是"我们对自然最基本的责任"。只要小心谨慎,其他三者之间的冲突是可以减到最小的。但是当冲突不可避免,或不必经历持久的痛苦而显著的善即可得到时,重构公平性原则优先于忠诚原则,忠诚原则优先于不干涉原则。

生态道德有助于整个人类重新确立健康的生存价值观。人类生态环境的恶化、生存状态的危机,是人类长期依赖自我中心主义的价值观指导自己生活的必然后果。人类要从根本上扭转这种局面,求得健康地生存和持久地发展,就必须超越人类中心主义的价值观,建立一个新的价值观。在这个急需建立的新的价值观中,生态道德是个不可缺少的重要组成部分。这种道德的知识,能够帮助人们从价值观上消除人类中心主义的弊端,阻止人与自然、主体与客体的相互对抗和相互毁灭,并且为现代生态伦理学博大的道德观提供一个广阔的道德基础。这种道德的知识,也将会激励人们多层次、多角度地深切体验和享受自然的美,促进人们积极地参与生态建设,指引人们按照生态规律、生态道德的要求来重新安排自己的生活。

生态道德有助于督促人们按照生态规律来改造和利用自然界,恢复和繁荣生态环境的美。近代以来,人类以科学技术为手段把自然界作为征服和盘剥的对象,使得作为人的身体外部的自然逐渐变成了与人格格不入的异化了的自然。生态道德的急剧减少成了自然界退化的一个直观的标志。它使人们认识到人类对自然的敌对态度的荒唐,迫使人们对科学技术进行合理改造,然后适宜地用于环境,这就给生命家园的重建提供具有普遍意义的价值规范。科学技术在应用于自然界时,首先要考虑到它不能破坏和毒化环境,必须有利于所有生命的公共利益。在这个前提下还应追求在实用功能、外观形式、精神享受等多方面具有多种生态道德的效果,使人类的道德和自然的美相互协调,相得益彰,达到二者浑然一体的亲密和谐,使自然生态道德通过人类的创造性参与实现它固有的全部潜力,使生命居住的地球发出美丽的光辉。

生态环境不只是支撑地球上一切道德的基础,也具有重要的道德价值。对于原生的未被人类文明触动过的自然景观、风景名胜和珍稀动植物,实际上也是人类所需要的生态道德基因库。生物多样性和自然景观多样性逐渐消失,体现了人类巨大的道德缺失。人类的各种艺术创造也需要这些原生性的生态道德作为参考和标准,以便人们从中获取不竭的创作灵感,还可以防止人类同自然生态道德的疏远,陷入追求单一人造艺术品的歧途。从宇宙的角度看,生态道德是地球同宇宙环境相互协调而产生的宇宙现象。宇航员在太空中所看到的那种瑰丽、和谐、平静、壮观的景象,将会极大地加深世人对地球生态道德的全面理解。更为重要的是,宇航员在太空中对地球之美的深刻感受,以及由此而形成的地球居民意识,将使人们深切地体会到,地球上的生命、生活、家庭和社会,都超越了他们本身直接所处的环境而与地球母亲的存在状况息息相关,从而激励人们放弃狭隘的利己主义、群体主义和人类中心主义,自觉地去为维护和完善地球生物圈的道德而尽自己的天职,应该去努力不懈地忘我工作来维护我们生活环境的稳定和美好。

2.4 生态道德的教育

生态道德的教育与生态知识的教育相比较,既有一些相似的特点,也具有明显的区别,需要认真地甄别和分析。

2.4.1 我们对未来后代的责任

若我们把权力理解为保护重大利益,并承认赋予未来后代以权力的合理性,未来后代似乎会对我们使用过多的资源而愤愤不平。干净的空气和水、农田和能源都显著地与未来后代的利益挂钩,但其他较次要的能源呢?未来后代有权利不开发海滩、荒野、湿地和山林吗?我们有义务为未来后代保护动植物物种吗?保护这类资源与义务行为相比是否更出于仁爱?

未来后代对这类资源有权利吗?我们能理解未来后代像我们一样会喜欢这类资源,但他们也可能不喜欢。当我们认识到未来后代会喜欢或渴望的东西大多依赖于继承的世界时,这个问题就更难办了。从未体验过荒野、雨林的生活,从未见过灰熊的未来后代会关心这些东西,我们怀念嘟嘟鸟吗?我们会真的想念吃蜗牛的鹬鸟,想念加州的秃鹰吗?

可以用多种手段来论证我们应当保护荒野区和动植物物种。比如论证保护荒野区生物多样性对人类将有巨大的好处,农业和医药方面生物多样性的优势也可给出强有力的证明。

1997年,160个国家的代表在日本京都开会讨论大量消减温室气体向大气排放的问题。这次会议延续了1992年里约热内卢"地球峰会"上的共识,当时工业化国家保证把温室气体排放率降低到1990年的水平。在京都会议上,美国推出一个不能达到1990年水平的计划,认为大量消减温室气体的排放会带来灾难性的经济衰退。许多环境主义者则认为我们应当接受这个短暂性的痛苦,以保护未来后代的利益。他们认为应当降低对化石燃料的依赖,以保证未来后代不受全球变暖的危害。

2.4.2 生态道德教育的一般过程

有的伦理学家根据人们的成长过程,把道德教育过程划分为"养育""训育"和"化育"三个阶段,认为以"养育"为教育的前奏,其重心在家庭;以"训育"为德育实施的手段,其重心在学校;以"化育"为德育的延伸,其重心在社会和大自然。这是值得重视和探讨的。

从总体上讲,生态道德的教育过程也可以这样划分,生态道德的教育过程应当是全面培育个体道德心理素质的过程,因此包括以下基本环节:

(1) 提高对生态的道德认识。

道德教育的这个环节,主要是帮助人们正确了解个人对社会和自然以及他人应尽的道德义务,以及关于这种道德义务的理论、原则、规范、范畴、理性人格和道德内容。加强生态道德知识的教育,促进受教育者解决两个方面的矛盾,即从不知到知,从片面地知到全面地知的矛盾,以及正确观念和错误观念的矛盾,从而提高识别善恶和选择善行的能力,增强履行社会道德义务的自觉性。

(2) 陶冶对生态道德的情感。

人们对于社会道德的要求虽然有了认识,并不等于就一定会切实按照这种要求去履行其应尽的道德义务,这里还有一个道德情感的问题。对生态道德的认识需要与相应的生态道德情感相结合,才能激发履行生态道德义务的意志和行为。所以,与生态知识教育不同,生态道德教育特别强调生态道德情感的陶冶和培养。生态道德教育中的陶冶情感包括两种情况:一是使受教育者形成与应有的生态道德认识相一致的生态道德情感;二是使受教育者改变与应有的生态道德认识相抵触的道德情感。在生态道德品质形成过程中,道德情感比道德认识具有更大的保守性,形成或改变某种道德情感,比起形成或改变某种道德认识要长久得多,也要困难得多。要使人们形成或改变某种道德情感,但不要依靠人们的理性和理智,更不要依靠人们在道德生活中长期的甚至痛苦的磨炼。

(3) 锻炼道德意志。

一个人有没有坚毅顽强的道德意志,是他是否具有生态道德品质的重要方面,也是他能不能具有生态道德品质的重要条件。人们在履行社会道德所规定的各种义务时并不总是畅行无阻的;相反,往往需要克服来自各个方面的困难和阻力。在客观方面,需要克服来自外部的社会条件的制约,反动的、落后的恶势力的阻挠,错误舆论的非难,亲友的责备和埋怨等。在主观方面,由于履行道德义务总要求或多或少、或大或小地自我牺牲,还需要克服来自本身能力的限制和某些个人欲念的冲突,以及情绪状态的干扰等。在这些情况出现的时候,如果没有坚毅顽强的道德意志,就可能在行为选择时放弃初衷。所以,在生态道德的教育中,必须引导受教育者锻炼和培养生态道德意志。

(4) 确立对生态道德的信念和对生态道德的理想。

人们在接受生态道德教育和积累生活实践经验的基础上,就能逐步达到相应的生态道德认识、生态道德情感和生态道德意志的有机统一,形成并确立起坚定的、高尚的生态道德信念和生态道德理想。生态道德信念和生态道德理想的重要性在于,它既是人们坚决履行生态道德义务的道德责任感的根源,也是人们自觉自愿地按照生态道德要求不断提升自我道德境界的力量源泉。所以,生态道德教育必须把帮助受教育者确立坚定的生态道德信念和生态道德理想,作为根本性的目标。

(5) 养成良好的生态道德行为习惯。

生态道德教育与生态知识教育的一个明显区别在于,道德教育更强调知行合一。生态道德教育要从生态道德知识的灌输上升到生态道德情感的陶冶、生态道德意志的锻炼、生态道德信念的确立,通过唯一可行的途径诉诸生态道德实践。如果不能以生态道德知识进行生态道德实践,生态道德情感的陶冶、生态道德意志的锻炼、生态道德信念的确立都将成为空话。知行的结合,就是要养成良好的生态道德行为习惯。一个人的生态道德行为习惯,也就是一个人的生态道德品质。从一定的意义上来说,生态道德的教育过程要达到的最终目标,就在于使受教育者真正养成一种按照生态道德要求去活动的行为习惯,从而养成良好的生态道德品质。

2.4.3 生态道德教育的基本特征

1. 生态道德教育内容的广泛性

生态道德教育要收到应有的效果,在内容上应当广泛地包括各种社会关系中的道德要求。在教育中,如果只专注于社会某些关系上的道德义务及相应的生态道德要求,而舍弃其他生物圈之间的道德义务及相应的道德要求,那么,受教育者就可能在某些方面表现出良好的行为,而在另一些方面则表现出不好的行为,或者在发生生态和社会之间的道德冲突时感到手足无措。作为全面的道德教育内容,需要把人与人之间各种关系上的道德义务和道德要求都包括进去,例如需要把婚姻家庭生活、职业生活、社会公共生活等涉及生态的各个领域的道德义务和道德要求都纳入其中。

2. 生态道德教育环节的交叉性

作为科学研究,把生态道德教育的各个环节分别抽取出来,置于特定条件下加以考察,揭示各个环节的细节和关键,这是完全必要的。但是,在实际的生态道德教育过程中,则需要使各个环节兼行并进、相互交叉。

3. 生态道德教育起点的多端性

提高生态道德认识是整个生态道德教育过程的前提和起点,但并不意味着任何时候、任何情况下的生态道德教育都必须从解释道德的理论、原则和规范开始。

4. 生态道德教育进程的重复性

生态道德教育并不是简单地传授知识,而是重在培养人们坚定的生态道德信念和相应的行为习惯。因此,生态道德教育比其他单纯的知识教育更具有艰巨性、困难性和复杂性。不实施连续的、反复的教育,就不可能收到良好的效果。

5. 生态道德教育功能的实践性

生态道德教育功能的发挥,只能在实践中得以验证。这里所说的实践性包括两重含义:一是指生态道德教育必须适应当时社会实践的客观情况和客观要求;二是指生态道德教育必须注重引导人们按照实际的社会道德要求履行应尽的义务。总之,生态道德教育是否有效,只能由实践来检验,而不能凭教育者和受教育者说了算。

6. 生态道德教育效果的渐进性

人的道德品质是可以通过生态道德教育来培养和改变的,但绝不能认为,一经教育就会立即显现出重大的变化。生态道德教育的效果,既有赖于教育者的长期努力和坚持不懈,也有赖于受教育者的日积月累和长期践行。

2.4.4 生态道德教育的主要方法和手段

1. 传授生态学知识和总结实践经验相结合

生态道德的知识是指对前人和他人在生态道德实践中具有普遍意义的经验的理论概括,而经验则是指受教育者对自己的生态道德行为及社会后果的直接感受。对于提高人们的生态道德认识,这两个方面都是不可缺少的。人们的生活时间范围,不论是就某一个人来说,还是就某一时代人来说,都总是有一定限度的,必须接受前人和他人的有用经验,特别是需要接受从这些经验中科学抽象出来的理论知识。另一方面,人们只有深刻理解了生态道德的理论、原则和规范等,才能在更广泛的生活实践领域内正确地履行生态道德义务;但又只有凭借自己切身的经验,才能深入、具体地理解它,并自觉自愿地去实行它。

所以,生态道德教育要达到提高人们生态道德认识的效果,就不但要尽可能完整准确地传授生态道德的理论和知识,而且要认真总结和大量运用受教育者正反两方面的生动经验。对大多数人来说,经验更有效。

2. 个人示范和集体影响相结合

在生态道德教育过程中,特别是对青少年的生态道德教育过程中,教育者的表率作用和受教育者所在集体内的相互影响,是两个不可忽视和偏废的方面。凡是要求受教育者实行的行为,教育者本人应该身先士卒,做出表率,并且做到表里如一和始终如一。这不仅是给受教育者做示范,而且只有这样才能使生态道德教育更加具有说服力。

要注意发挥受教育者所在集体的作用,使受教育者在所在集体中形成良性的相互影响和相互感染。

3. 典范诱导和舆论抑扬相结合

生态道德教育应当针对人们心理的特征,恰当运用典型人物或生活中的典型保护生态稳定的事例,启发、激励和诱导人们去实践生态道德义务。生态道德教育的典范是可以广泛选择的,既可以是优秀的革命领袖、政治家、思想家、科学家、艺术家,也可以是从事平凡工作的群众中的先进人物或他们在保护生态维护生物圈稳定方面的事例。但是,无论选择哪种类型的典范人物或典范事例,必须保证事例既高大、感人,又真实、合宜。

需要充分发挥以大众传媒为骨干的社会舆论对于生态道德教育的积极作用。在现代社会生活中,大众传媒对于一个人生活的影响力空前增强。大众传媒的道德水平和社会责任心,对生态道德教育具有直接的、重大的影响作用。如何发挥其积极作用,防范其消极作用,已成为当代生态道德教育所必须面对的重大课题。

4. 制度规范和管理引导相结合

现代生态道德教育需要将制度规范和管理引导纳入自己的视野。

生态道德教育的根本目标在于培养人们对生态环境的良好道德行为习惯,而制度规范和管理引导乃是促使人们养成良好行为习惯的最强有力的手段。因此,如何充分认识并发掘制度和管理的生态道德教育功能,是我们不能不面对的又一重大课题。

制度是正式的、系统的、稳定的规范,道德规范当然蕴含其间。管理就是贯彻落实制度,就是引导人们按制度要求规范自身的行为和相互之间的关系。因此,制度规范和管理引导相结合,正是现代生态道德教育必须借助的基本方式和重要手段。

2.4.5 造就一代新人

生态道德教育之所以是必要的,最直接最根本的原因就在于,人们生态道德品质的形成有其历史特点。这个特点就是,个体生态道德品质的形成不是自发的,而是需要通过外部灌输的。社会学中的社会化理论为此提供了根据。

社会主义时代是人类历史的重大转折时期,人们生态道德品质的形成,虽然比在资本主义条件下有了更好的社会环境,但也同样不可能是自发的。首先,社会主义生态道德体系及其生态道德品质要求,同历史上的各种生态道德类型及其生态道德品质要求虽然具有诸多共同性,但也有着本质的区别。人们要具有社会主义生态道德品质,就要从根本生态道德观念和生态道德习俗进行分析批判。其次,人们不可能从社会主义时代的社会实践中自发地形成社会主义生态道德品质。社会主义生态道德品质的范畴体系,是在科学地认识了社会关系及其发展的历史必然性的基础上形成的,它的要求通常会高于人们日常的实际行为,否则就不会具有生态道德价值。

在当今社会,人们完全可以形成高尚的品德,但并不是凭借个人日常的生活体验就可以形成的,而是需要依赖卓有成效的生态道德教育。

总之,无论着眼于民族复兴的战略目标,还是从当今社会的现实状况出发,都应把生态道德教育当作造就社会主义新人的根本途径,采取全新的方法来加以实施,才能更好地保护我们共同的家园——地球。

第3章 生态道德的原则与规范

3.1 生态价值观念的确立

3.1.1 生态价值观的理论界定

近年来,随着生态危机的加剧,关于生态价值观的研究逐渐成为学者们研究的热点,众多学者刊发文章讨论其基本内涵。有的学者认为:"生态价值观就是人们对生态环境在人类经济发展和社会进步中所处地位和所起作用的总体看法和根本观点。"也有学者赋予了其哲学含义:"其一,生态价值观就是主客体之间的横向互动。其二,生态价值观体现代内平等,表达一种全球共识,人类在寻求共同利益之时,共同面对和承担起挽救生态危机的神圣使命。其三,生态价值观在微观层面上注重代际平等的体现,在宏观层面则注重发展目标的未来可能性。"

虽然这些学者的研究立足点不同,还有的侧重于研究生态价值观的哲学含义,有的侧重于研究生态价值观内涵,有的侧重于生态价值观的内容,但大家都有一个共同点,那就是学者们都一致性地指出了生态价值观对我们社会发展和社会进步有着重要作用。集思广益,众多学者从不同角度对生态价值观内涵的理论界定,对我们进一步加强对生态价值观的理解和把握十分有益。

3.1.2 新型生态价值观的基本内涵

关于新型生态价值观的建立绝不仅仅是对一个概念的简单陈述,它也不应该是一个单独的哲学概念。它应该深入人们的思想中,在人们的实践活动中得以体现。新型生态价值观的建立,是我们对传统生态价值观的扬弃与创新。它必须要体现出整体、和谐、互利的基本概念,即在价值论上,新型生态价值观倡导生态系统中的各个要素之间的互利关系,破除功利论。功利论追求的利润最大化,表现在国家中,是追求经济增长的最大化;在企业或群体中,是追求利润的最大化;在个人中,则是追求个体价值的最大化。在认识论上,我们要正确认识人与自然的关系,人属于自然系统的一部分,人与自然是相互联系、相互作用的一个统一整体。新型生态价值观提倡的基本理念是处于整个生态自然系统中的。其中各个要素都是有其独特的价值存在的,每个要素都有存在的必要,各要素是处于同一整体中的;在关系论上,新型生态价值观倡导生态系统中的各个要素之间的关系是和谐性的而非对抗性的思维方式。很长一段时间,人们在对待自然的态度上始终保持着一种对抗式的思维方式,使人与自然的关系始终处于对抗状态。我们应该树立和谐思想,破除对抗式思维。

1. 和谐的关系论

所谓的和谐主要是针对人与自然这两个生态系统中的基本要素而言的。因为在生态系统中,产生对抗性的矛盾是不可避免的。然而这种对抗性的矛盾是生态系统为了维护自身平衡所必需的,在某种程度上,这种矛盾也具有和谐性的关系,它有利于生态系统的平衡发展。由于人类长期在人类中心主义思想的影响下,用对抗式的思维方式处理人与自然的关系,产生了一系列的生态问题。所以,和谐论主要是指人与自然之间的和谐。与此同时,我们还要对和谐状况进行具体分析:首先,和谐程度有高低之分。地球上的自然生态经过亿万年的选择和进化,其和谐程度是非常高的,被一些科学家称为"至优至美"。然而如今由于人类造成的环境污染和生态危机却使地球生态系统的和谐程度迅速降低。高度和谐早已成为低度和谐,甚至变成完全不和谐,其中的关键障碍性因素恰恰是人类活动的负面效应。其次,和谐论应该有一个内和谐和外和谐的区分。地球生态系统要保证植物、动物、微生物三大要素之间的动态平衡,这属于内和谐;同时还要保持地球生态系统与人类世界之间的动态平衡,这属于外和谐。不管是对内和谐还是对外和谐,人类都曾犯过许多严重错误,应当承担责任,改变自己的生产方式、生活方式和思维方式,促进地球生态系统的内、外和谐。再次,地球生态系统还有一个善的和谐与恶的和谐的区分。这里的善恶区分,是从是否有利于地球整体结构、功能的优化而言的。人类应当以这样的善恶价值观来评价自己的活动及其后果,这是地球生态和谐所追求的价值取向,人类的主体价值追求应当与此相通。这样,人类不仅不会失去自己的主体价值,反而可以大有作为,可持续地实现自身的价值。和谐论的新思路应该包括以下几个方面:

(1)和谐必须以多样性要素的关系协调统一为主导。

多样性要素只有以相互关系协调统一为主导时,系统才能实现和谐,否则就是"一盘散沙""乌合之众"。我们所说的协调统一是包含着矛盾、对立的协调统一,不能简单地等同于"同一"。协调统一对于整体中的各个事物或部分来说,它们的存在不仅要受整体协调统一性的制约,而且要求各个事物或部分所占比例要协调。如若违反此要求,人们即使做出再多的改善自然环境的努力也会前功尽弃。

(2)和谐存在的前提就是事物的多样性。

没有多样性的事物,只有同一性的事物是无所谓和谐的。同时,我们应该认识到和谐不仅仅是事物之间简单的同一,而应是事物之间的对立统一。不同的要素由于有不同的性质和特点,正是这种不同的性质和特点使不同的要素可以相互整合和互补优势,从而刺激系统的整个功能,使其富有活力。因此,多样性、多元性的事物存在,是和谐的前提和基础。如果仅把同一事物重复相加、相叠,那就是同一,而不是和谐。

(3)和谐的实现必须以整体内部各要素之间的动态平衡为保障。

也就是说,生态系统内部的要素与要素之间,部分与部分之间,必须是一个动态的不断变化发展的状态。同时,各要素或各部分的涨落要与整体中的其他要素或部分的涨落相抵消。否则,将造成系统整体的不平衡,出现生态危机。当前就是由于人类的过度行为造成了整个生态系统的失衡,人们造成的破坏没有被自然所抵消和吸收,造成了整个生态系统的失衡,产生了生态危机。

2. 整体的存在论

在对整体论进行分析之前,我们有必要对它的对立面——机械论先进行分析,这样更有利于我们对整体论的认识。在哲学上,机械论的早期代表人物要属欧洲的笛卡尔,他把世界看作是一台机器,认为它是由可以分解、分割的部件所组合的机械系统,而所有的部件又可以分解、分割为更小的元件。整台机器依靠机械作用而运动,通过因果关系相互作用。

有生命、有意志的人类一方面是这台机器的旁观者,是同自然完全不同的两类东西;另一方面,人自身也是一种机械。同时,它还认为自然事物与人是对立的,且独立在人之外,人们只能消极、被动地反映和认识自然。工业文明时期的机械的自然观,把人从自然中分离出来,割裂了人与自然之间的相互联系和相互作用,忽略了生态系统中各种要素的联系,必然会导致人们认识上的局限性、片面性,从而引发人与自然关系的紧张,造成生态危机,威胁人类自身生存。实现人类社会长久地可持续发展一直是人类孜孜追求的目标。要实现人类的这一宏伟目标,则必须要实现人与自然的和谐相处,人们必须要形成人与自然统一的认识观,在人们的实践活动中融入生态系统的规律,同时也将人们的实践活动纳入生态规律之中去,使二者形成一个相辅相成、相互联系的统一整体。只有这样,我们才能正确扬弃传统的生态价值观,正确把握人与自然的关系,认识到生态的自身价值。从而重新审视人类的实践活动,科学理智地使用自己的权利,改变过去不合时宜的评判标准,使人类能够自觉地承担保护自然的义务和责任,实现人与自然长久的和谐发展。我们在处理人与自然的关系时,要始终认清世界是在人类实践基础上人与自然相互作用、相互统一的整体,这个世界是一个活的、有机的、系统的整体。我们在认识这一整体时,要正确把握整体论的思路,其中应该包括以下几个方面:

(1)整体由要素或部分组成,整体所包含的所有要素不能离开整体而存在。

生态系统作为整体,其中包含着人、动物、植物、微生物,以及各种环境因素。所有包含在生态系统之内的生态要素都处在生态系统整体的不同组织层次,它们不能孤立地存在。同样,生命的不同组织层次,任何有机个体,既不可以分割为部分,也不可以同它所处的系统的内外环境分隔开,否则就会丧失其在整体生命中的存在。

(2)以有机整体存在的系统内部各个要素、各部分、各组织层次和各运动环节,无一例外地处在相互联系、相互依赖、相互作用之中,而且所有这些联系、依赖、作用都要受整体结构和功能的制约,并为整体结构和功能服务。

在整体结构和功能的基础上,各因素、各部分、各层次、各环节之间的联系、依赖和相互作用才得以存在并发挥其功能。

(3)有机系统的整体功能不同于其组成要素、部分、层次、环节的功能,同时大于各要素、部分、层次、环节功能之和。

有机系统的整体性在系统自组织的过程中,始终要求各要素、各部分、各层次、各环节在结构上趋向于整体有序性,在功能上趋向于整体和谐性,在发展变化上趋向于整体优化性。

(4)有机系统的整体性质是组成该系统的各要素、各部分、各层次、各环节的性质的前提,不能用各要素、各部分、各层次、各环节的特殊性质来孤立、抽象地解释整体的共同性质;相反,各要素、各部分、各层次、各环节的特殊性质却只有在整体中才能得到说明。

整体论的思维方式,坚决反对传统机械论思维方式把有机系统整体分解、分割为部件,坚决反对传统机械论思维方式把高级运动形式简单分解,还原为低级运动形式的方法,并根据部件与部件之间的因果联系来解释它们的分析方法。在整体论思维下,应该把地球看作活的有机系统,它具有自组织、自调控、自发展的性质,并朝向更高阶段的有序性和价值进化的方向发展。在地球有机系统中,包括人类在内的各要素、各部分都是由地球整体自组织过程形成的,而不能说地球整体是由包括人类在内的各要素、各部分相组合而形成的。

3. 互利的关系论

所谓互利论,就是以人类与自然互利为根本目的和根本归结点的一种思维方式。同时,互利论思想也包括不同地区之间的互利,不同国家和制度之间的互利,以及不同文化之间的互利。但不管是哪个层面上的互利,都是和人与自然的互利相通和相应的。在人类与自然互利的思想中,我们必须把握和承认两个前提:一是自然的极限前提,其中包括自然存在的极限和自然接受废物能力存在极限的前提;二是经济的增长、价值的实现都离不开与自然生态系统中物质、能量的交换,人们必须自觉置于自然生态系统的制约之中。只有我们正确认识和承认这两个极限前提,才能更好地把握和理解互利论的思想。

互利论的思想应该包含以下几个具体方面:

①变革传统经济增长模式,发展循环经济,倡导绿色 GDP 理念。

②树立共生、共同、可持续发展的观念。

③改造和重建符合生态经济规律的企业。

3.1.3 生态价值观产生的背景

生态价值观是人类社会发展到一定阶段的产物。由于人来源于自然,产生于自然,且一直与自然发生着各种各样的联系,所以人类在处理与自己关系最密切的自然关系时,必然会持有不同的看法和观点。这就使生态价值观应运而生。20 世纪是一个让人欢喜让人忧的时代:一方面科技的迅速发展和应用,给人类带来了空前的社会财富和巨大的社会进步。另一方面,也给人类带来了前所未有的自然灾难,如气候异常、大气污染、环境恶化等。不甘于此种情形的人类,开始了艰难的探索,试图找出一条能够带领人类走出困惑的光明大道。这就是生态价值观产生的客观背景。从古至今,人们都是在人类中心主义的价值观影响下从事实践活动,正是这种以人类为中心的观点导致了一种"反自然"的生活模式,直接导致了整个生态系统甚至整个人类社会的危机,严重威胁着人类社会的存在和发展。面对日益严重的生态危机,人类必须扬弃在人类发展模式中占主导地位的传统生态价值观,扬弃人类中心主义的发展模式,建立起一种新型的生态价值观,促使人类社会朝着健康、有序的方向发展。这种价值观应该高度强调人与自然和谐统一,积极倡导人与自然的协调发展,积极倡导人与自然的互利互惠。只有这样,我们才能够真正解决人类当前面临的生态危机。

3.1.4 生态道德的基本内容

组成生态系统的每一个个体都在该系统中发挥着各自独特的作用,它们以其多样性的存在和相互间的联系来维系着整个系统的正常运行。从生物多样性和生态平衡的角度来说,人类应该珍惜、爱护地球上的所有生物。因此,人与自然的种际公正,实际上就是在确保人类生存的条件下,尊重生态系统中其他生物生长的规律,允许它们以自己的方式生存,而不是肆意掠夺自然,破坏自然生态系统的可持续发展。

3.2 生态道德的基本原则

生态道德从保护自然环境、维持生态平衡的目的出发,对人们针对自然环境的行为予以道德约束。构建生态道德,旨在通过协调人与自然的关系最终达到调节人类社会关系的目的。我们构建的生态道德所规定的基本原则正是围绕其目的而展开的。

3.2.1 平衡和谐原则

平衡和谐原则寻求人与自然的平衡、和谐发展,这就是说,人们在与自然交往的活动中,必须保证自然界按自身规律正常有序运转,维护生态系统的完整性,从而达到人与自然和谐相处和共存共荣的最佳状态。平衡和谐原则的内涵包括三个层面:一是在实现和维护人与自然和谐关系中,人类应发挥其主体性作用。二是人类要致力于维持整个生态系统的平衡。人是整个生态系统中的一员,并且是唯一具有理性的存在物,人具有独特的认识能力和实践能力,正是依靠这两种能力,人类从自然界摄取丰富的物质生活资料和生产资料。但是,自然界并不具备像人所拥有的那样高水平的智能和智力,它只是一个按自己的存在方式自发运动的系统,它的运动带有盲目性,并且不会对自己的盲目运动所造成的损害进行补偿。三是人类社会必须与其环境协调发展。人类社会的生存发展,离不开其周围的自然环境,人类社会每一次向大自然的疯狂进军,似乎都满足了人类的占有欲与消费欲,工业文明也因此而得以不断发展,但是人类对大自然近乎疯狂的掠夺,却遭到了大自然的猛烈报复,从而使人类陷入非常严重的生存困境。因此,人类不得不对自己的行为进行深刻反思,人类社会在满足自身发展的同时,再也不能不顾生态环境的可承受能力,唯有与自然协同发展,人类社会的健康发展才能得以真正实现。

3.2.2 平等原则

生态道德所倡导的平等原则不仅要求人们要平等地对待自然,而且强调实现人与人之间在环境方面的利益和发展权利的平等。生态道德的平等原则通常包括三个方面:一是横向的代内平等,二是纵向的代际平等,三是人与自然之间的种际公正。

1. 代内平等原则

代内平等是指当代人在利用自然资源、满足自身利益上的机会是均等的。大自然是人类共同栖息的家园,这个家园的任何国家和地区都平等地享有地球,平等地享有生存权和发展权。这就是说,任何国家和地区的发展,不能以损害别的国家和地区的发展为代价。在这个地球家园里,任何国家、地区、个人都不能以自我为中心,毫无限制地开发自然。

2. 代际平等原则

代际平等指的是当代人与后代人平等地享有地球资源与生态环境。生态道德着眼于社会-人-自然和谐共存,因此,它特别强调当代人的责任,反对人们在生态利益享有和分配上的短视行为,主张人与自然的和解。其实质是地球上的有限资源在代际间的合理分配与补偿问题。可持续发展观正是代际平等原则的体现。可持续发展观要求我们当代人在利用自然环境、促进自身发展的同时要照顾到子孙后代的利益。

3. 种际公正原则

种际公正原则指的是人与自然关系的公正原则。公正是伦理学的范畴，它含有从公正的角度出发平等地善待每一个与之相关的对象的意义。公平既指相互间的给予与获取大致持平的平等互利，也指对待两个或两个以上的对象时的一视同仁。简而言之，生态道德的种际公正原则要求人自觉尊重所有自然存在物，并与它们保持一种平等关系。人在获取自己必要的利益时，要考虑自然物生长和衰亡的规律，考虑自然界的生态平衡问题。

3.3 生态道德的主要规范

与法律规范以强制性手段规范社会成员行为那种硬性的约束不同，道德规范是一种软约束。道德依靠内心信念和社会舆论来发挥其调控功能，它表现为一种特殊的自我控制力和自我约束力。任何一种社会形态的有序、协调发展，都离不开一定道德规范的整合和调适。解决生态环境问题需要人们具有高度的生态道德责任感，需要以具体的生态道德规范来约束和评价人与自然关系的一切活动。

1. 善待自然，保护环境

生态道德以现代生态学为其理论基础，它既富有道德关怀的人文精神，又因其从生态学的角度看待自然而彰显其科学精神。现代生态学将地球上的一切生物和无生命的环境看成是一个相互作用的、彼此依存的有机整体。善待自然的生态道德规范要求人们以强烈的责任感和满腔热情去维护自然界的完整性、多样性和动态平衡，爱护和珍惜自然系统中各种生物种群的生存和发展，尊重生命，尤其要爱护和珍惜地球上不可再生资源等。自然环境是人类和其他生命的共同家园。保护环境，实际上就是要保护好地球适合于生命的生态学过程，就是要维护生态系统的完整性，保护好影响人类生存和发展的各种天然的和经过人工改造过的所有自然因素，合理地利用自然资源，防止环境污染和生态破坏，始终为维持人与自然互惠共生、协同发展创造各种条件，从而使大自然朝着既有利于人类发展的目标，同时又有利于其本身的健康、稳定、繁荣和美丽的方向进化。

2. 兼顾经济发展与环境保护

长期以来，人们认为发展就是经济的增长和科技的进步，而且人们坚信，经济发展是天然合理的事情，在这种人类中心主义的发展理念下，在相当长的历史时期里，人类在追求经济快速增长的同时，丝毫不顾及生态环境有限的承受能力，终于招来了自然的猛烈报复，于是，如何处理经济发展与环境保护之间的关系就成为生态道德所关注的基本问题。这种为满足自身需求而一味掠夺资源和破坏环境的行为达到近乎无情甚至疯狂的地步，从而引发了各种各样的自然灾害，也迫使人们反思经济建设和环境保护的关系，并找到处理二者之间关系的正确途径。

3. 兼顾经济发展与环境保护

要兼顾经济发展与环境保护，就必须坚持走可持续发展的道路。可持续发展是兼顾经济发展与环境保护这一生态道德规范的内在要求。可持续发展观产生于20世纪70年代，形成于20世纪80年代，到90年代逐渐被我国和世界上许多国家所接受，并成为他们的发展战略。这是人类在新的历史时期与自然交往过程中做出的必然选择，其形成和发展的过程，也就是人类对工业文明以来现代文明发展状况及其道路进行深刻反思的历程。这清楚地表明了实现人与自然和谐的生态道德的基本要求,指出人和人类社会的发展与自然的发展之间具有内在的一致性,正因为如此,人类在谋求自身经济发展的同时,必须兼顾自然环境的保护,使之可持续发展,并将其作为生态道德在社会发展方面的道德规范。可持续发展观要求我们做到以下几点:

①真正将人类的需求和欲望限定在自然生态可容纳的范围之内,对自然资源的开发利用,必须考虑到地球生态系统的可承载力,必须保护生物多样性赖以存在的自然生态环境。

②着力进行社会整体变革,实现包括社会、经济、人口、资源、环境和生态等众多领域在内的全面协调发展。

③切实消除贫困,减少贫困对环境的危害。

④要高效地、可持续地利用自然资源,特别是要努力寻找可替代性的资源来代替不可再生资源,而且,对可再生资源的开发利用速度也要限制在其再生速度范围之内。

4. 控制人口,适度消费

人是社会实践的主体,人类社会所发生的一切都同人的行为有关。虽然人口数量是推动社会发展的一个极为重要的因素,但是近年来,人口的急剧增长已成为一个不容忽视的重大问题。诚然,人口不繁殖,社会便不能发展,但人口的过快增加,又会给人类有限的生存空间带来巨大的压力。人口过快增长,人口数量达到生态环境难以容纳的程度时,将会给人类带来很多的生态环境问题,并将阻碍人类社会的健康发展。人口的过度增加,会带来对资源环境的过度消耗,带来水资源和粮食的短缺等一系列严重问题。因此,人类必须使人与环境、社会之间保持协调,为此,就必须通过控制人口的增长速度来控制人口数量,同时还要提高包括身体素质、文化素质、专业素质、创新素质等在内的人口质量。适度消费也是生态道德重要的规范之一。人类的消费活动是一种永恒的生命现象,是人类生存和发展的基本条件之一,也是体现人与自然环境关系的基本活动。适度消费是现代生态环境保护各种举措中的一个重要部分。在社会生活中,为了满足自身的生存需要,人类每天都要消耗大量的资源,同时产生出各种各样的废弃物,这些废弃物对人类赖以生存的生态环境影响很大。

5. 维护国际环境公正

生态问题具有全球性,往往需要世界各国的共同努力才能够有效解决。生态问题的全球性使得以协调人与自然关系为己任的生态道德带有全球伦理的性质。由此我们不难理解,生态道德,其作用范围不可能仅仅局限于一个国家或地区,它站在全球的高度,在我们处理国际环境利益关系中发挥着特殊的道德约束作用。环境公正是生态道德的基本原则之一。国际环境公正是指,世界各国不分贫富强弱,在环境利用的权利和环境保护的责任、义务上都是平等的。维护国际环境公正既是当代生态道德的一项重要规范,也是我们建立公正合理的国际政治经济新秩序的内在要求之一。

第4章 生态文明

4.1 生态文明的概念与发展

4.1.1 生态文明的概念

生态文明是人类文明发展的一个新的阶段,即工业文明之后的世界伦理社会化的文明形态;生态文明是人类遵循人、自然、社会和谐发展这一客观规律而取得的物质与精神成果的总和;生态文明是以人与自然、人与人、人与社会和谐共生、良性循环、全面发展、持续繁荣为基本宗旨的文化伦理形态。

生态文明的概念由生态和文明两个概念构成。一般来说,"文明"相对于野蛮、蒙昧而言,是指人类社会进步状态。"生态"来源于生态学概念,在生态学中用它来表示生物有机体与其他生物之间、与非生物之间的关系。随着人们对生态问题的研究与深化,"生态"的含义被理解为"生物和人类与环境"的关系。生态和文明这两个概念有机结合,生成了生态文明新概念。由于人们对生态和文明两个概念的认识并不完全一致,加上生态文明概念本身形成的时间也不长,生态文明建设的社会实践时间也不长,所以在对生态文明概念的界定上是仁者见仁、智者见智,使生态文明概念具有了多义性和复杂性。

如果要给生态文明下一个确切的定义,不妨从生态文明的自然属性和社会属性、生态文明的当前建设和发展目标上做出如下表述:生态文明是一种人与自然和谐相处的现代低碳生产生活方式,属中国特色社会主义的本质特征和发展方向;生态文明以遵循自然规律为准则,以经济可持续发展和经济社会永续发展为首要任务,构造资源节约型、环境友好型社会;生态文明促进人类福祉不断提升和社会持续发展进步,最终实现对工业文明及其资本主义社会形态的超越。这是生态文明本质、过程和目标的统一。

从人与自然和谐相处的角度,对生态文明的定义是:人类为保护和建设美好生态环境而取得的物质成果、精神成果和制度成果的总和,是贯穿于经济建设、政治建设、文化建设、社会建设全过程和各方面的系统工程,反映了一个社会的文明进步状态。

以下为生态文明的几项基本信息:

(1)生态文明的地位。

生态文明是人类文明系统中最具基础地位的一个方面,与物质文明、精神文明、政治文明相互交叉渗透;生态文明萌生于工业文明的母体中。生态文明从当代社会文明中的一个方面发展为与原始文明、农耕文明、工业文明相衔接的生态文明,它对工业文明的扬弃必然走向人类文明的新形态。

(2)生态文明的内容。

生态文明是在处理好经济发展与环境保护的关系的基础上,形成人与自然的和谐关系。生态文明是可持续发展的文明,是人类可持续发展和自然可持续发展的统一。生态文明建设的当前要求,主要包括节能减排,经济结构调整,转变经济发展方式,建设生态文化,建设资源节约型、环境友好型社会。

(3)生态文明的目标。

生态文明的自然目标是生态学上的善待自然和顺服自然。生态文明的社会目标是在生态环境良好的基础上实现"自然主义－人道主义－共产主义"的三位一体。

(4)生态文明的条件。

生态文明不是要回到远古,而是要走向未来。它以科技发展为前提,以工业文明为基础,以人民幸福为动力,在追求代内、代际、种际公平正义的基础上,自觉主动地协调人与社会、人与自然的关系,实现社会和谐与自然和谐。

4.1.2 生态文明的发展

进入 21 世纪以来,中国的经济、社会、政治和文化继续稳定健康地发展,经济总量快速增长,社会充满活力,政治在体制改革中实现了稳定和发展,文化进一步繁荣。这些变化和成就的取得,最主要的是得益于中国共产党带领中国人民从实际出发,努力实现马克思主义的中国化。

马克思主义中国化的一个重要方面,是马克思主义生态观的中国化,即在中国生态文明建设的实践中坚持和运用马克思主义的生态观。生态理论是马克思主义的重要组成部分。马克思、恩格斯坚持辩证唯物主义和历史唯物主义,在考察人类文明历史进程的基础上,指出要高度重视人与自然之间的生态关系,并揭示了这两种关系之间相互制约、相互促进的辩证联系。

(1)把生态文明建设归入人类文明建设体系。

受社会发展阶段的限制,在当时的历史背景下,马克思、恩格斯关于生态的理论只能零散地存在于他们的思想体系中,不可能对生态问题进行专门且系统的研究,也不可能把生态建设提升到文明建设的高度。当代中国生态建设提出"走生态良好的文明发展道路",建设社会主义生态文明。这样生态文明就与物质文明、精神文明、政治文明一样归入人类文明建设的体系之中,并成为其重要基础。

(2)深化了对人与自然关系的认识。

人类不能过分陶醉于对自然界的胜利,要认识到自身和自然界的一致性。当代生态文明建设遵循马克思主义的理论和方法,强调人是价值的中心,而不是自然的主宰,人的全面发展必须促进人与自然的和谐。在处理人与自然的关系时,不应把人的主体性绝对化,也不能无限夸大人对自然的超越性,而是人类应当约束自己,摆正自己在自然界中的位置,关注自然的存在价值。

(3)加强了生态文明建设的国际交流。

马克思生活的时代,全球化趋势还不明显,但他关于"历史向世界历史转变"的思想里已经蕴含了生态环境问题。鉴于生态问题的特殊性,当代中国生态文明建设不但关注本国本地区的生态文明发展,而且关注别的国家和地区的整体发展。保持良好的生态环境,建设生态文明,是共创和谐世界的重要条件。在可持续发展的前提下,通过广泛开展国际合作,积极加以应对,保护全球环境,应当是各国政府的共同选择。

总体来说,科学发展观是中国政府和中国人民对我国生态文明的思考,是中国社会主义现代化建设中对待人与自然、人与人、人与社会关系问题的应答,是中国人民在21世纪的时代背景下,依靠中国社会主义制度的优势发起的新一轮的"生态革命"。这一革命将逐步解决自己在发展中人与自然之间的矛盾,恢复人和自然的关系,进一步调节社会的生产关系、生活方式、生态观念和生态秩序,促进人与自然、人与社会、人际和代际之间的和谐发展,从高能耗、低产出、污染严重的工业文明,走向高效率、高科技、低消耗、低污染、健康持续的生态文明,它是马克思主义在当代中国的运用和发展,必将值得我们继承和发扬。

4.1.3 生态文明与社会主义

1. 社会主义生态文明概念

我国在20世纪70年代就开始意识到生态文明的建设问题。70年代初以来中国政府开始大力推行计划生育政策,在人口压力下开始重视人口、环境与发展问题。80年代邓小平题词"植树造林,绿化祖国,造福后代",中国各地开始了声势浩大的保护"母亲河"行动。90年代提出"可持续发展"战略和"两个根本性转变"任务,中国政府制定出《中国21世纪议程》。在这样的历史背景下,一些学者提出要创造社会主义生态文明,并对中华文化传统中的生态思想进行了比较深入系统的挖掘、整理和阐释。

进入新世纪后,党中央提出了科学发展观这一重大战略思想。科学发展观是对党的三代领导集体关于发展的重要思想的继承和发展,同时吸收了当今世界关于发展的先进文化成果。从理论发展的轨迹看,科学发展观的提出最突出的是要解决两大关系问题:一是解决经济与社会的发展关系问题,以"以人为本"和关注民生为主旨,构建社会主义和谐社会;二是把解决人与自然的发展关系问题从社会建设中剥离出来,以"人与自然和谐相处"和"可持续发展"为主旨,建设社会主义生态文明。

虽然"社会主义生态文明"作为个人观点,在党的十七大之前就有人提出了,但把关于生态文明的理论和实践的探索升华为中国特色社会主义建设的一个方面,升华为一种事关发展全局的战略思想和治国理念,是一个质的飞跃。尽管在十七大报告中并没有直接使用"社会主义生态文明",但在当时的语境下,在发展中国特色社会主义的目标要求中使用"生态文明",必然是要建设"社会主义生态文明"或"中国特色社会主义生态文明"。

社会主义生态文明是继工业文明之后的一个崭新的文明形态,它是人类文明发展到一定阶段的必然产物。

2. 社会主义生态文明与科学发展观

社会主义生态文明概念的确立,极大地推进了我国生态文明建设的理论和实践创新,社会主义生态文明理论作为科学发展观的重要内容,其理论框架已经基本形成。

(1) 生态文明是社会主义和谐社会的关键。

《中共中央关于构建社会主义和谐社会若干重大问题的决定》把生态文明置于和谐社会的内涵之中,在构建社会主义和谐社会的指导思想和任务目标中,分别提出了"人与自然和谐相处","资源利用效率显著提高,生态环境明显好转"的要求。

(2) 生态文明是全面建设小康社会新的目标要求。

党的十七大报告中首次提出要建设"生态文明",并且提出建设生态文明的目标要求是:"基本形成节约能源资源和保护生态环境的产业结构、增长方式、消费模式。循环经济形成较大规模,可再生能源比重显著上升。主要污染物排放得到有效控制,生态环境质量明显改善。生态文明观念在全社会牢固树立。"

(3)生态文明属于中国特色社会主义事业的总体布局。

党的十七大后,胡锦涛同志在新进中央委员会的委员、候补委员学习、贯彻党的十七大精神研讨班开班仪式上发表重要讲话,要求"按照中国特色社会主义事业总体布局,全面推进经济建设、政治建设、文化建设、社会建设,积极推进生态文明建设"。

(4)生态文明建设的核心内容是处理好生产、生活、生态之间的关系。

党的十七大要求"坚持生产发展、生活富裕、生态良好的文明发展道路,建设资源节约型、环境友好型社会,实现速度和结构质量效益相统一、经济发展与人口资源环境相协调,使人民在良好生态环境中生产生活,实现经济社会永续发展"。

4.2 生态文明建设

人类社会进入 21 世纪后,能源资源匮乏、生态环境恶化已经成为制约各国发展的全球性问题。中国共产党站在时代发展的前沿,适时提出了"建设生态文明"的主张,为中国特色社会主义的现实发展指明了方向。

4.2.1 全方位、多维度建设生态文明

中国在改革开放和社会主义现代化建设过程中,经济社会发展取得了巨大成就,在能源资源节约和生态环境保护方面也取得了新的进展,但由于延续传统工业化旧的发展方式,总体上还是"经济增长的资源环境代价过大",一些地方资源浪费、环境污染和生态恶化问题依然相当严重,经济社会发展仍然没有摆脱先污染、后治理的被动局面,经济发展与资源环境的矛盾日趋尖锐。作为发展理念的创新和发展战略的调整,党的十六大以来,中国共产党逐步形成了科学发展观,提出构建资源节约型和环境友好型社会,建设生态文明。科学发展观的形成绝不仅仅是经济发展模式的改变,而是为人类社会发展寻找新的前进方向和发展道路;建设"两型社会"也绝不仅仅是一个技术层面的问题,而是对一个社会的经济、政治、文化等的整体构建。因此,"建设生态文明,不同于传统意义上的污染控制和生态修复,而是修正工业文明弊端,探索资源节约型、环境友好型的发展道路"。

党的十六大以来的理论与实践以及生态文明建设,概括起来主要从以下四个维度展开。

1. 经济维度

党的十七大提出加快转变经济发展方式,实现国民经济又好又快发展。转变发展方式,促进产业结构优化升级。必须深入贯彻落实科学发展观,通过提高自主创新能力和实施知识产权战略,把经济发展的动力转变到主要依靠科技进步、劳动者素质提高和管理创新上来,推动产业结构优化升级,实现三产协调增长。

目前,在我国的三次产业结构中,经济增长过于依赖第二产业增长的拉动,低能耗的第三产业发展滞后,比重偏低。在工业内部,高能耗行业比重大,高技术含量、高附加值、低能耗的行业比重低。因此,在巩固农业、做强工业的同时,要逐步提高第三产业在国民经济中的比重。调整能源消费结构,控制高能耗、高污染行业过快增长,大力发展可再生能源。根据资源条件和环境承载力,优化区域产业布局,以更加严格的环境保护措施加快产业结构

的优化,以环境准入促进生产技术更新换代,以功能分区促进产业布局合理有序,以环境成本促进资源优化配置。

转变发展方式,发展循环经济。发展循环经济,是建设生态文明、构建资源节约型和环境友好型社会的重要途径。循环经济以减量化、再利用和资源化为原则,以提高资源利用效率为核心,以资源节约、资源综合利用、清洁生产为重点,通过调整结构、技术进步和加强管理等举措,大幅度减少资源消耗、降低废物排放和提高生产率。

2. 制度维度

党的十七大提出:"要完善有利于节约能源资源和保护生态环境的法律和政策,加快形成可持续发展体制机制。落实节能减排工作责任制。"

(1) 必须加强立法,规范人与自然的关系。

我国在制定和实施节约和环保的法律法规方面已经做了一系列工作:一是颁布并实施了一系列有关节约资源和环境保护的法律法规,如《中华人民共和国环境保护法》《中华人民共和国环境噪声污染防治法》《中华人民共和国水污染防治法》《中华人民共和国环境影响评价法》《国家环境保护标准》。二是逐步开始对有关资源环境的财政金融税收政策、法律规定进行调整。但这方面的法制建设还有待加强,法律法规还有待健全。应该尽快把在实践中形成的节能措施和环保经验上升为法律,制定和完善主要工业耗能设备、家用电器、机动车等能效标准,以及主要耗能行业节能设计规范、建筑节能标准、建筑物制冷采暖温度控制标准等。

(2) 建立健全环境保护政策和体制机制。

要抓紧建立有利于环境保护的价格、财政、金融、税收、土地等方面的经济政策体系。实行最严厉的环境保护制度,建立健全与现阶段经济社会发展特点和环境保护管理决策相一致的环境法规、政策、标准和技术体系。

(3) 建立有利于环境保护和节能减排的信息机制。

一是利用价格机制的作用,抑制高污染、高能耗、高排放项目,促进符合环保要求和有利于节能减排的新技术、新项目脱颖而出。二是研究、借鉴国际上的碳交易机制,探索在我国试行排放配额制,发展排放配额交易市场。

3. 技术维度

水污染、土壤污染、大气污染是威胁人类生存安全的三大污染,这些污染主要都是由工业污染物排放和生活垃圾排放以及森林植被破坏造成的。加强污染防治,促进生态修复,重点要抓好水污染防治,保障城乡饮用水源安全;加快城市大气污染治理,提高城市空气质量;加快土壤污染治理,保障食品安全。加强建设项目和有关规划的环境影响评价,坚决防止产生新的污染。

(1) 防治工业污染,严格控制污染物排放总量。

近年来,我国工业污染防治、城镇环境综合整治、重点区域和流域污染治理、有害废弃物和核污染防治以及对突发环境事件的防范,均取得了一定成效。

(2) 发挥主观能动性,积极促进生态修复。

全球气候变暖的危害日趋严峻。加强污染防治,促进生态修复,就是要做到:主要污染物排放得到有效控制,生态环境质量明显改善。加大节能环保投入,重点加强水、土壤、大气等污染防治,改善城乡人居环境。加强水利、林业、草原建设,加强荒漠化沙漠化治理,促进生态修复。加强应对气候变化能力建设,为保护全球气候做出新贡献。

4. 思想文化维度

在生态文明建设过程中,思想观念是内在的、具有决定性的因素,外在的制度、法律、政策、行为都是思想观念的外化和体现。正因为如此,党的十七大提出:建设生态文明一定要在全社会牢固树立生态文明观念。

①生态文明观念、生态道德文化以人对自然、生态、环境的爱护和尊重为出发点,是人类保护自然、生态、环境的基本理念、原则和行为规范的总和,是关于人类与地球实现可持续发展的文化道德基础。

②要反思"收入越高、消费商品越多,则生活越富裕、生活质量越高"的消费观,反对非理性的过度消费和奢侈浪费,倡导合理适度、文明环保的绿色消费。

③要广泛开展环境宣传教育,多形式、多层次、全方位地宣传有关资源节约和环境保护的知识、政策、法律法规,营造全社会关心、支持、参与资源节约与环境保护的文化氛围,提高全社会节约资源和保护环境的自觉性。近年来,各个层次、各种形式的节约资源和保护环境的活动在全社会广泛开展,生态文明观念开始深入人心。只有在全社会形成节约能源资源、保护生态环境的良好风尚,节约环保意识成为全民共识,生态文明观念在全社会牢固树立,我们的发展模式、消费模式才会真正发生转变,全面协调可持续发展才能真正落实,建设生态文明的价值取向和现实诉求才有望实现。

4.2.2 建设中国特色社会主义生态文明的意义

在人类文明发展史上,经济、政治、文化、社会、生态是相互影响、相互作用的。要推动科学发展、和谐发展,必须实现经济、政治、文化、社会、生态的共转变、共促进、共制约和共融合。生态文明建设,能够为人们的生产生活提供必需的物质基础;生态文明观念,作为一种基础的价值导向,是构建社会主义和谐社会不可或缺的精神力量。

生态文明作为一种崭新的文明形态,代表着人类文明发展的方向,反映了人类社会的进步状态、价值理想和目标追求,对人类的生产生活具有导向和引领作用。

随着人们日益增长的物质文化需求,对生活质量提出了新的更高的要求,创造一个良好的生态环境,使自然生态保持动态平衡和良性循环并与人们和谐相处,比以往任何时候都显得更加迫切。如果没有一个良好的生态环境,便无法实现可持续发展,更无法为人民提供良好的生活环境,所以说建设生态文明任重而道远。牢固树立生态文明观念,积极推进生态文明建设,是深入贯彻落实科学发展观、推进中国特色社会主义伟大事业的题中应有之义。

建设生态文明,是转变经济发展方式的重要着力点和途径。建设生态文明孕育新的发展机遇。加大对生态环境整治项目、新能源开发项目、农村环境基础设施项目的投入,既能拉动当前经济增长,又能增强可持续发展后劲,无论对眼前还是长远,都具有十分重要的意义。

第5章 动物解放论

5.1 动物解放论的理论背景

5.1.1 达尔文理论的问世

即使从没有真正读过《圣经》,在1859年以前西方大众都相信人是上帝创造的,因为这是西方一直流传的不容置疑的真理。大地没有草木,也无人耕种,上帝用地上的土创造出第一个人——亚当。上帝建造伊甸园,创造植物。为了不让亚当感到孤独,上帝用土创造了走兽和飞鸟,并用亚当的一根肋骨创造出世上第一个女人——夏娃。

1859年,人类历史上具有颠覆意义的一颗原子弹平地而起,那就是英国伟大的生物学家达尔文的《物种起源》,随着该书的出版,达尔文也在实践中确立了进化论,他认为生物不是始终不变的,而是不断发展的,是自然选择的结果,而人类,更是由最低等的动物进化而来的。达尔文为人们揭示了一条全新的自然发展规律,进化论更是在世界上引起了巨大的轰动。

达尔文的学说彻底否定了上帝的创世纪之说,把人们从神学思想的束缚中解放了出来,使人类开始由愚昧走向科学。达尔文的进化论主要包括两个学说:共同祖先说和自然选择说。

①共同祖先说。这个部分揭示了生物进化的事实,说明物种是可变的,所有生物都是来自同一个祖先,生物的进化更是一个树枝状的不断分化的过程。

②自然选择说。这个部分解释了生物是怎样进化而来的,并且认为自然选择就是生物进化的主要方式。

这两个学说一起证明了生物的进化是从共同的祖先开始的,并且是在自然选择的作用下的一个趋向多样化的过程。生物的进化并没有一个预定的方向,而是如同树枝一样不断地分化。达尔文还揭示了生物的进化是一种渐变式的步调,是通过细微的积累,在取得优势后才进行变异,而不是跃变式的变异。达尔文的进化论为生物学提供了全新的理论框架,这个理论已经超越了整个科学界,为整个人类社会提供了一种全新的世界观和方法论。

在进化论已经被广泛认可的情况下,达尔文把进化论的理论运用到人类的研究方面,并且出版了第一部研究人类进化的专著《人类的由来》。在这本书里,达尔文科学地论证了人类其实是从猿类进化而来的,并且说明人类其实是生物进化的偶然产物。人类与自然界的所有生物都是亲属,与其他生物,尤其是类人猿没有本质的区别。

达尔文的人类学说完全否定了统治人类思想上百年的上帝创造了人类的学说,揭开了人类由来的秘密,确立了科学的人类学说,这个学说的确立与进化论一样具有划时代的意义。美国哈佛大学著名的科学史教授伯纳德·科恩将其称为达尔文的革命。我们也可以把达尔文的革命理解为,这也是人类关于自己与动物之间关系的理解的一场革命。达尔文进化论的发表给人们带来了思想上的革命,似乎应该剧烈地改变人类对动物的态度。因为那些支持进化论的科学证据已经难以否认,那么之前所有鼓吹人类在万物中处于中心位置、人类可以支配其他物种的说法,都必须受到重新审视。人类从此知道了,自己并不是神的特殊创造物,其实自己也只是动物的一种。到这里,我们已经可以得出结论,与其他物种相比,人类并没有什么特殊的权利,更没有权利去宰杀动物。

5.1.2 边沁功利主义

在18世纪的英国,资本主义社会正在经历从经济变革到政治革命再到产业革命的一系列变化,这样急剧动荡的变革,也需要社会从经济领域强有力地扩展到政治、法律、思想等领域的一系列变革。新的社会要求,就需要有新的理论来支持,著名的边沁功利主义学说就是在这样的情况下产生的。边沁功利主义丢掉了宗教神学的背景,直接反对宗教禁欲主义,因此带有鲜明的启蒙主义色彩。杰罗米·边沁通过对功利原理的系统阐释,并且把功利原理运用贯彻到政治哲学、立法理论等各个领域,成为系统功利主义的奠基人。他更是功利主义思想的领袖,因为他把功利原则作为一种批判一切旧的政治法律制度的思想武器。

边沁首先确认了所有人都有趋乐避苦的天性,并由此得出了他的功利原理,也就是一种评判人的行为标准:一个人的行为是否合理,关键就在于它是否导致了人的快乐和幸福。所以可以说,边沁的功利主义,其实就是快乐幸福原理。

其次,边沁的功利主义还是一个价值原理。虽然他的功利原理是直接从人的趋乐避苦的天性得出来的,但是这绝不仅仅是对人的这种天性的事实层面上的断定,而是基于这个事实判断推论出的一个价值标准。鉴于此,我们也可以看到,功利原理作为一个价值原理,在评判人的行为时,首先注重的是行为的结果或效果,而不是行为的主观意图或动机。当然边沁也认为,某些主观意图或动机其实是善良的,但是判断一个人的行为,我们首先要看的还是这个行为能否带来好的结果,也就是能否给利益相关者带来快乐和幸福。

最后,边沁的功利主义作为一个价值原理,被他自己说成是一种情感,也就是赞许的情感。但是这个原理本身并不是根据一种主观的情感被随意提出来的,而是依据理性提出来的,是完全符合理性的。边沁在解释他的功利原理时,确实是把它理解为一种心理行为、一种赞许的情感,这种赞许更倾向于是一种感情,而不是纯粹的理性判断。然而,边沁认为我们根据功利原理来评判某种行为时,这种评判是感性的而不是理性的。但是,我们为什么要根据功利原理而不是别的什么原理去评判某种行为,这就需要理性地论证,而不能简单地诉诸任意的情感。

5.1.3 宠物的兴起

某些受宠的动物,与人类社会保持着密切的联系。比如说跟我们如此友好的狗,在英国现代的初期,狗是随处可见的,从比例上说,英国的狗比其他任何国家都要多。作为保护财产的工具,狗甚至比警察或者法官都要重要。在17世纪许多狗都是有实用功能的:拉车、托雪橇甚至是耕犁。还有些狗甚至用来追踪罪犯,这和今天也是一样的。狗和主人之间的关系通常都是很亲密的,特别是牧羊犬,它们非凡的技能真是令人赞不绝口。可是,通常人们对这些可以干活的狗似乎是没有什么感情的,当它们老了,不能干活了,没用了,一般就会被残忍地绞死或者是淹死。能够真正得到主人感情并享有较高地位的倒是那些可以说是可有可无的狗,特别是玩赏狗和猎犬。过去和现在一样,都是皇家带头开始宠爱那些闲狗,在宫廷和富人的家里,到处都是狗,贵族们的趣味都会很相似,狗与猫常常是贵族们相互馈赠的礼物,有一句话叫"不爱狗的人就不是绅士",而且绅士们对他们的猎犬简直可以说是溺爱。相比较狗来说,猫的地位上升得就比较慢了,在中世纪的时候,家庭养猫主要是为了防止老鼠,只是偶尔才把它们当作伙伴或者是情感对象。中世纪,养宠物是富贵家庭的时尚,当时三令五申严格地禁止修道士和修女们养宠物,但都无济于事。13世纪,宠物界又多了一种动物,就是宠物猴,但是到16世纪与17世纪,宠物才真正成为中产阶级家庭的标志,特别是在城镇,而且越来越多的人开始饲养没有任何实用价值的动物。到了18世纪,人们的同情心更是拓展得有些无边无际,那时甚至还出现了宠物老鼠甚至是宠物蜘蛛。宠物们越来越成为家庭合影中不可缺少的角色,这通常象征着忠诚、对家庭的挚爱和家庭的完美,在当时,为了满足个人的感情需要而去饲养宠物,已经蔚然成风,甚至法律也相应地针对宠物的问题逐渐地进行了调整:把宠物当作财产。

5.2 动物解放思想的理论主张:反物种歧视

5.2.1 动物道德地位的确立条件

由彼得·辛格创立的动物解放论认为,有感觉、有欲求的动物具有道德地位。这些动物拥有发达的神经系统,能感受痛苦,它们追求着自己的目的,并拥有不以他者意志为转移的利益。动物解放论认为,我们应该尊重非人动物的苦乐,我们应该对自己涉及它们利益的行为负责。动物解放论秉承了英国功利主义学派的伦理学传统,该学派的创始者杰里米·边沁(Jeremy Bentham)早在英国人贩卖黑奴的时代就对动物的道德地位做出了功利主义式的论证。动物解放思想的理论源头就出自边沁的一段经典的表述:"总有一天,其他动物也会获得只有暴君才会剥夺的那些权利。法国人已经认识到,一个人不能因为皮肤黑就要遭受任意的折磨而得不到救助。总有一天,人们会认识到,腿的数量、皮肤绒毛的形式、骶骨终端的形状都不足以作为让一个有感知能力的生命遭受类似厄运的理由。还有什么其他东西能够追踪不可超越的界限吗?是理性能力,还是交流能力?可是,一匹成熟的马或一条狗与只有一天、一周甚至一个月大的婴儿相比,显然是更具理智和交流能力的动物。但假定这些都不能成立,那还有别的衡量方式吗?问题不在于'它们能推理吗?'也不在于'它们能说话吗?'而在于'它们会感受到痛苦吗?'"但是,否认动物具有道德地位的人们提出了其他的条件作为判定生命个体是否具有道德地位的标准。这些挑战对于动物解放论来说是不可忽视的,我们首先要审视这些观点的合理性。

1. 以各种与道德不相干的能力否认动物具有道德地位

有人认为,人之所以在道德上优越于其他动物,是因为人在许多方面的能力是动物不具备的,比如人的智力、语言能力、学习能力等,因为非人动物在这些方面的能力有限,所以它们没有道德地位。大自然赋予不同的动物以不同的能力,我们看不出一种能力与另外一种能力相比在道德上有什么特殊性。总而言之,以这些与道德不相干的能力作为判定个体道德地位的依据统统都是随意的、不合理的。

2. 以道德能力为依据否认动物具有道德地位

有一种观点认为，我们确定某一个体道德地位的依据是看其道德能力。这种依据也面临很多困难。拥有较高的道德能力者就是天生优越的吗？比如，毕生致力于人道主义事业的人们可以因为他们的道德境界比一般人高，而享有凌驾于他人之上的特权吗？然而，我们是不是应该强调一种底线意义的道德地位？有人认为，具有一定的道德地位仅要求个体具有履行基本道德义务的能力，或对某些基本的道德观念有理解力。对于非人动物来说，它们根本不了解"正义""权利""义务""责任"等道德范畴的含义，它们没有自我约束的能力，所以无法履行道德义务，没有能力承担责任。正是这种基本道德能力的缺失决定了它们不具有道德地位。

3. 确立动物道德地位的依据是心理感受

有感受能力的个体是利益的唯一拥有者，这些个体是我们道德关怀的直接对象。功利主义伦理学认为，集体是虚构的，集体是个体的总和。基于这种功利主义的主张，动物解放论认为，种群、物种、生态系统等在道德上的价值只不过是个体感受价值的总和，所有高于个体的集合都不是我们道德关怀的直接对象。因此，我们既不能以种种虚构的整体价值为由牺牲个体的利益，也不应当以个体所恰巧出身的某个物种或群体作为标准来考量个体的道德地位。个体具有道德地位仅仅是因为个体拥有不依赖于他者的自我感受。当然，以感受能力为根据的动物解放论也不是没有困难的。因为如果依神经系统的复杂程度由低到高的次序把所有物种排列开来，我们可以看到邻近的物种之间也是只有量的变化。

5.2.2 非人动物具有何种意义上的道德地位

动物权利论的反对者卡尔·科亨认为：动物没有权利，但这并不否定我们"对动物负有义务，负有很重要的义务"，"我们有责任把那些制约我们的道德原则运用到动物身上"。这个原则就是仁慈原则，即尽量减少动物的痛苦，在不必要的情况下不去伤害它们。在对待动物的问题上，可能大多数人都持有这种仁慈义务论主张。然而，对于究竟何种伤害属于"不必要的伤害"这个问题，以科亨为代表的仁慈论主张者内部就难以达成共识了。我想大多数人会同意：为了取乐而蓄意虐待动物的行为是应当首先被制止的，为了研制更多新品牌化妆品而在动物身上做活体实验大概也是不必要的，为了时尚而将动物残忍剥皮制成皮衣也是应当避免的。那么食用动物呢？与数目最庞大的农场动物的悲惨命运相比，我们获得的口感上的快乐是"必要"的吗？我们看到，科亨一方面主张要尽量对动物仁慈，而另一方面又认为人的利益高于动物的利益，"对物种间道德平等性的假设是动物解放运动的首要错误"。然而，究竟在何种程度上人的利益高于动物利益呢？科亨不可能给出一个标准。可见，要在这个问题上坚持逻辑明确地思考，我们就不得不承认：发生在人身上的痛苦和发生在非人动物身上的同等程度的痛苦具有同样的道德重要性。有些人认为非人动物没有任何道德地位，有些人则认为动物虽然具有道德地位，但在必要的情况下为了人的利益可以牺牲动物的利益，哪怕牺牲的是非人动物相对更大的利益。动物解放论认为，以上这两种道德观都属于物种歧视，后者不过是物种歧视的一个较弱版本罢了。

5.2.3 非人动物的道德地位与人的道德地位

有人认为，强调动物的道德地位会降低人的地位，我们认为这种担心也是没有根据的。

提高动物的生活福利和保障人的权益是不相冲突的。在历史上,动物解放运动和人权运动往往是相辅相成的,很多动物解放运动的活动家也在为争取妇女解放、同性恋者的权利和儿童权益而奋斗着。非人动物是弱势群体,它们永远无言为自己的不幸声辩,对待它们的态度恰恰能够反映一个社会对待弱势群体的态度,这是判定一个社会普遍的道德责任感的一个很好的道德指标。对此,我们认为反对物种歧视正是捍卫了人类的道德尊严。首先,我们有必要理智地分析一下我们所说的人类尊严究竟有哪些含义。尊严,意味着某种独特的地位或身份。人类的尊严,显然是指人之为人而区别于其他动物的独特地位。尊严——它既不是宗教意义上的,也不是生物学意义上的。人类的最独特之处就是人类有文化、讲道德。人的尊严是通过一种道德上绝对的高贵品质来确立的,它不是相对的,不能通过贬低其他动物的道德地位来确立。试想,一个人如果说,"以人之为人的尊严,我为我所遭受的种族压迫表示抗议",那是可以理解的;但一个人如果说,"以人之为人的尊严,我拥有特权去残害其他物种的动物",那就有问题了,这使得"尊严"这个严肃的概念变得不可理喻。道德代理人只能是有理性的人。尊严体现了一个人作为道德代理人的高贵的道德品质,所以捍卫人类尊严,就必须主动承担作为道德代理人的全部责任,必须超越自我关心,并为自己的行为所影响到的所有道德顾客的幸福负责。

5.2.4 反对物种歧视与利益的平等考虑原则

"物种歧视"(speciesism)一词最早出自英国临床心理学家理查德·理德在1971年发表的《动物实验》一文。在理德看来,物种歧视是指人类对动物的歧视行为,而这种歧视是以人与动物之间的虚假的物种区分为基础的。在《动物解放》里,辛格是在与种族歧视、性别歧视的比较中阐述何谓物种歧视的:"种族歧视者或种族主义分子,在自己的种族利益与其他种族的利益发生冲突时,偏向自己种族的成员,因此违反平等的原则。而性别歧视者则是偏袒自己性别的利益,违反平等的原则。"辛格认为,这几种歧视的模式实际上完全相同,"物种歧视者容许自己物种的利益凌驾于其他物种的更大利益之上"。从功利主义的立场看来,快乐、幸福感或偏好的满足是一种善,而痛苦是一种内在恶,这种恶跟个体所属的特殊物种无关。痛苦就是痛苦,发生在任何个体上的痛苦都是同样的。这就是功利主义的平等观。对此,功利主义者西季威克曾经有过这样的表述:"从整体宇宙观点来看,任何一个个体的善并不比其他任何一个体的善具有更多的重要性。"正是基于这种超越了族群或群体的观念,从"宇宙的观点"出发对个体利益的理性考量,功利主义为非人动物的道德地位提供了平等主义式的论证。从这种平等观出发,动物解放论认为我们应该对所有能感受痛苦的动物(包括人类)的利益给予平等的考虑,"利益的平等考虑原则的本质就是:在伦理思考中,我们要对受我们行为影响的所有对象的类似利益予以同等程度的考虑"。如果我们承认人的某种利益具有道德重要性,那么根据利益的平等考虑原则,非人动物的某种类似利益也应当具有类似的道德重要性。

5.3 动物解放论的基本内容——
以彼得·辛格动物解放论为原型

5.3.1 动物解放论的核心

动物保护运动的实践出现在 16 世纪,那时英国的切斯特郡就发布了一项禁止纵狗斗熊的政令;在 1800 年英国议院曾准备制定一项禁止纵狗咬牛的法令;到 1822 年,在理查德·马丁的倡导下,英国通过了人类历史上第一个《禁止虐待家畜法案》,而后,马丁又和英国其他的仁慈主义者一道成立了禁止残害动物协会。目前,世界上很多国家都通过了禁止虐待动物的法律,虐待动物的行为被视为是不道德的。以往的动物保护主义诉诸的理由是:虐待动物不利于虐待者和旁观者德性的形成,因为这会使施暴者和旁观者变得残忍,对其不加以制止说不定哪一天会殃及自身;再者,如果受虐待的动物是某人的私有财产,那么虐待动物就等于侵害了主人的权利。这些理由显然是为了保护自己或者他人的利益,而并非是为了动物自身的利益。辛格认为这种道德和法律是有局限性的,不能真正地起到保护动物的作用。要想真正杜绝动物实验和结束工厂化农场里对动物的虐待行为,必须采取一种更为彻底的、不依赖于人的主观判断的强有力的办法,即:把道德关怀的对象直接扩展到动物身上,让动物拥有道德地位,以此从外部强制性地限制人对动物的伤害行为。辛格指出,动物在任何情况下都不应被杀死。辛格认为不承认道德身份是基于物种成员平等的这种观点也是错误的。

5.3.2 动物解放论的原则

辛格的动物解放论的理论前提是杰罗米·边沁的功利主义。功利主义伦理学的两个基本原则,即平等原则与功利原则。平等原则要求的是每个人的利益都同等重要,因此,我们在选择自己的行为时必须要把受到该行为影响的每个人的利益都考虑进去,而且要把每个人的类似利益都看得与其他人的类似利益同样重要。

辛格认为,主张平等的理由,并不依赖智力、道德能力、体能或类似的事实性的特质。平等是一种道德理念,而不是有关事实的论断。辛格引用了边沁的话:或许有一天,动物可以取得原本属于它们,但只因为人的残暴而遭到剥夺的权利。所以,对动物也应该给予平等的道德考虑。功利原则的基本内容是,在任何一个特定的环境中,道德上正确的行为都是那些能带来最大功利的行为。与动物相比,人类特定的心理承受能力或许对一定行为会有不同的痛苦程度。拥有复杂的心理承受能力以及复杂的情感状态的人就应拥有更多的利益。但重要的是忍受能力和痛苦程度确定了具体的道德要求。因为所有超过某神经临界值的动物都是有感觉的,那么这些动物就要求获取道德考虑。根据这一原则,辛格用了大量笔墨揭露和谴责残暴的动物实验和工厂化农场的悲惨状况。他说:今天全世界处处存在的非人类动物实验,是物种歧视的结果。人类在对动物的利用与滥用方面纯以数目来说,远远超过了因其他目的而进行的动物虐待行为。

5.3.3 动物解放论的目标

辛格在其理论中确定的动物解放运动的基本目标有以下几点：

(1) 废除工厂化农场。

辛格将那些以营利为目的的商业牧场称为工厂化农场。在狭窄而黑暗的工厂化农场中,动物仅仅被当作一种产品,而非一个生命来对待。动物的这种生存处境令以辛格为代表的动物解放主义者们忧心忡忡。他们决心废除工厂化农场,为家畜争取到它们在农业文明时代所拥有的那种生存条件。

(2) 释放被拘禁于实验室和城市动物园中的动物。

辛格指出,以科学研究的名义而在动物身上所做的实验并非都是无可指责的。有一些实验,比如通过电击动物以测定其刺激反应能力是毫无必要进行的;还有一些实验,比如在动物身上测试药物的疗效,则完全可以通过其他途径来完成。

(3) 反对以猎杀动物为目的的户外运动。

辛格指出,就像罗马贵族那种把基督徒训练成角斗士,并通过观看角斗相互厮杀来取悦的行为是残酷而邪恶的,当代人那种通过猎杀动物来消磨业余时间的行为也是错误的。

(4) 素食主义。

辛格认为,对肉类的嗜好、对营养的需要都不能证明吞食动物尸体的合理性,食肉主要是一个习惯问题。现代道德要求我们,避免给动物带来不必要的痛苦和伤害,要求我们力所能及地做善事;从这一重要的道德常识的角度看,吃肉是一种邪恶的行为。从营养角度考虑,食用豆类等植物比食用肉食更能有效地满足我们对蛋白质和其他营养品的需要。从更有效地为人们提供更多的食物的角度看,不把粮食用于喂养牲口将给世界的饥民提供更多的食品。因此,我们有伦理义务成为素食主义者,并拒穿动物皮毛制品,同时应积极倡议禁止出售皮毛制品。

5.4 动物解放论与动物权利论的比较

虽然彼得·辛格被视为现代动物权利运动的奠基者,但是他从来没有在严格的道德哲学意义上使用过"权利"一词。作为一位功利主义伦理学家,他仅仅是在政治或法律意义上使用"权利"一词。正如他本人所言:"在这个一条电视新闻只有30秒的时代,权利只是一种政治缩略语罢了。"但是谁也不能否认权利话语在当代社会具有强势的舆论力量。大多数伦理问题的争论都是围绕着对"权利"一词的解释和探讨而展开的,当然,动物伦理问题也不例外。继彼得·辛格提出动物解放论之后,越来越多的哲学家为了给保护动物提供一个更有力的伦理支持,开始试着为动物的道德地位提供一个权利论基础。在权利论看来,我们要判断一个行为在道德上是否错误,就要看它是否侵犯了道德权利主体。

5.4.1 动物权利论的伦理学证明

1. 契约主义的视角

(1) 马克·罗兰兹论动物权利。

西方许多研究动物伦理学的学者都认为,契约论难以为非人动物的道德地位提供理论支持。霍布斯式的契约论认为，道德原则源于自利的理性个体达成的以互利为目的的契约，而非人动物不理解契约的概念，无法跟理性个体达成任何契约；而且，契约以互利为基础，让非人动物成为道德原则的受惠者，对于有理性的人来说没有任何直接的好处，所以说人们对非人动物没有直接的义务。但是，这种霍布斯主义的契约论面临着种种难以克服的困难，这种理论会得出很多严重违反直觉的推论。随着《正义论》的出版，约翰·罗尔斯为契约主义开创了一个全新的伦理方向。有的学者认为，罗尔斯式的契约主义与动物权利的观念是相容的。美国哲学家马克·罗兰兹就是从罗尔斯的理论出发，建立了一种契约主义的动物权利论。在《动物权利》一书中，马克·罗兰兹首先深入地剖析了罗尔斯正义论中诸概念的哲学内涵。罗尔斯的正义论中包含着直觉论证和契约论证两条论证线索。罗尔斯认为，每种传统的正义观都包含着一种对原初状态的解释。为了确定在原初状态下一个有理性的人会选择何种道德原则，我们首先得确定哪种对原初状态的解释是可以接受的。另外，由这种特定的对原初状态的解释所导出的原则必须是我们在直觉上可接受的。也就是说，我们对原初状态的解释和我们直觉的道德观念处于一种相互作用的关系之中。

一个人在道德上没有资格得到它以及由它带来的任何好处。所以，把道德原则的受惠群体限定于具有理性天赋的个体，这跟罗尔斯的直觉平等论证是相矛盾的。罗兰兹指出，由于罗尔斯的直觉论证在很大程度上决定着对原初状态的解释，我们这种对直觉平等观的更准确的理解将导致一种对原初状态的更准确的解释。

(2)基于"自我"本质的反对意见。

有人可能会提出这样的疑问：如果假设一个人获得其他动物的特征，那么这个人将会失去他本来的人性，失去自我，这违背了人格同一性的标准。其实在无知的情况下，假设自己获得他人的特征同样也要打破人格同一性的标准。罗兰兹指出，如果你成为另外一个人，你将拥有一个不同的躯体和大脑，于是人格同一性的躯体和大脑标准将无法满足；而且，你将拥有不同的心理状态，于是基于心理标准的人格同一性标准也无法满足。所以，无论套用何种人格同一性的标准，你都不可能在现实世界和原初状态两种境况下是同一个人。

(3)基于契约本质的反对意见。

无论是支持还是赞同动物权利论，大多数学者仍认为契约论不能为动物权利提供道德辩护，最普遍的反对意见是：契约是理性主体之间商议的结果，由于非人动物没有能力与我们进行谈判并达成契约，所以任何形式的契约都无法为它们进行道德辩护。这种反对意见或许对于霍布斯式的契约论来说是有效的，但是对于罗尔斯的契约论来说则是不对的。因为罗尔斯所提出原初状态并不是一个实际的契约观点，它不是多个不同的个体在其中进行协商对话的场所，在某种意义上说它只是一种具有启发意义的思想实验。

(4)避免了雷根理论中存在的道德关怀的界限问题。

罗兰兹的动物权利论的优点在于，它避免了雷根的动物权利论所面临的划定道德关怀的限度的问题，虽然他也没有明确画出一条界线规定哪些生命享有权利，究竟哪些生命享有权利，就要看居于原初状态的合乎理性的人关心哪些生命形式了。可以肯定的是，我们会将权利赋予至少某些神经系统发达的动物，因为它们会感到痛苦，如果我们成为它们中之一员，我们并不想成为被宰杀的牺牲品。

2. 自然权利论的视角

（1）汤姆·雷根论动物权利。

美国哲学家汤姆·雷根是最早站在道德哲学的高度对动物权利论进行系统论证的学者。但是，"是否存在道德权利"这个问题在理论界一直都没有定论，将道德权利的应用范围扩展到非人类的动物身上更会使这个问题复杂化。根据康德主义的观点，人的权利源自理性，唯有理性的人格具有道德自主性，因此说也唯有这些理性人享有权利。雷根指出，康德意义上的"人格"要求太高，覆盖了太少的个体，它将儿童和精神障碍者排除了出去；而"人"这个词又要求太低，将人类胚胎也包括了进来。通过这一番考察，我们发觉我们的语言中好像缺乏一种对权利拥有者的恰如其分的表达。雷根指出，这是一个"词汇缺口"，正是这种语言表达的匮乏使我们长期以来忽视了某些重要的道德事实。雷根所要做的就是找到一个更合适的词来填补这一缺口，这个词就是"生活的主体"。这个词意味着他是有生命和有意识的，拥有期望和愿望，拥有感觉、记忆和未来意识；拥有一种伴随着愉快和痛苦感觉的情感生活；拥有发动行为以实现自己的愿望和目标的能力；拥有一种历时性的心理上的同一性；拥有偏好和福利；拥有一种独立于他人的个体幸福状态。雷根认为，生活主体具有内在价值，我们应当将所有生活主体视作目的而不能将它们仅仅视作工具来对待。不仅仅属于智人这个物种的个体可以成为生活的主体，某些精神体验非常复杂的非人类动物也可以满足生活主体的要求。因此，如果坚持逻辑一致的思考，我们就不得不承认，某些精神体验复杂到一定程度的非人类动物也拥有道德权利。而且，所有的生活主体，都拥有同等不可剥夺的道德权利。

（2）道德关怀范围的界限问题。

雷根的动物权利论面临着这样一个难题：究竟哪些动物可以满足生活主体的标准呢？在生物进化的连续阶梯上，不同的生命无论是在智力还是感受能力上，都只有量的变化，没有质的区别。所以，雷根不可能给出一条将生活主体和非生活主体的生命区分开来的明确的分界线。对此，雷根的态度似乎是这样的：不管其他生命是否享有权利，都不影响到我们得出一周岁以上的哺乳动物享有权利的结论。换言之，只要能做到将权利论的应用范围拓展到至少某些哺乳动物身上，他也就满足了。

5.4.2 动物解放论与动物权利论的比较

在理论上，动物解放论和动物权利论既是相互区别又是相互补充的。动物解放论和我们上面所讨论的两种动物权利论有着不同的道德哲学基础，它们分别是功利主义、自然权利论和罗尔斯的契约主义。这三种论证思路是不同的，但是作为三种最有影响力的伦理学理论，它们在某种意义上可以起到一种互相补充的作用。对于不相信存在客观道德真理而徘徊于这三种理论之间的怀疑论者来说，如果我们想让他相信非人动物具有道德地位，那么我们就应当向他指出这三种理论在逻辑上都支持某些非人动物的道德地位。于是，无论这位怀疑论者如何在三种理论之间做出取舍，他都不得不相信动物具有道德地位。

第6章 动物权利论

6.1 种际伦理及其现实需要

在近代的初期,人对自然的破坏尚未危及生态系统的平衡,也没有直接影响到人们正常生活,自然被视为上演人类历史的无须担忧的舞台。但是,随着环境危机的出现,这个曾经是无限安全的舞台却变成了一艘摇摇欲坠的宇宙飞船。这艘飞船的安全变得与人类的生存和延续休戚相关,人类对自然的命运再也不能无动于衷。于是,人类开始了保护环境、拯救自然的伟大实验。探索人类对自然的直接义务,也成了这场实验的一个部分。

6.1.1 现实种际伦理的障碍

近现代西方主流伦理学所关注的主要是人与人之间的关系,人与自然之间的关系被作为某种无须关注的问题暂时被至于伦理思考的后台。不仅如此,近现代西方主流伦理学还进而否认人与自然的关系与伦理学有关。因此,当现代环境伦理学开始探讨人对自然的义务时,不得不首先清理那些根深蒂固的错误伦理观念,为探索原发性意义上的环境伦理学排除障碍。

1. 人类沙文主义

沙文主义(chauvinism)原指极端的、不合理的、过分的爱国主义。如今的含义也囊括其他领域,主要指盲目热爱自己所处的团体,并经常对其他团体怀有恶意与仇恨。

西方近现代主流伦理学都假定,道德和价值最终都可归结为人的利益问题或对人类种群的关心。澳大利亚环境伦理学家的先锋人物罗特利和普鲁姆地认为,人类沙文主义的实质,就是以有差别的、蔑视的态度对待人类物种之外的其他成员,而这种做法的合理性并未得到证明。在他们看来,人类沙文主义有两种形式,即弱式人类沙文主义和强式人类沙文主义。

(1)对弱式人类沙文主义的批判。

在弱式人类沙文主义看来,把人类作为价值和道德的唯一主题是天经地义的,人类是仅有的、唯一有资格获得道德关怀并具有价值的存在物。这主要是由于:①在日常用语中,道德概念的定义、逻辑或意义本身就决定了,道德关怀在逻辑上只能限制在人类的范围内;②人类具有某些特定属性,这些属性使他们有资格享有道德特权。作为一个人,也只有人才拥有某些特征,这些特征本身就与这一前提条件——获得道德关怀,并直接赋予拥有者的前提条件——之间具有逻辑联系。然而,把人类的道德特权建立在人类所具有的某些特征的基础之上的做法,同样会遇到许多难以克服的困难。

人们经常挑选的属于人类的特征主要有:交流的能力,自我意识或自觉,有良心,有羞耻感,能反省,能自我欺骗,有精神生活等。然而,只要仔细审查我们就会发现,每一个这类特征,不能干净利落地把人们希望挑选的人类特权种属挑选出来。无论所争议的特质是什么,总会有人之外的生物展现出这一特征,也总会有个别人没有。因此,在人类那里寻找某种所有人都能够享有,而任何非人类存在物不享有的特征的任何企图都是注定要失败的。

(2) 对强式人类沙文主义的反思。

强式人类沙文主义的元伦理学预设是:价值是由人类或人格的利益来决定的。它以下述方式表现出来:①价值是由评价者的偏好取向决定的;②评价者的偏好取向是由评价者的利益决定的;③评价者是人类或人格;④价值是由人的利益决定的。

根据强式人类沙文主义的这种元伦理学预设,把价值和道德问题归结为人类的利益问题不仅是完全可以接受的,而且,除此之外,不存在任何合理的或可能的其他选择,任何其他选择都是自相矛盾的。

所以,强式人类沙文主义关于"价值"的上述元伦理学预设,不过是一种露骨的群体自利,或群体利己主义。人们确立或者选择他们自己的偏好或价值取向,但是并不代表着,他们是根据自己的利益来权衡或者选择的;同样,一个群体并不意味着根据其利益来决定自己的这些取向。强式人类沙文主义如果被揭穿,那将会影响它的合理性。

2. 物种歧视主义

物种歧视论,最早出现于1975年英国作家莱德的作品《科学的受害者》,是指人类对非人类存在物的一种偏见,主张保护人类的利益而贬损其他物种的利益。这是一种从伦理、道德层面到具体行为方式上对其他物种的深入侵害。

物种歧视和平等原则是对立面的关系。平等原则是得到大多数人认可的伦理原则。利益的平等考虑原则的本质就是:在伦理深思中,我们要对受我们行为影响的所有对象的类似利益予以同等程度的考虑。

承担痛苦、分享快乐、体验快乐的能力是拥有利益的充分必要条件。动物能够感受痛苦,所以它们也有利益。由于动物拥有利益,因而平等原则要求我们要平等地考虑人的利益和动物的类似利益。辛格指出,动物能够感受痛苦和快乐。如果动物和人一样,在感受痛苦和快乐的程度上类似,我们在道德上就不能说人比动物感受痛苦和快乐高级。

然而,大多数人都是物种歧视主义者。当其利益与其他种族成员的利益发生冲突时,种族歧视主义者常因过分地强调自己种族成员的利益而违背了平等的原则。

总之,食用动物和动物实验是物种歧视的核心,由此造成动物痛苦的数量和程度,超过人类物种歧视的其他做法。如果要制止这些做法,我们就必须改变我们自己的生活方式,改变我们的饮食习惯,更应该改变人们的这种想法。

废除物种歧视需要扩大人们的视野,尤其是道德视野,把平等原则应用到动物身上去。更重要的是发挥人们的精神,因为动物没有这种能力,或者利用某种手段反抗自己被歧视的这种处境。人类是唯一有能力继续压迫其他物种的超级物种,是食物链的终结者。

6.1.2 种际义务的伦理证明

1. 后果主义证明

后果主义证实的是行为的后果。后果主义认为,如果一个行为产生后果,那么这个主义就是判断此后果的合理的价值,这是一个基础。这一理论认为,道德上正确的行为,其后果就是好的,这些好的后果被认为是具有内在价值的东西。后果主义依据一个行为或者政策所带来的后果来判断是否是义务所要求的。道德主义来源于那些其本身具有内在价值的后果或者目标。由于后果主义对那些具有内在价值的目的本身的理解具有多样性,尤其是因为它要求人们采取一种理想观察者的立场,因而它成为动物解放论和后果主义的生物中心主义用来证明种际伦理理论的依据。

最早来说明人对动物的义务的理论工具也正是后果主义。判断一个生物是否应该有伦理关怀的权利是看其能否感受到痛苦,看其是否具有这种感受力。因为动物可以感受喜怒哀乐,所以动物也拥有利益。我们应该平等地关心和考虑人和动物,物种身份不能成为偏爱或者是忽视某个物种成员利益的理论依据,这和种族身份不能成为偏好或者忽视某个人的利益的理论依据是一样的道理。

2. 道义论证明

道义论关注的是行为本身的性质。这个论点关注的是一个行为本身的性质是判断该行为的道德依据的价值。只要是道德上正确的行为,就是那些符合道德原则的行为,而不是那些总是能够带来最大功利后果的行为。

道义论跟后果主义相比,其最重要的是强调行为本身的性质和行为者的动机。在道义论看来,行为所带来的结果是由多种因素决定的;对于这些在未来才出现的后果,是超出了行为者本人控制的。人类能够做的就是,出于对规则的尊重而依照规律去行动。如果我们按照道德上的规定做出正确的行为,那我们的行为在道德上就是正确的,不管这种行为即将产生的后果是好还是坏。

3. 美德伦理学证明

美德伦理学证明的是普遍性的伦理原则,而且这也是现代主流伦理学所关注的最主要的问题。美德伦理学主要关注的是行为者的品德。它以个体或者共同体的品质为核心,以社会关系中的人为本体,以实现人的幸福生活为目的,而且关心人们的自我发展和自我完善,关注人存在和发展的全面性、理想性和超越性。

对美德伦理学最重要的批评是,美德伦理学不能给人们的行为提供规范。但是,越来越多的人和学者倾向于认为,规范和美德具有相互对应的关系。规范提供了维护社会秩序的最低限度的具有普遍性和可操作性的一整套要求体系,因而规范包括了美德伦理学的基本要求。

4. 内在价值证明

生物学家奥尼尔认为,内在价值至少具有三种甚至更多的不同的含义:一是因某些内在属性而拥有的内在价值;二是独立于评价者的主观评价的内在价值和作为目的的内在价值;三是非工具价值意义上的内在价值。总之,和我们人类一样,地球上不同组织层次、不同级别的生命都是生存的主题,拥有智慧,拥有主动性、积极性和创造性。我们承认人的内在价值,也要承认生命和自然界的内在价值。

6.2 种际伦理原则

6.2.1 平等原则

人类应该以一颗平等的心去对待动物,平等即公平,就像一架天平,不偏不倚地在利益之间权衡。我们对外物的关怀,不应该考虑它们是什么人,或者他们具有哪种能力。对于受一种行动影响的每一个人的利益都应当加以考虑,而且与其他人的利益都是一样的,要给予同等和公平的关怀。

当然,平等地考虑动物的利益,并不意味着我们应给予动物平等的待遇;相反,在动物解放论看来,我们应根据动物的感觉能力和心理能力的复杂程度,区别地对待它们。

6.2.2 权利原则

人类现在生活在一个权利的时代。一个主体,只要它可以有某种权利,它就像有了保障一样,可以随心所欲,但是,关于权利原则的问题,我国学者的观点与西方学者的观点是有很大不同的。

第一,在我国,主张自然权利的学者们不仅直接将权利原则应用于自然存在物,而且把自然的权利和自然的内在价值当作环境伦理学的两个基石来看待,而在西方环境伦理学中,明确地把权利原则应用于种际伦理义务的学派主要是动物权理论学派。

第二,关于权利原则的内容,以雷根为代表的动物权理论者认为,动物权理论主要诉求的是,以尊重的态度对待动物,不把动物仅仅当作我们的工具和食物。在我国的学者看来,自然权利指的是生物和自然界的其他食物按照生态规律持续存在下去的权利,它是自然界的权利和利益的统一体。

第三,关于享有者的主体,只有动物权理论明确地主张把权利享有者的范围从人扩展到除了人之外的事物,雷根认为,只有会有喜怒哀乐、有感受、有悲伤、有高兴的那些高级动物才享有权利,而且,享有的主体并非是动物物种,而是动物的个体。

6.2.3 整体主义原则

整体主义包括伦理整体主义、形而上学整体主义以及认识论和方法论的整体主义。

伦理整体主义研究的是,人类不仅对个体负有道义义务,并且要对整体本身负有道义的义务,道德上正确的行为,就有利于整体的行为。

形而上学整体主义研究的是,个体和整体都存在着真实,部分之和小于整体。生态系统是独立存在的,生态系统的存在不依赖于其个体构成要素。这意味着,生态系统本身有资格获得独立的道德地位。

认识论和方法论的整体主义认为,对整体各个组成部分的认识并不等于对整体本身的认识,只有把个体置于整体中,才能正确地认识整体。

6.2.4 尊重原则

尊重自然与敬畏自然既有区别又有联系。敬畏自然包含对自然感到恐惧、害怕和崇拜的因素。与敬畏自然的思想一样,尊重自然的理念也要求我们把自然视为人类的养育者,对自然心存感激。

尊重自然的主要理由有以下几点:
①自然是人类文明的根基。
②尊重自然是科学理性的升华。
③尊重自然是人类道德进步的表现。
④尊重自然是人类文明发展的必然要求。

6.3 动物的道德地位

何为动物的道德地位？道德的底线概念对我们提出了要求，但概念本身并没有告诉我们应该赋予什么样的对象以道德考虑。通常我们认为人类具有道德地位，往往是基于某些精神能力或者是特点的归属。道德地位指的是一个实体或是存在物在我们人类的思维中所处的位置。拥有道德地位即意味着具有成为顶端的资格。人类需要道义上的考虑，是因为在与伦理相关的事件中他们可能会被不公平地对待，人们能够认识到这些道德要求，可是为什么所有的人而不是只有动物或者个别的人会被不公平地对待，只有人类有道德的诉求吗？我们应该好好地反思反思自己。动物的道德地位的问题，即动物是否有资格获得人类的道德关怀的问题，或者是人类对动物是否负有直接的道德义务问题是人类需要正视的课题。

6.3.1 动物拥有权利

PEA 的创始人英格理德·纽科克说："当提到疼痛、欢乐、爱、孤独的时候，一只猪与一只老鼠和小孩的感受并没有什么不同，每个动物都珍爱它们的生命，会与危险抗争，无论是否是基于种族、性别、性倾向还是物种，这样的偏见在道德上都是不能被接受的。"

1. 从动物解放论到动物权利论

和边沁一样，在辛格看来，感受痛苦和享受快乐的愉快的能力是拥有利益的充分条件，也是获得道德关怀的充分条件。如果动物也拥有感受苦乐的能力，那么它们也就有资格获得我们道德的关怀。辛格从功利主义的角度对动物的道德地位所做的辩护虽说是值得称赞的，但还不能令人们满意，因为有如下观点：

第一，动物解放论的两个理论支柱——平等原则和功利原则——它们之间存在着内在的逻辑上的不一致性，同等的关心，尊重每一个动物的利益是应该的，相反，有时为了求得最大的功利总量，还不得不区别地对待不同动物福利。

第二，尽可能地让痛苦的总量少于快乐的总量的功利原则，在这样做时，功利原则看中的是容器中的液体，而不是容器本身。

第三，不应该把对动物的道德地位的辩护建立在功利主义的基础上。

2. 权利的性质及基础

道德有两个最重要的功能：①为权利的拥有者提供某种保护性的道德屏障；②个人权利是非常重要的，人类不能为了一般意义上的社会利益而侵犯个人的基本权利。

人们在关于权利的性质和功能的问题上虽然存在着很多共识，但人们为什么享有权利？人们获得权利的基础和根据是什么？科亨认为，动物不是权利的拥有者，因为权利的概念在本质上属于人，它根植于人的道德世界，并且仅在人的世界里才发挥效力的适用性，科亨教授更倾向于"道德共同体"论点，根据这个论据，人类拥有权利的理由就是——我们具有道德能力，是道德共同体的成员。但是著名哲学家诺奇克认为，权利是约束他人行为的道德边界。在赋予每个人以人的价值时，我们并没有把什么属性或者是系列的性质归因于他，而不过是表明一种态度——尊重的态度——就是对每一个人的人性的尊重的态度。

3. 动物权利——现代性的合法话语

权利话语是随着资本主义的兴起而出现的现代社会的结构特征。资本主义、自由主义、现代主义的意识形态基础是每个人都是独立的、自助的个体,并且他们只是关心和追求自己的利益的。

权利最基本的要求是利益、自由。其基本功能是为权利拥有者的基本礼仪或者是福利提供保护。在众多关于人类道德生活的解释和规范体系中,权利的话语只是启蒙运动中许多道德生活的解释和规范中的一部分,然而权利话语有它自己独特的优势,但是也会有一定的局限性。

许多学者都批评动物权理论,但是这不代表着就否认人对动物的伦理义务,他们否认的只是动物权利的话语能够为动物提供最恰当的伦理这样一句的观点,还有,他们也否认了认为权利话语是最完美、最时尚的道德伦理的整个自由主义的伦理体系。这些都是错误的。从这些角度来看,我们围绕着这一主题来讨论,无非就是从动物的自由主义和共同主义还有女性主义争论的扩充来讨论的。

6.3.2 几个争论中的动物伦理问题

1. 打猎是正确的做法吗

从小我们就听说过去山林里打猎是一件很有趣又刺激的事情。但是这样做是正确的吗?

我认为真正优秀的狩猎故事不仅是展现狩猎的乐趣,更应该展现出来的是侵犯和猎杀自然界其他生命物种的愧疚与不安。美国著名生态伦理保护学者艾尔多·利奥波德在《沙都年纪》中谈到了野生生物的三点文化价值,其中最重要的一点就是"狩猎道德"的价值。他提出:"当某种体验凸显被统称为狩猎道德的伦理约束时,那也是一种价值。"也就是说,"狩猎道德"在某种程度上体现了猎人与猎物之间的一种公平的原则。同时,他还指出了"狩猎道德"的特殊点就在于猎人在打猎时是否自觉遵守了"狩猎道德"还是全凭着自己的良心而主动遵守准则,这可以提升人的自尊,反映了人类对于其他生命物种的态度以及是否敬畏世界上的其他生命物种,而这种态度又在很大程度上决定了其他物种的命运。

外国著名学者海明威一生都特别喜爱狩猎运动,写了很多狩猎题材的作品,简单来讲,海明威的狩猎道德观念经历了从畏惧、物尽其用到"阳刚的运动精神和健康的公平竞争",再到功利主义和矛盾的资源保护意识的发展过程。透视其狩猎原则,可以看出海明威对生态环境尤其是其他生命物种的关怀程度。

随着物种的日益减少和濒危物种的日益增多,消遣或者运动型的打猎行为已经越来越遭到人们的非议。从动物保护伦理的角度来看,与打猎给动物所带来的痛苦相比,打猎给打猎者所带来的心理上的满足确实是成反比的。这是一种非常残忍的满足,因为这种残忍的满足就必须要有生命的死亡。对于生命来说,打猎曾经是必要的。但是,由于饲养业的出现,人类的猎杀早就变得没有必要了。现代打猎却变成了致命的游戏,现在打猎的人都配备齐全,有先进的越野车、大威力的步枪、现代通信设施,这种打猎已经丧失了原有的功能——"谋生或者是自卫"。现代的打猎者是为取乐而杀生,是为了炫耀,为了满足虚荣心,或者是为了赢得喝彩。

环境伦理的一个基本信念是,人的基本需要虽然优先于动物的基本需要,但是动物的基本要求优先于人的非基本要求。因此,与满足生存无关的打猎行为是不值得提倡的,捕猎濒危动物的行为是绝对错误的,应该保护好地球上所有的有生命的物种。

2. 动物园能否获得伦理的辩护

自 19 世纪以来,人类对动物的保护意识越来越强,于是大大小小的动物园开始在世界的各个角落兴建起来。这在很大程度上让许多濒临灭绝的动物得到了保护,同时也让世人大开了眼界。但是动物园发展到今天,其存在的问题也是不容忽视的。动物被圈在笼子里或者高墙内,供游人参观,完全没有了自由生活的空间;许多家长甚至鼓励小孩给动物喂食;动物园训练某些动物(例如海狮)与游人合影,然后收取一定的费用;动物表演不好便会遭到惩罚;原来胖胖的熊猫在阴暗的房屋里明显消瘦;大象馆异味冲天……

人建造了动物园,离开了人来谈动物园,是唯心的、虚伪的。试想,一个动物园关着一群动物,没有人去管理和使用,任由动物自己在那里生活,又有何意义?由此可以引出另一个不太好回答的问题:试想,如果地球上没有人类,只生活着一群动物,那么"保护动物"这一说法又从何而来?由谁来保护?既然我们面临的是人与自然共处的大环境,那么我们必须真实地去思考,理性地去调整,现实地去面对。

人类以保护动物为目的而建造了动物园,其本身不是为了人类,而是为了动物。但是,看看现在众多的动物园,完全是以取悦游客为主,而不是以让动物清净生活为主。这样的动物园除了增加就业岗位,增加 GDP,增加政府税收,方便儿童玩耍,方便成人开开眼界,还有什么意义?野生动物不需要人类来保护,能生存到今天自有它们自己的生存法则;随处可见的非野生动物更不需要人类来保护,即使在几千年之后灭绝了,也是它们种族自己的事情,不需要人类的干涉。

动物园给人类和动物带来的综合利益没有超过动物所遭受的痛苦。有些人支持动物园的主要理由是:

第一,动物园的一个重要功能是给人们提供新的娱乐项目。来参观动物园的人大多数都是为了消遣,动物园为了获取管理动物园所需要的资金,必须满足游客的这种欲望。

第二,在许多人看来,人们在观看动物时所获得的快乐虽然不是拘禁动物的足够好的理由,但是,对动物的观赏可以激发人们对动物的好奇心理,而对动物的好奇心是人们进行关于动物教育的最好老师。

第三,动物支持了科学研究,使科学家能够在动物园里研究在野外不能接近的动物。在动物园开展的研究包括两类:行为研究,解剖学和病理学研究。但是,对于在动物园进行的动物行为研究一直都充满争议。

万物的共同体中,人类是真正能够思维、具有理性的物种,它对于整个世界的贡献也是其他物种不可比拟的。可是不能因为这个理由,就可以任意主宰其他物种的生存生活方式,这在道德上是错误的。保护动物不只是依靠那些形同虚设的动物园来实现的,最根本的是从整体上,从整个社会来提高人类的认识水平,提高保护动物的意识,设身处地为动物多思考,只有这样,才有动物的安宁,才能实现人与动物的和谐共处。我们要科学合理地分析动物园的价值,要看到其有利于生态系统的平衡和有利于人类和社会发展的合理存在价值。因此,动物园要合理建设,不能泛滥;要科学经营,不能图利;对动物要人性化管理,不能居高临下。

3. 关于动物实验的伦理争论

人们经常把动物用于马戏表演,用于打猎,用于动物园和用于实验。但是,动物同人类一样,有着基本的生存需要和高层次的心理需要。

实验动物的五项基本福利为:

①免受饥饿的自由。提供适当的清洁饮水,保持健康和提供所需要的食物,使动物不受饥饿之苦。

②生活舒适的自由。提供适当的栖息场所,能够舒适地休息,使动物不受困顿之苦。

③免受痛苦和伤害的福利。

④免受恐惧和不安的福利。

⑤免受身体不适的福利。

赞成动物实验的人认为,反对动物实验的这种伦理只是意识形态上的热情和政治上的抱怨。他们承认,如果能够改善糟糕的饮食,扭转环境的恶化,纠正不健康的习惯,毋庸置疑,人类在总体上将享有比现在好得多的健康状态。但是,这一事实并不能证明我们因此就可以放弃利用动物研究新药和新的治疗方法的努力。

6.3.3 素食主义及其伦理基础

素食主义是一种饮食的文化,实践这种饮食文化的人称为素食主义者,这些人不食用来自动物身上各部分所制成的食物,包括动物油和动物胶。

素食,表现出了回归自然、回归健康和保护地球的生态环境的返璞归真的文化理念。吃素,除了能获取天然纯净的均衡营养外,还能额外地体验到摆脱了都市的喧嚣和欲望的宁静。素食主义在科学领域(尤其是营养学领域)已经取得了巨大的支持,素食被认为是对抗很多慢性病的重要途径。很多国家的民众也将素食作为一种值得推荐的生活方式,比如有两成英国人认为自己是素食主义者,严格的素食主义人口在美国达到了 0.5%。素食主义群体中的相当一部分是高端人士,他们被认为更有知识和耐力来完成生活方式的转变。

而素食主义哲学的推动代表人物是美国著名哲学家彼得·辛格,他也是世界上"最有影响的伦理学家"。彼得·辛格的核心工作是动物伦理,素食主义则是动物伦理的一种必然结果。

彼得·辛格的思想可以分为三个层级:

第一个层级是"减少痛苦论"。素食可以减少我们给动物造成的痛苦,辛格把素食与人们对待动物利益的道德良知联系起来。为了满足肉食需要,人类就得养殖食用动物。大规模养殖食用动物而不对其造成很大的痛苦,实际上是不可能的。工业饲养不仅条件太差,而且会利用各种工业化手法来刺激它的生长。所以,素食者将结束非人类动物遭受屠杀和痛苦,同时规避了工业化养殖的毒害。

第二个层级是"保护环境论"。粮食种植和畜牧业相比,占用资源少。畜牧业同气候变化、水体污染、土地退化、生物多样性减少密切相关。据联合国粮农组织在 2006 年 11 月提交的报告显示,畜牧业(主要是牛、鸡、猪)是环境问题的重要推手,它制造了至少 18% 的全球温室气体排放量。如果素食主义能成为全球性潮流,能取代一半的畜牧业,那么不仅能大幅度降低温室气体排放,同时,还能提供更多的粮食。

第三个层级是"素食愉悦论"。很多科学家已经证明了大量摄取植物蛋白是优于动物蛋白的。素食者一般长寿且健康。更重要的是,素食使人与食物,以及大自然产生一种新型关系,用辛格的话说:"由于没有肉来麻木我们的口味,我们体验到直接从地里采摘的新鲜蔬菜的愉悦,这是一种跟大自然更为亲近的关系。"

关于素食的伦理争论说明,饮食习惯的问题不仅仅是一个生物学问题,它也同时是一个文化性的问题。虽然说现在我们没有那么大的号召力,我们没有办法要求所有的人都不吃肉,但是我们要倡导:①不能浪费食物;②逐渐增加植物性食品的数量;③尽量不吃肉或者少吃肉,除非特殊情况;④少杀害野生动物,绝不杀害濒危动物。

6.3.4 动物福利

动物福利一般指动物(尤其是受人类控制的动物)不应受到不必要的痛苦,即使是供人用作食物、工作工具、友伴或研究需要。这个立场是基于人类所做的行为需要有相当的道德情操,而并非像一些动物权益者将动物的地位提升至与人类相若,并在政治及哲学方面追寻更大的权益。

关于我国动物福利法的现状分析:

①动物福利意识程度不够。近年来,虐待动物的事件频繁发生,传统生产生活方式在人们的头脑中根深蒂固,动物福利观念难以占据一席之地。例如有些人药方式特别残忍,不仅要活的,还要用各种方式折磨动物才能体现出其价值。

②我国薄弱的经济物质基础限制了动物福利的迅速改善。社会经济基础是动物福利状况改善的物质保障。随着人道待遇原则在西方的道德文化中逐步扩展,动物福利的理念逐渐被人们所接受,并且逐步落实为具体的动物福利法。

6.4 忽视动物权利的主要观点

忽视动物权力的观点可以被分成两个阵营:间接义务观和直接义务观。这些观点的共同之处在于这个提法:我们不对动物怀有直接的义务,动物只是一种媒介,我们通过它来履行或者违背对非动物生命负有的那些直接义务。

6.4.1 间接义务观

1. 道德主体与道德病人

道德主体就是具备各种复杂能力的个体,其中尤其包括这一能力:借助不偏不倚的道德原则来决定考虑后应该做什么,并且在做出这个决定之后,怎么来加以行动。道德主体就是能够对自己的行为和所做的一切事物负责,因为人有思想,有感知。我们一般认为,一个成人就是一个道德主体。

在现在看来,道德主体不仅是自己可以对自己的行为做出正确的判断,而且可以对其他的道德主体进行正确或者错误的认识。因此,这是一种相互的关系,我可以听你的意见或者建议,我的任何一个行为都会涉及你,但是你的行为一定会影响到我,是相互的。道德主体的定义就是:所有并且只有道德主体属于道德共同体。

然而,道德病人就与道德主体是相反的。区别就在于,道德病人没有办法控制自己的行为,也没有能力去思考哪个做法是正确的或者错误的,总之道德病人无法采取正确的行动。有这样一种个体,他们具有欲望和贪念,有感知,有疼痛和记忆,能够采取有意义的行动,而且有情感生活。

道德病人可以是道德主体的正确行为或者错误行为的接收终端,因此这样看来,又与道德主体类似,间接义务观把道德共同体的成员仅限于道德的主体,因此按照他们的观点,道德病人并不具有直接的道德意义,即便是典型的道德病人,我们对他们也没有直接的义务。相反,如果我们负有这种义务时,即便是道德病人,那么我们也是只有间接义务的。不过,因为动物不是道德主体,之所以否认它们的道德共同体成员身份,并不是因为动物不属于正确的物种,是因为它们缺乏了一些必要的认识条件和其他先决条件,而在间接义务观来看,这些条件支撑着道德共同体的成员,就是道德主体。间接义务观招致了不同的批评,有些批评针对个别的间接义务伦理,有些针对所有这种理论。

2. 纳维森的观点——理性利己主义

理性利己主义是西方伦理学说史上的一种道德理论,是利己主义道德观的特殊表现形式。其主要代表人物有18世纪法国唯物主义哲学家爱尔维修、19世纪德国唯物主义哲学家费尔巴哈及俄国革命民主主义者车尔尼雪夫斯基。合理利己主义者从抽象的人性论和个人与社会存在相互联系的观点出发,论证了自己的理论。他们宣扬趋乐避苦、自私自爱是人的本性,追求个人的快乐和幸福是人的自然要求。

利己主义是个人主义的表现形式之一。其基本特点是以自我为中心,以个人利益作为思想、行为的原则和道德评价的标准。利己主义一词源于拉丁语 ego,意为"我"。利己主义思想产生于私有制社会,有些学者认为中国先秦时期(前21世纪—前221年)的杨朱"拔一毛而利天下不为也"的主张,是古代利己主义思想的典型代表。近代西方资产阶级革命时期,利己主义被发展成为一种系统完整的道德学说。资产阶级的思想家霍布斯、孟德维尔、爱尔维修等人,从抽象的人性论出发,把几千年来剥削阶级信奉的"人不为己,天诛地灭"的道德观念,看作是人的不变的利己本性,并作为一种普遍的道德原则。

利己主义是一种公开形式的个人主义,它曾经被资产阶级作为反对封建道德和宗教禁欲主义的思想武器,在资本主义上升时期起到过积极的作用。其目的在于使资产阶级损人利己的剥削本性合理化,使资产阶级个人主义合法化。在资产阶级成为统治阶级之后,特别是在现代资本主义社会,利己主义的主要作用在于为资本主义剥削制度辩护。

利己主义从抽象人性论出发,认为趋乐避苦、自爱自保是人的本性,利己心不仅是合理的而且是合乎道德的。人在自己的行为中,能够遵循的只是自己的利益。因此,不能放弃利己主义,而是要使人们"合理地"理解自己的利益。合理利己主义反对把个人利益与公共利益对立起来,认为追求自己的利益本身就包含着社会的利益和他人的利益,而任何利于他人利益的活动,实际上也是从利己出发的。

利己主义是资产阶级反封建的理论武器,在历史上有一定的积极作用。然而,在资本主义生产方式中,存在着无产阶级和资产阶级利益的根本对立,存在着个人利益和社会利益的对抗,这是资本主义制度本身无法解决的。所以,合理利己主义归根结底是对剥削关系的一种美化,是为维护和巩固资本主义制度服务的。

3. 罗斯的立场——契约论

人们会认为,处于原始状态者选择的正义原则将适合所有人类,包括人类的道德主体和道德病人,而且正义的直接义务也会被归为所有的人类。会有这样的反驳:正义义务只能在能够相互负有该义务的个体之间存在,这一点正是正义义务和残忍义务的重要区别。动物无法对他人负有残忍义务的事实,如果没有排除他们被亏欠那一义务的可能,那么,动物无法对他人负有正义义务。

契约论思想早在古希腊智者派那里就已萌芽,以后古希腊哲学家伊壁鸠鲁才对其加以比较明确的论述。15~16世纪,一些反暴君派的贵族思想家系统地论述了契约论思想,把它看成反抗非正义统治的根据。契约论最盛行的时期是17~18世纪,主要代表人物有荷兰的阿尔色修斯、格劳秀斯和斯宾诺莎,英国的霍布斯和洛克,德国的普芬多夫,法国的卢梭等。这个时期契约论一般以自然法学说为基础,认为人类最初生活在没有国家和法律的自然状态中,受自然法支配,享有自然权利。但由于有种种不便,人们就联合起来,订立契约,成立国家,以便更好地实现自然权利。思想家们对契约形式和性质的理解有所不同,政治结论也不同。这些不同的结论,反映了资产阶级在不同历史条件下的政治需要,在反封建斗争中起了进步作用。19世纪以后,契约论受到各种批判,逐渐趋于衰落。20世纪,又出现了一种新契约论,主要代表人物为美国的罗尔斯。他讲的"契约"或叫"原始协议"不是为了参加一种特殊的社会或为了创立一种特殊的统治形式而订立的,订约的目的只是为了确立一种指导社会基本结构设计的根本道德原则,即正义原则,认为这种原则必然包括两部分内容:一是平等自由原则;二是社会的公平平等原则和差别原则的结合。

6.4.2 直接义务观

直接义务观是我们对道德病人负有的一些直接义务。这些观点不会招致对所有间接义务观都致命的道德武断性批驳。

1. 享乐主义的功利主义

古典的功利主义者都是享乐主义者。这些人一直都坚信:快乐,也只有快乐是内在的善,也只有痛苦是内在的恶。我们必须确定:哪个选择会给所有相关者带来更多的快乐。

任何一个认为我们对动物负有直接义务的人都会觉得,享乐主义的功利主义会符合其思想。因为,我们行为的结果是影响着每个人的痛苦和快乐的,都必须考虑在内。那么如此一来,动物的快乐和痛苦也应该被考虑在内。那么如果动物的快乐和痛苦与道德主体的快乐和痛苦是同等价值的,我们认为他们的体验就有真正的价值。所有有感知、有感觉的生物,不管是人类还是动物,都是道德共同体的成员,我们都直接对他们负有某些同样的义务。

杀死道德病人同样也引发了严重道德问题,对于这样的人来说,享乐主义的功利主义者无法说明杀死道德主体的错误是失败的。如果我们同意,享乐主义的功利主义让杀人太容易得到辩护,那么,这就会使我们感到生气,因此,从根本上看来,正是享乐主义的功利主义看待享有直接道德关系的个体方式,加上功利主义要求的产生最佳后果的指令,通过这些,有人就会认为:如果抛弃享乐主义,功利主义就可以避免这些暗示。

2. 偏好功利主义

辛格把自己的立场称为偏好功利主义。总体来说就是:促进了受影响个体的利益的后果。辛格认为,尽管"古典功利主义"不同,这个立场也是一种功利主义。杀死任何一个体对于这个个体而言都不算犯错误,最终决定权是这个个体的自身思考,看它是否想要活下去。这是条件,也是必要条件。关于什么动物可以被视为具有偏好的问题,存在着这些重要的限制,尽管如此,辛格还是认为直接杀死一些个体,这种做法是错误的。他认为动物有些具有自我意识,或者自我认识。它们认识到自己与这个世界的其他实体不同,认识到自己在实际中存在着。杀死具有自我意识的动物是直接错误的,即便动物自己并不想要继续活下去,这便成了杀害成为直接错误的另一个充分条件——受害者具有继续活下去的欲望。

3. 功利主义与物种主义

从总体上看功利主义好像很公平,所涉及的偏见是所有主义中最小的,所有人的利益都得考虑进去,并且没有人的利益比任何他人的利益被考虑得更多,每个人都遵守平等原则与每个人的利益都得到平等促进之间,并不是存在着必然的联系,我们应该把动物的利益考虑在内,并且平等、公平地计算它们的利益。这才是作为一名功利主义者应该做的。

6.4.3 强势动物权利论

1. 内容

我们用来证明人拥有权利的理由与用来证明动物拥有权利的理由是相同的。当我们说,每一个人都具有平等的道德权利,他的利益应该得到平等的关心时,我们根据的是权利,并不是每个人都具有的理性、说话、自由选择的能力。

动物也同样拥有属于自己的内在价值,这意味着动物像人一样拥有受到尊重的道德权利,因而人们必须以尊重它们身上的天赋价值的方式对待它们,避免使动物遭受不必要的痛苦。动物权利的问题才会显现出来,因为只有人才能够意识到动物的权利。

2. 缺陷

按照雷根的平等理论,要求我们尊重个体,至少不能伤害它们。但是,对于那些我们不能确定究竟是不是生命主体的动物,我们最好当作是主体来对待,只有我们把完全的权利都赋予动物之后,我们才会避免功利主义的缺陷,就是把某一个个体视为获取更大功利的工具。雷根说:"固有价值不依赖于其他个体对拥有这种价值的个体的评价,它只是附着在个体的身上。"如果说,能够拥有某种对它自身或好或坏的生活的存在物就是一个生命的主体,由此看来,这些结论都是难以克服的理论困难。

6.4.4 弱势动物权利论

1. 主张

动物拥有权利的基础不是它们所拥有的天赋的价值,而是它们的利益。动物拥有利益的前提是它们能够感受快乐或者是痛苦。因此,所有拥有感觉的动物都拥有着同样的权利。沃伦指出,与动物的权利相比,人类权利的范围要广泛得多,也强烈得多;与人的死亡相比,动物的死亡是一种较小的悲剧,但这并不能证明动物没有生存权。人是具有道德自律能力的存在物,人的道德自律能力为人类享有较强的道德权利提供了某种勉强可以接受的理由。总之,沃伦的观点是具有感觉能力的动物拥有道德权利,因为权利是设计来保护权利拥有者免遭伤害或者是保护他们的相关利益的。有感觉能力的动物能够被伤害或者获得利益,它们能够喜欢或者不喜欢发生在它们身上的事情,喜好某些生存状态。因而,至少在逻辑的意义上,有感觉能力的动物是道德权利的可能拥有者。

2. 种际正义

动物解放论认为,仅仅以一个个体是否是我们这一群体的成员而决定是否给予他平等的道德地位是错误的,因此,动物解放论者区分了三种形式的物种歧视主义:

①激进的物种歧视主义。只要不损害他人的利益,一个人选择任何一种方式对待动物在道德上都是被许可的。

②极端的物种歧视主义。承认动物有感觉,因而拥有利益,但认为,当人的利益与动物的利益发生冲突时,在其余都相同的情况下,那种哪怕是为促进人的边缘利益而牺牲动物的基本权力和利益的做法,在道德上也是许可的。

③关心动物利益的物种歧视主义。把动物的基本利益看得重于人的利益,但是把人的利益或者边缘利益看得重于动物的基本利益或者是边缘利益,这依旧是一种物种歧视主义。

动物解放论者试图从权利话语的角度来论述人与动物的伦理关系时,他们无疑是步入了充满风险和不确定性的伦理,对他们的怀疑、批评甚至是嘲笑都是在所难免的。动物不能行使权利,也认识不到自身相关的义务,因而动物不是权利的拥有者。

第7章 儒家个人中心主义

生态学是研究生物与其环境之间关系的科学,他试图揭示物种如何调整自身以适应环境,以及不同物种间的相互影响。在过去的几百年里,人类对于生态的破坏是相当严重的。臭氧层遭到破坏,大气中二氧化碳日益增多,生物物种每天都在减少,土地荒漠化加剧……种种破坏与人类都脱不了关系。人类渐渐地发现了这个问题,于是研究生态学的范围也在日益扩大。儒家观点有很多值得现代人学习的地方。下面从儒家生命观、儒家个人中心主义生态伦理观、儒家个人中心主义操守、儒家个人中心主义批判四个方面揭示儒家生态伦理学的观点。

7.1 儒家生命观

7.1.1 "一体之仁"的生命关怀

儒家高度关注人与自然的关系。在人与自然的关系上,儒家主张要"一体之仁",尊重万物,关爱生命,实现仁德。仁即是爱,包括爱他人,爱自然。仁是"天人合一"的现实诉求。

孔子提出的"仁"视珍爱大自然为一种理想的人生境界。这主要体现在孔子"吾与点也"的思想论述中。据《论语》记载,一次,孔子与他的学生子路、曾点、冉有、公西华谈人生志向和理想时,曾点曰:"莫春者,春服既成。冠者五六人,童子六七人,浴乎沂,风乎舞雩,咏而归。"孔子听后喟然赞叹道:"吾与点也!"孔子如此赞赏曾点热爱大自然的看法,是因为曾点的理想主义与孔子主张培养"乐山乐水"的仁人志士的高尚理想情怀是一致的。孔子要培养的仁者不仅仅能治世,还必须有"乐山乐水"的生态生命情怀,将人间的和谐与自然的和谐自觉地统一起来。

另外,据《论语》记载,孔子只钓鱼而不用大网捕鱼,不射归巢的鸟。这都表达出他对于自然的珍爱之情。

这种情感在孟子那里发展为"恻隐之心",即"恻隐之心,仁也。"并认为"恻隐之心,人皆有之",是人性之本。孟子将"人性"概念界定为与禽兽对立的人类道德的自觉体验与自觉能动性。"人之所以异于禽兽者几希,庶民去之,君子存之",在孟子看来,"人之所以异于禽兽者",不仅在于人有一点道德情感,更重要的还在于人能够"扩充"其道德情感,既施之于人类,又施之于动物。以爱心对待动物,只有人类才能做到,也只能依靠人类去实行。"恻隐之心",是仁的根苗,人人皆有,就看能不能"扩充"罢了。如果能"扩充",就是君子、大丈夫;如果不能,那就离禽兽不远了。人的道德情感及其自觉能动性,这便是人的尊贵之处。人类之所以为"灵"为"贵",这就在于人之"性"。顺从而不戕害此"性",则万物之性就不会招致破坏了。

《孟子·告子上》记载的一则事例正说明了这一道理。孟子曰:"牛山之木尝美矣。以其郊于大国也,斧斤伐之,可以为美乎?是其日夜之所息,雨露之所润,非无萌蘖之生焉;牛羊又从而牧之,是以若彼濯濯也。人见其濯濯也,以为未尝有材焉,此岂山之性也哉?虽存乎人者,岂无仁义之心哉?其所以放其良心者,亦犹斧斤之于木也,旦旦而伐之,可以为美乎?"孟子举这一事例是要说明人之性是要保护的,不可"放其良心";同时也表达了他对自然界的看法,表达了他在人与自然关系问题上的基本态度。

孟子认为,对于树木,是要"养"的。树木的生长需要自然条件,但是在人类活动所能到达的地方,就容易造成破坏,如果对树木没有爱惜之心,就很容易破坏殆尽。在这种情况下,更需要一种自觉的意识,保护树木而使之不受破坏。这既是仁的重要表现,也是人性的问题。孟子目睹现实生活中发生的生态破坏,肯定会有所反思,不然,他也不会将此事记录下来。孟子反思的结果是得出"恻隐之心,仁也"是人性之本。孟子明确提出"亲亲而仁民,仁民而爱物",这是关于仁的一次全面论述。这种由近及远、由人及物的仁爱学说,虽然包含着差异性,有亲疏远近之别,但它兼顾到人与物,因而有普遍性。"仁民"是对人民的爱,包含对人的尊重。"爱物"则是生命意义上的同情之爱,含有爱养、爱护、保护、保养之义,这是人的责任和义务,是人的生命情感的需要。人是生命存在,情感存在。因而人与物在生命意义上联系起来。从生命意义上讲,人与物是平等的,因而要有同情之心。至于无生命之物,也是与生命有着极大关系的,它是生命存在的基础,因而也应当被爱。爱是广泛的,广泛地爱惜一切生物,才为仁之术。可见,对人和生物不爱,就不能说是仁。把道德关爱从人的领域拓展到一切生命和整个自然界,显示出一种"博爱"的情怀。

后来的儒者,对自然界都有一种基于同情的了解和深厚的生命关怀。张载提出"以心体物""安所遇而敦仁,故其爱有常心,有常心则物被常爱也"。"物被常爱"就是"体物不遗"。这是对万物真切的生命关怀,表现了张载强烈的生态意识。

同样,程颢对自然界也充满了热爱,并对仁的学说有了重要的发展。他说:"医书言手足痿痹为不仁,此言最善名状。仁者,以天地万物为一体,莫非己也。认得为己,何所不至?若不有诸己,自不与己相干。如手足不仁,气已不贯,皆不属己。故'博施济众',乃仁之功用。仁至难言,故止曰'己欲立而立人,己欲达而达人,能近取譬,可谓仁之方矣'。欲令如是观仁,可以得仁之体。"人没有不爱护自己身体的,若"能近取譬",体认到万物如同自己的身体一样不可分离,那他就会怀着深切的生命关怀之心去对待万物,爱护万物,保护万物,视天地万物如同自己的身体一样,"莫非己也"。

程颢在生活、工作中处处体会仁,对自然界的万物施之以爱。他最喜欢说的一句话是"观天地生物气象"。天地生物气象是一种什么样的气象呢?就是仁的气象,而仁就在人的心中。人只有通过"识仁""体仁",才能"理会"自然界的气象。万物之生意与仁心是相通的,观万物生意不仅能使自家的仁心受到"触动",而且能够使自家的仁心传播出去,与万物同生息,共命运。他们都是由于自家仁心与其他生命发生了"共鸣",体验到生命的可贵,对之产生了同情、爱护之意,同时,也体验到它们与人的生命息息相关,有一种内在的生命联系,从而享受到人与自然和谐相处的快乐。

邵雍认为,人不是与天地自然对立的,而是与之融洽,不是宰制万物,而是以物观物,顺应物之性:"以物观物,性也;以我观物,情也。性公而明,情偏而暗。""任我则情,情则蔽,蔽则昏矣;因物则性,性则神,神则明矣。"邵雍的"以物观物"之说与程颢所说的"情顺万物而无情""廓然而大公,物来而顺应""圣人之喜以物之当喜,圣人之怒以物之当怒,是圣人之喜怒不系于心而系于物也",实际上是完全一致的,有了这样的境界与物打交道,才是得"仁之体",才会有"大乐"。

7.1.2 "节俭""知足"的生活消费观念

儒家自创始人孔子提倡"宁俭勿奢",这种观念在客观上起到保证后续消费、维护生态和谐的作用。即君子吃饭不要求太饱,居住不要求安乐舒适。这里隐含着的一层意思是,过一种节俭的生活是一种美德,其中包含爱惜自然资源和能源的意识。人类的生活方式是不能离开自然界的,人类所需要的一切都是由自然界提供的,人不能无限地、毫无顾忌地向自然索取,尚俭的生活方式实际上是对自然界的一种尊重。

孔子主张节俭,反对奢侈,哪怕是别人说自己简陋亦无妨。一次孔子想搬到九夷去住,有人对他说:"那个地方非常简陋,怎么能住呢?"孔子回答说:"君子居之,何陋之有?"孔子虽然是位以礼为纲的礼乐主义者,但主张个人消费要严格服从"礼"的要求,他坚决反对使用很多高贵华美的礼器和穿戴许多难以制作而又讲究的服饰。在"林放问礼之本"时,孔子说:"礼,与其奢也,宁俭。丧,与其易也,宁戚。"之所以如此是因为"奢则不孙,俭则固。与其不孙也,宁固"。奢侈就显得不恭顺,俭朴就显得简陋;但是与其不恭顺,宁可简陋。此外,孔子还说:"以约失之者鲜矣。"因为节约而犯过错的人是很少的。孔子特别赞扬那位生活简陋却特别好学的弟子颜回,说:"贤哉,回也!一箪食,一瓢饮,在陋巷。人不堪其忧,回也不改其乐。"孔子倡导以现实为乐、以现状为安的个人物质消费心态。

孔子称赞卫公子荆比较善于居家理财,安排个人消费,说:"始有,曰'苟合矣。'少有,曰'苟完矣。'富有,曰'苟美矣。'""始有""少有""富有"虽然反映了不同的物质生活水平,但"苟合""苟完""苟美"则体现了卫公子荆在不同时期对这些不同生活水平都感觉满意的心态,这就是知足,孔子颂扬的就是这种以现实为乐的心态。孔子提倡节俭、知足,强调精神生活的消费,崇尚精神生活和文化享受。他说:"饭疏食饮水,曲肱而枕之,乐亦在其中矣。"认为在个人生活享受上,要能做到"饭疏食饮水,曲肱而枕之",甚至"不耻恶衣恶食"。

荀子虽然对财富的获得满怀自信心,但在消费上仍主张节俭有度,他说:"强本而节用,则天不能贫……本荒而用侈则天不能使之富。"荀子是主张满足人的欲望的,那为什么又反过来提倡节俭呢?他说:"今人之生也,方知蓄鸡狗猪彘,又蓄牛羊,然而食不敢有酒肉;余刀布,有囷窌,然而衣不敢有丝帛;约者有筐箧之藏,然而行不敢有舆马;是何也?非不欲也,几不长虑顾后而恐无以继之故也。"在这里,我们能看到荀子消费思想的智慧,他是从有备无患的可持续消费角度来倡导节俭消费的。荀子认为,人人都有自然欲望,这是天然合理的,但不是无限制地满足一切欲望。逾级消费或通过聚敛超前消费都是不合理的。他指出:"楚王后车千乘,非知也;君子啜菽饮水,非愚也,是节然也。"

儒家主张以"俭"为德,将节俭的消费行为作为君子之道德准则来倡导,这是因为他们对万事万物之成难毁易的道理既看得非常明白,也非常看重。大自然成为它今天的这个生态系统并维持这个系统是非常不容易的。"一粥一饭,当思来之不易;半丝半缕,恒念物力维艰……自奉必须俭约,宴客切勿留连……饮食约而精,园蔬愈珍馐。勿营华屋,勿谋良田……施惠无念,受恩莫忘……守分安命,顺时听天。为人如此,庶乎近焉。"意思是:粥饭虽然来自自然,然而须人力艰辛劳作方得;园子里的蔬菜本来就很珍贵,饮食当粗茶淡饭即可;不要为了建造华丽的住舍、营造奢侈的田地而破坏自然资源;即便是自然形成之物,自然造化之功,亦是来之不易;所以自己的生活必须以勤俭节约为原则,切勿在宴请宾客时大肆浪费;要普遍地向自然之物施放自己的恩惠,并且不要忘记自己所受到的大自然所给予的恩惠,并将这种所受之恩转施于他物或他人。总之,我们要接受大自然的必然性,并遵循这种必然性。儒家提倡节俭的生活方式和知足的消费心态,是为了让自然界的资源、社会上的财富能维持可持续的消费,是为了让人与自然、人与社会和谐共生。

7.1.3 "使民以时""以时禁发"的制度规范

据《论语》中记述:"子曰:庶矣哉!冉有曰:既庶矣,又何加焉?曰:富之。曰既富矣,又何加焉?曰:教之。"子贡问如何处理政事,孔子曰:"足食,足兵,民信之矣。"显然,要"富之",要"足食",在当时就是发展农业的意思。孔子还说:"道千乘之国,敬事而信,节用而爱人,使民以时。"这里的"使民以时",就是要求百姓按照农时进行农业生产。

孟子对于农业生产也有较多的论述。他曾经对梁惠王说:"不违农时,谷不可胜食也。数罟不入洿池,鱼鳖不可胜食也。斧斤以时入山林,材木不可胜用也。谷与鱼鳖不可胜食,材木不可胜用,是使民养生丧死无憾也。养生丧死无憾,王道之始也。"要求人们合理地开发利用自然资源,实现农业的可持续发展。

荀子在如何开发和利用自然资源的问题上,也提出了一些重要的观点。他对自然资源以及人对自然资源的开发持较为乐观的态度。他曾说:"土之生五谷也,人善治之,则亩数盆,一岁而再获之,然后瓜桃枣李一本数以盆鼓,然后荤菜百疏以泽量,然后六畜禽兽一而专车,一而成群,然后飞鸟凫雁若烟海,然后昆虫万物生其间,可以相食养者不可胜数也。夫天地之生万物也,固有余足以食人矣,麻葛茧丝鸟兽之羽毛齿革也,固有余足以衣人矣。"荀子认为,天地之间存在着丰富的自然资源,"足以食人""足以衣人";然而人必须通过"善治之",也就是要运用恰当的手段对自然资源进行合理的开发和利用,只有这样才能真正实现丰衣足食。荀子认为,有了丰富的自然资源,还必须合理地开发、利用和保护,这就是"山林泽梁以时禁发"。这里的"发",就是开发利用;"禁",就是保护;"以时禁发",就是要根据自然规律,把自然资源的开发利用与保护紧密结合起来。这样才能使自然资源"不夭其生,不绝其长也",使百姓"有余食""有余用""有余材"。为此,荀子提出要设立专门负责管理自然资源开发的政府官员。他说:"修火宪,养山林薮泽草木鱼鳖百索,以时禁发,使国家足用,而财物不屈,虞师之事也。"荀子主张通过国家政府来切实保证"以时禁发",这在当时是很有见地的。

儒家维护生态的这种意识体现为很多制度性的安排,最典型的就是定为律令,由王者来执行。如《月令》就对农业发展的"四时"做了十分详细的概括。

一是根据四时的变化提出农业管理的措施,将时、农、政看成是一个连续的过程和统一的整体,这不仅承认人和自然构成了一个整体,而且承认农业系统和自然系统构成了一个整体。

二是根据四时的变化对耕、种、耘、收、藏等农事活动都做出了合理安排,并根据农作物的生长情况提出了一些具体的田间管理措施,它揭示的是农业生态四时时律。

在这一基础上,《月令》还对林木动物保护等做了理论性的规范。关于狩猎的规定有:孟夏之月可以驱赶野兽,不使它们破坏农作物,但不能"大田猎"。关于动物的规定有:孟春之月,应该祭祀山林川泽。祭祀不能用母牛。不得倾覆鸟的巢穴,不准杀戮动物幼虫、怀胎的动物,不准射杀刚会飞的幼鸟,不准捕捉幼鹿,不准取鸟卵。郑玄认为,祭祀不能用母牛是为了不影响动物怀孕生育,不准杀戮幼鸟是为了不伤萌幼。关于水产,《月令》规定:仲春之月,不准把川泽、池塘的水放干,竭泽而渔。季夏之月,命令渔师伐蛟,收取鼍、龟、鼋等水产;又规定,孟冬之月,命令水虞渔师,收水泉池泽之赋,不得侵扰百姓,为天子取怨于下;季冬之月,命渔师开始捕鱼。关于林木保护的规定:孟春之月,禁止伐木;仲春之月,不准焚烧山林;季春之月,不准砍伐桑柘。孟夏之月,不准砍伐大树;季夏之月,树木正是生长旺盛时期,命令山虞官查看树木的生长情况,不得斩伐树木。也就是说,整个春季和夏季都是不能砍伐树木的。可以砍伐树木的季节是晚秋和冬季。季秋之月,草木黄落,可以伐薪烧炭;季冬之月,命令四监,征收薪柴,供郊庙、祭祀之用。春夏不能砍伐树木,是为了顺应阳气滋长万物。这些规定都是符合生态规律的。

由此可见,儒家要求人遵循自然规律,强调人"与天地参",与自然相和谐,认为自然界是互相联系、互相作用的有机整体,并且进一步提出要给予生态生命关怀和"以时禁发"的行为规范,充分反映出儒家具有丰富的生态思想。

7.2 儒家个人中心主义生态伦理观

7.2.1 "天人合一"观点

1. "天人合一"思想产生的社会背景

在远古时代,人们的生产力水平极低,天对于人们来说是神秘莫测的,而人们对于自然灾害既无能为力,又十分害怕,这时出现了"天人合一"思想的原始形态,就是原始的宗教观念"神人交通"。随着人们不断发展生产,时代的变更,神和人之间的界限也出现了,统治者垄断了与神联系的权利,有了颛顼奉行的"绝地天通"。与此同时,王权也在不断完善,统治者又提出了天命神权论,称自己是"王帝",是帝在世间的代表,只有"王帝"才可以与天与神相通,这样又由"神人相通"观念变成了"天王合一"。在夏商时期,天成为至上神,称为"帝","帝"主宰自然界和人类社会。"帝"赋予君王权利,让君王来统治人类社会,然而"帝"与君王并不会有直接联系,君王与人们会受到神任意的支配,都会去服从天的安排。西周初期,"天"依然是决定着万事万物至高无上的神。西周人在"天王合一"的基础上,又有了"敬德保民"等思想,他们认为天有辨明是非的能力,这样君王的"敬德"可达天,又可达民,起"保民"之用。到了西周末期,阶级矛盾尖锐起来,自然灾害增多,这些事情的出现,使人们对于"天"的观念发生了变化,人们开始否定了"天"的至上性,这样具有哲学意义的"天人合一"思想就取代了"天王合一"的观念。

2. "天人合一"思想的概念

"天人合一"是一个源远流长的观念,在中国传统哲学中,是各个时期的哲学家们讨论最多的哲学命题。然而对"天人合一"的解释却众说纷纭,各门各派的哲学家都有着自己的观点。从古代到现代,通过对许多哲学家、学者的研究,把"天人合一"的思想归类,对"天人合一"思想中的"天"的含义和"天人合一"思想的几种形式进行说明,以此来了解真正的"天人合一"观念。道家更看重"自然"一面,儒家则在看重"自然"一面的同时,亦包含"人文"的一面。但总体来说,都认为天地万物的生生不息与人类的生生不息的生长发展必须统一；自然万物具有本身价值，其存在和价值与人类的存在价值是互相关联的。

道家的创始人老子对"天人合一"思想的研究，对于中国传统哲学也是有重要意义的。老子提出"道"的概念，认为"道"是宇宙万物产生的根源，是一切运动和变化的最普遍原则。老子提出"有物混成，先天地生……吾不知其名，故强字之曰道……道大，天大，地大，人（王）亦大。域中有四大，而人（王）居其一焉。人法地，地法天，天法道，道法自然。"老子意在人与天是内在统一的，要按自然的规律办事，不要违背这些规律。这实际上是天、地、人最终都效法于"道"，效法于自然，实现其"天人合一"。

庄子基于此，认为"天人合一"的境界应该是《齐物论》中的"天地与我并生，万物与我为一"境界，意思是说，人应当与天地万物的自然融合成一体，天既是人，人也是天。庄子认为，天与人都来源于"道"，人只有真正地去顺应自然最终才会达到"天人合一"。他强调不能用人的心理去干预自然，主张放弃人为，遵从自然规律，从而达到人和自然的一致合一。其中体现的是"万物一体"观，人、地、天、道最后都统一于自然。

孔子讲道德，他认为道德的核心是"仁"，《论语》有"己所不欲，勿施于人"和"君子无终食之间违仁"，这些都表现了他的"仁"学思想。他的"仁"学思想的根源并不是人和神的"天"，主张把孝悌这样的自然感情当作是"仁"的根本，孔子的"仁"就是物我两忘的"天人合一"思想。

孟子在孔子思想的基础上又继续发展了"天人合一"的思想，孟子思想中也认为有天命，但和孔子关于"命"的思想不同，孟子完全赋予"天命"以道德的属性，还强调人应主动为自己"立命"。他的"天人合一"观是把天与人的心性联系起来，融为一体，《尽心上》中说："尽其心者，知其性也，知其性，则知天矣"，意思是说，不断地发掘人们的内心，就可以知道人们的本性，自然也会知道"天"的本质是什么，达到"上下与天地同流"。孟子还认为，每个人都具有仁、义、礼、智四种品德，这被他称之为"四端"，人们内心有其"四端"，人们的本性都是善的，"天"也会给予人善性，这样就达到了"天"与"人"的合一。

荀子的思想既不同于孔子、孟子，也不同于老子、庄子，他认为天是离开了人的意识独立存在的自然界。荀子在《天论》中说："天行有常，不为尧存，不为桀亡"，他所说的是，自然变化是客观存在的，与人类的事务没有任何关联。他强调的是"明于天人之分"的观点，说明"天"和"人"各自都有不同职分，虽说如此，但也是不能完全脱离天的，荀子强调的是人的能动作用，所以也提出了"制天命而用之"的思想，这是荀子自己为中国传统哲学所做的特殊贡献，他也是中国极少数不去讲"天人合一"思想的哲学家。

理学家张载则直接提出："因明致诚，因诚致明，故天人合一"。他把道德本体之"诚"和人的认识之"明"结合在一起，既是一种道德认知，又是一种人生境界。张载是在前人思想基础上直接提出"天人合一"理念的第一位大儒。

战国时期的《易传》也提出了关于天人关系的思想。《周易·乾卦·文言》中说："夫大人者，与天地合其德，与日月合其明，与四时合其序，与鬼神合其吉凶。先天而天弗违，后天而奉天时。"在这里就提出了"天地合其德"的重要观点。还有《易传·系辞上》说："与天地相似，故不违；知周乎万物而道济天下，故不过；旁行而不流，乐天知命，故不忧；安土敦乎仁，故能爱；范围天地之化而不过，曲成万物而不遗，通乎昼夜之道而知。"这句话主要是说，圣人能懂得自然变化的规律，不违天命，发挥自己的德性行事，也就是天人和谐，比较全面地说明了天人关系。

关于中国古代的"天人合一"思想，现代学术大师也有过不少论述。钱穆说："中国古人，认为一切人文演进都顺从天道来。违背了天命，即无人文可言。'天命''人生'和合为一，这一观念，中国古人早有认识。我以为'天人合一'观，是中国古代文化最古老最有贡献的一种主张。"

季羡林十分认同钱穆先生的上述观点。他明确地说："东方哲学思想的基本点是'天人合一'。什么叫'天'？中国哲学史上解释很多。我个人认为，'天'就是大自然，而'人'就是人类。天人合一就是人与大自然的合一。"

3. 儒家"天人合一"观念的现实性

中国的传统文化，无论是儒家、道家或者佛家，都承认"天人合一"。而儒家的"天人合一"有不同于道家、佛家的地方。儒家忠实于社会现实，充分重视人的主观能动性，提倡"有为"而反对"无为"。宋代理学家张载批评佛家"天人合一"观时说："释氏语实际，乃知道者所谓诚也，天德也。其语到实际，则以人生为幻妄，以世界为荫浊，遂厌而不有，遗而弗存。就使得之，乃诚而恶明者也。儒者则因明致诚，因诚致明，故天人合一，致学而可以成圣，得天而未始遗人。"这说明儒家更承认当下世界的意义。

7.2.2 "既雨既处"的生态道德观

《周易》提出了一个与生态伦理相关的命题："既雨既处，尚德载。"就是说，下雨的时候就下雨，该停雨的时候就停雨，这是人们有至高无上的道德能够载物的缘故。按《周易·象》的解释是"德积载也"，也就是人类效法大地"厚德载物"之"载"义，指人们积蓄了高尚的道德，可以容纳天下万物。这是迄今为止所能见到的我国古代传世文献中最早提出的一种生态伦理思想，说明在西周初期我国先民已经将风调雨顺生态平衡的自然现象与人类自身拥有的高尚道德联系在一起了。

中国古代文明是农业文明，这种文明的出现和长久不衰，当然与风调雨顺生态平衡的自然景观有很密切的关系。所以如何保持"既雨既处"的理想生态平衡景观，就成为我国古代先民现实生活中最关注的重大问题。西周初期的有识之士从总结周这个邦国取代大国殷商的政治现实出发，思考周兴商败的哲理，发现"德"这个因素十分重要，统治者有道德、能顺应民心，就能取得天下，而一旦失去"德"就会天下大乱，所以周人提出"天命"取代商人的"帝命"，用敬天重德的伦理政治取代商人重帝神、轻德性的神权政治，这无疑是具有历史进步性的。这种伦理政治观用到农业生产上去，就出现了"既雨既处，尚德载"的生态伦理思想。

所以，可以肯定地说，在商人的神权政治下是不可能产生这种重德的生态伦理思想的，这种"尚德载"思想只有在小邦周取代大国商以后才可能问世。

7.2.3 "鸣鹤在阴"的生态理想观

《周易》倡导生态资源的爱护和节用，其主要目的是防止资源枯竭而危害人类的生存。然而难能可贵的是，《周易》还看到了"性态之乐"，提出了自己的生态理想观。《中孚》描绘了一种将动物拟人化的"生态之乐"——"鸣鹤在阴，其子和之；我有好爵，吾与尔靡之"，描述的是一只鹤鸟在树下阴凉的地方鸣叫，它的好伙伴声声应和：我有好酒，想与你共同受用。这是一幅生态和谐的美景画，大树为鸣鹤提供乘凉的栖息地，大自然为这对声声相应的鸣鹤提供了"好爵",令人羡慕,它让人陶醉于大自然的美景之中。这实际上是作者借鸣鹤来抒发自己的生态社会理想。为什么说是"生态社会理想"呢?这从《履》卦的有关卦爻辞可以得到说明。《履》卦生动地描绘出了这种生态社会理想——请听:"履虎尾不咥人,亨。"朱子《周易本义》注释这句爻辞为"履虎尾而不见伤之象。""老虎不伤人",这在三千年前的中国社会是绝不可能出现的社会景象,所以我们称之为"生态社会理想",仅仅是一种"理想"而已。这种理想的太平盛世,与统治者、老百姓推行德治,讲究道德修养是分不开的。《周易》强调生态伦理与社会伦理相统一,才会有"亨"的太平盛世出现。否则,不会有太平盛世。

　　《周易》"生态社会理想"的提出,当然也是与其安邦治国、推行德治和共同富裕的政治道德观息息相关的。《周易》主张走共同富裕之路,才能真正实现理想生态社会。《小畜》九五爻辞说:"九五:有孚挛如,富比其邻。"挛,即心连心、手牵手而有仁爱之义。人人有诚信、讲仁爱,就会共同富裕起来。这种"有孚挛如,富比其邻"的政治社会理想与"履虎尾,不咥人,亨"的生态社会理想二者相结合,才是《周易》作者所追求的完美的太平盛世理想。显然这种理想在古代中国是不可能实现的。

　　但这种理想像光芒闪射的一轮太阳,给华夏民族自强不息提供了巨大的热能和动力,推动着中华文明穿越古今时空,迈上新的征途。《周易》政治上重"君子",看不起"小人"。卦上六爻辞明确提出:"大君有命:开国承家,小人勿用!"主张"大君(国王)"应该远离"小人"。《遁》卦九四爻辞说:"好遁,君子吉,小人否。"好的无为而治的国度,因为用了"君子"才吉利,而"小人"就不行了。为什么会这样呢?因为"君子"讲"有孚"诚信之德,而"小人"则不讲道德,这样"君子"会"自天佑之,吉无不利",而"小人"没有德性不能与天沟通,当然得不到天的佑助了。《解》六五爻辞"君子"的"有孚"之德,不仅用之于个人自身修养,而且用于与"小人"关系的处理上——"君子维有解,吉,有孚于小人",就是说君子胸怀大度,一派仁人志士的气魄,即便对小人也能用诚信之心去化解矛盾,这是多么高尚的人啊。从这里我们看到了儒家"以德报怨"思想的源头。

　　当今世界生态失衡,全球各种危机四伏,有识之士都在自觉倡导生态道德,以便从根本上扭转危机,寻求维持新的生态系统的法宝。我们认为,作为儒家"五经"之一的《周易》所阐发的"天人合一"的生态伦理思想,对当今拯救地球、解决危机是有积极作用的。如果全世界那些富裕国家都能"富比其邻",不肆意掠夺别国的资源,制止好战的"武人"政治,和平共处,讲究"有孚挛如",保持"尚德载"的胸怀,那么全球"既雨既处""虎不咥人"的美好生态社会降临的日子还会遥远吗?

7.2.4 "系于苞桑"的生态爱护观

　　《周易》提倡一种节俭消费观,对爱护资源、爱护生态系统都有重大的作用。《大有》卦九四爻辞讲:"匪其彭,无咎。"程颐《伊川易传》作注道:"彭,盛貌。"这句话的意思是:不奢侈就不会有过失。这里这个"彭"有两层含义:既指饮食穿着太奢侈,也指居住豪华和大兴土木。饮食穿着太奢侈势必过多消费粮食和布匹,而居住太豪华,大兴土木则势必耗费过多的土地空间和建筑材料,这都是没有做到勤俭节约,故会有咎。《周易》借助天人合一的力量,通过讲解"有咎、无咎"来推行自己的节俭消费观,强调节俭就"无咎",否则就会遭到处罚。

《周易》的作者看到了风调雨顺对农业生产的极端重要性,主张通过"尚德载"这种厚德载物的美德感化上天,达到"既雨既处"的生态平衡目的。然而自然界并不总是风调雨顺的,各种自然和人为的灾害也是经常会遇到的。《周易》就描绘了诸多灾害现象:《离》卦九四艾:"突如其来如,焚如,死如,弃如。"一场大火灾,不仅烧毁了森林,也烧毁了家园,失去了亲人。《井》卦初六艾:"井泥不食,旧井无禽。"严重干旱,连古井都变成了废井,井里只剩下干巴巴的泥土,再也不见鸟儿光顾。《既济》卦上六艾:"濡其首,厉。"也就是讲洪水泛滥,人们在洪水中挣扎。正是基于现实生活中火灾、旱灾、水灾等的危害对人们的生存带来的可怕情形,《周易》的作者才充满了生态忧患意识,提出了生态爱护和资源节用思想。《否》卦九五艾中,有一个生态忧患的呐喊,真是扣人心弦,即"其亡其亡,系于苞桑"。桑叶是喂养蚕的基础,一旦桑树死亡,蚕也会因失去食物而死亡,所以蚕农们小心翼翼地精心种植桑树,时时刻刻心系着桑树。这种"自系苞桑"的生态忧患意识是华夏农业文明得以开创和生生发展的原动力。《否》卦九五艾记载的中华先民养蚕业在浙江吴兴钱山漾新石器时代的遗址中得到了证明,公元前 3000 年我国就有了比较发达的养蚕业和丝织业,创造了灿烂的农业文明。

所以我们说,正是由于有这种强烈的忧患意识,农民们注意爱护生态资源,确保资源不枯竭,生产生活有保障,才谱写出了一曲曲感人肺腑的农业文明乐章。这种生态伦理思想对儒家、道家等各家各派的生态伦理观产生了深远的影响,可以说是中国古代生态伦理智慧的活水源头,值得我们珍惜,并加以发扬光大。

7.3 儒家个人中心主义操守

1. 儒家个人中心主义引导人们树立正确的自然观,为解决人与自然的关系提供了新思路

在儒家生态思想中,人与自然是统一的。《易经》认为:天、地、人"三才同德","人"是天的一部分,是自然界的产物,不是凌驾于自然界之上的主宰者。自然界为人类的生存发展提供了一切资源和条件,更重要的是,它赋予人以内在德性和神圣使命,要在实践中实现生命的最高价值——"与天地合其德",而不是满足不断膨胀的物质欲望。人为天所生,与天具有血肉相连的内在关系,人也应该有"爱人利物之心",所以儒家提倡"仁爱自然"和"泛爱生物"。珍惜自然,保护自然,自然界给予人的巨大恩惠要予以仁爱的回报。

但是,在当今人类社会的发展过程中,随着社会生产力的不断发展,人们改造自然能力的不断提高,其生态潜意识被掩盖和抑制,使人与自然日益走向对立,出现了前所未有的生态环境恶化。因此,应认真反思自身与自然的关系,破除不利于协调人与自然关系的旧观念,建立起新型的人与自然的观念。

(1)自然是我们的家园。

按自然的本性来说,自然是不能被人类征服的。"天地之大德曰生""生生之谓易",天的根本意义,就是创造生命,天即自然界以生为其功能并显示其存在。自然界本身具有其"自在"的价值,其价值不是由人赋予,也不是由超自然的绝对实体即上帝赋予,自然界是一个不断创造生命而无停息的过程,此为其内在价值。自然界的内在价值具有客观性和自成目的性的特征。自然万物都是生命主体,都有自我更新、自我繁殖和自我调节的生命机制,与此同时,整个生物圈也是一个有机体,以最有利于自身健康的方式运行,趋向于完美和稳定。也就是说，自然界不只有"为我"的价值，还有"自在"的价值，其"自在"的价值就要求自身的存在应该受到保护。所以，自然是不能被征服的。

自然不仅是人类生存和发展的"种植园"，而且是人类得以生存和发展的"家园"。人类更要做好自然的看护者。自然的本性是关爱生命，为生命提供养分，也为恰当的生活方式提供灵感。自然的变化，例如四季循环、昼夜交替，暗示着一个永恒的转变模式：一个有规律的、均衡的并且是和谐的模式。在历史上，人类文明也曾经忍受了水旱风暴等许多自然的灾害，尽管有生存的艰辛，然而，儒家还是认为自然是适宜我们生存的良好环境，因为人享有"天时地利"和"风水"，这一切特别有助于健康。

自然因其丰厚和壮观而令人敬畏，其令人敬畏的存在，使我们得以赞美我们"家园"的富饶和神圣："今夫天，斯昭昭之多，及其无穷也，日月星辰系焉，万物覆焉。今夫地，一撮土之多，及其广厚，载华岳而不重，振河海而不泄，万物载焉。今夫山，一卷石之多，及其广大，草木生之，禽兽居之，宝藏兴焉。今夫水，一勺之多，及其不测，蛟龙、鱼鳖生焉，货财殖焉。"把自然当作家园的感觉将使我们能在普通的生活中找到终极的意义，并且发展出一种重视规范、均衡与和谐的生活形态。

（2）人的主体作用。

"天地氤氲，万物化醇。男女构精，万物化生。"也就是说，万物的生命是由天地而生成的。天生万物，而人作为天地之所"生"，只是万物中的一个成员。但人者乃"五行之秀气"，"最为天下贵"，有着不同于万物的"仁义"之性，因此，这就决定了人在天地万物之中，有一种"天赋"的责任、义务和使命，也就是如何完成自然界的"生生之德"或者说"生生之道"。人类之所以为"灵"为"贵"，就在于有"仁"，而且能自觉其为"仁"。"人者仁也""仁者生也"。这是一个既古老而又富有新意的命题，儒家认为自然界的万物是相依相存的，是同属宇宙生命的整体，是一体相通的。

孟子的"仁民而爱物"，张载的"民吾同胞物吾与"，都把人与物联系起来，来说明仁的学说。"仁"作为道德情感就是同情和爱，由于"仁"的根本来源是天地"生生之德"或者说"生生之理"，而生之德或生之理对人和万物都是一样的，因此，"仁"者不仅要爱人类，而且要爱万物，以完成"天命之性""天赋之德"。这也为人的价值所在。在儒家哲学中，人具有极其重要的地位和作用，人不仅是积极主动的，而且是价值的承担者。人作为价值主体是对自然界"内在价值"的弘扬和实现，而不是从人的利益出发，赋予自然界以某种价值。自然界是一个不断创造生命而无停息的过程，其价值不是由人赋予的。人只有禀受自然界的生生之德所赋予而成的德性、仁性去"为天地立心"。

天地自然界是亘古存在的，但是，如果没有人，天地自然界之所以为天地自然界的生命价值和意义就无从发现了。只有人才是天地自然界的生命价值和意义的实现者。人在获得自然界所提供的一切生存条件的同时，更要"裁成""辅佐"自然界完成其生命意义，从而也就完成了人的生命目的。

儒家强调的人，不是与自然对立或与天对立的人，而是去寻求与自然和谐、与天共鸣的人。自然为人类的生存和发展提供了一切资源和条件。人不仅是自然的享用者，而且更应该是自然的看护者。人性的最深刻含义在于证明这一点："惟天下至诚，为能尽其性。能尽其性，则能尽人之性。能尽人之性，则能尽物之性。能尽物之性，则可以赞天地之化育。可以赞天地之化育，则可以与天地参矣。"人能够参赞天地之化育，守护自然和赞化宇宙，这是人必须无条件承担的责任和义务。

2. 儒家个人中心主义可以为生态文明建设提供重要的思想资源

文明是人类文化发展的成果,是人类改造世界的物质和精神成果的总和,是人类社会进步的标志。纵观人类的文明史,我们看到人类社会经历了四个发展阶段:原始文明阶段、农业文明阶段、工业文明阶段和生态文明阶段。

如今,就我国的情况来看,我国正处在由工业文明向生态文明的过渡阶段。工业化是这个阶段的重要特征。在推进工业化的进程中,我国不少地方将 GDP 视为发展全部要义,简单地把发展等同于 GDP 增长,将重化工业过度发展带来的环境污染作为实现工业化、现代化的必然代价。这种违背经济规律和自然规律的做法导致了生态危机日益严重,可持续发展也因此受到严峻挑战。鉴于此,2007 年党的十七大报告在全面建设小康社会奋斗目标的新要求中,第一次明确提出了建设生态文明的目标,并在十八大报告中加以强调。生态文明是一种强调人与自然相互依存、相互促进、共处共融,强调人的自觉与自律,并以此促进人与人、人与社会的和谐共生与全面发展的新型文明。它以尊重和维护生态环境为主旨,以可持续发展为根据,以未来人类的继续发展为着眼点,包括伦理价值观的转变、生产和生活方式的转变。

儒家倡导人文关怀精神,关注人类自身的发展,关注人类所处的生态环境。把自然界和人类社会视为一个有机的整体,这不仅要求在社会内部要协调好人与人之间的关系,而且要求人与自然、社会等的和谐统一。

儒家所倡导的这种生态思想内容丰富、含义深刻,与生态文明建设的主旨是息息相通、不谋而合的,可以为生态文明建设提供重要的思想资源。儒家重视人与自然的统一,认为人之本于自然,人要依赖、遵循自然的客观规律,同时人也不只是被动地去适应自然而是要在尊重自然规律的前提下认识自然、利用自然。儒家很早就认识到自然资源的有限和人类需求的无限之间的矛盾。从持续发展、永续利用的原则出发,儒家提出了"取物不尽物"的生态伦理道德,主张有限地利用自然资源,反对破坏性地开发生物资源,例如《论语》中有"子钓而不纲,弋不射宿"。此外,儒家不但对什么季节允许捕获什么、禁止捕获什么,都做了明确的规定,甚至连用什么捕获方式都有明确的规定;不但有具体的"禁制""法规",还设有专职官员进行管理,其目的就是在"获得最大的生产量"的同时,使生态系统得到"最好的保护"。在建设社会主义生态文明的过程中,我们必须面对资源环境约束和生态环境保护的问题,努力化解自然资源的有限和人类需求的无限之间的矛盾。

我国是一个幅员辽阔、物藏丰富的国家,不仅有茂密的山林、无垠的草原,还有富饶的平原、奔腾的江河,以及种类繁多、数量较大的地下矿物质和可开发能源,总体上完全称得上是地大物博、资源富饶。然而,我国又是一个世界上人口最多的发展中国家,无论哪种能源和资源,用 13 亿人口一除,得到的人均拥有量都非常低。比如说,从总体上看,我国的耕地、草原、淡水、森林等资源数量都位居世界前列,但人均拥有量却分别只有世界平均水平的 2/5、1/3、1/4 和 1/8。又比如说,我国许多矿物质和可开发能源的总量名列世界前茅,有些甚至世界第一,但人均占有量同样非常低,大部分都低于世界平均水平,比如说,目前我国人均石油占有量仅为世界平均水平的 1/10 左右。特别是,随着经济社会不断发展,人口数量不断增加和人民生活水平的持续提高,未来一个时期对能源资源的需求也将持续增加。

面对这样的境况,我们要充分借鉴儒家学说里所蕴含的生态思想,合理利用现有资源。我们建设生态文明应以此为借鉴,杜绝违背自然规律、盲目掠夺自然的行为。我们要把利用和节约结合起来,反对滥用资源,彻底放弃竭泽而渔的短期行为和急功近利的发展模式,而对煤炭、石油、矿石等不可再生资源要提高利用效率,尽可能地节约资源;对生物资源如森林、草原、动物、植物以及土壤等再生资源要合理利用,采取用、养结合的方式,使之可为我们提供长久的服务。只有这样,人与自然和睦相处,自然资源才会物尽其用,不存在浪费、过度开采的情况;人类的生存状况才会越来越好。

倡导生态文明建设,创建资源节约型和环境友好型社会,反映了中国的现实和需求。生态文明建设不单单是实践层面的建设,而且包括思想领域的建设,即帮助人们确立正确的价值伦理观念,树立牢固的生态环境意识。从儒家生态思想中汲取丰厚的营养,对于帮助人们确立正确的价值伦理观念,树立牢固的生态环境意识,实现生态文明建设所倡导的人与自然和谐统一的目标,有着重大的现实意义。儒家生态思想及其所倡导的价值取向,必将对社会主义生态文明建设产生重大而深远的影响。

3. 儒家个人中心主义可以为人们培养"绿色"的生活观提供借鉴

在全球化的今天,美国式的"高消费""借钱购买""汽车文化"等享乐主义的消费方式如同美国的所谓"民主""人权"一样正在全球蔓延,主导着人们的消费方式。再如"生活就是消费","增加和消费更多的物质财富就是幸福"。追求"凡人的幸福"已成为现代人人生的根本意义,于是他们肆无忌惮地征服自然、榨取自然,导致了全球性的生态危机。人们对于物质世界的无限性追求,真是令人担忧。至于人类的生活质量如何,生活品位如何,也似乎没有人再关心了。新华网2011年1月5日《瞭望东方周刊》中的调查报告指出:"国家追求经济发展,企业追求经济回报,个人追求经济地位,但是经济就真的是一切的终极目的吗?历次调查结果都显示,经济发展很大程度上有助于增加幸福感,可人们的幸福感又在相当程度上取决于非财富因素。"也就是说人们主观幸福感在相当程度上与经济无直接关系。由此可见,物质财富并不就是幸福。被中欧国际工商学院访问过的芝加哥商学院教授奚恺元表示,当经济发展到一定程度,经济与幸福的关系会减弱。举个例子,在美国的过去50年中,人均GDP翻了3倍,但主观幸福感却没有提高。金钱、财富并不能换来幸福,这是值得人们深思的。这也直接涉及人类的生活观问题。生活并不是一味地消费,还需要有精神性的境界追求。

在儒家的思想中,自然就是其中的一个精神向度。他们将自然视为愉悦或者称为"形而上愉悦"的来源,他们在自然的特征中找到道德的灵感、欢愉和舒适;他们在自然中是相当无拘束的。如孔子的"乐山乐水""吾与点也",从中就可看出孔子对自然的敬仰与眷恋。还有周敦颐,他雅好山林,有很高的精神境界。传说他住所的窗前杂草丛生,他却从不去锄,人问之,他答:"与自家意思一般。"体现出一种要与生生不已的大自然融为一体的人生胸怀。

儒家思想家的生活以自然为家园,自然是儒家思想家心灵的栖息地。如果一个人不能够感触自然的意义,那么,他的精神向度是有限的,以致不能消解对物欲的膨胀以及生活方式的"高消费",在自然资源的开发和利用上,采取贪得无厌、竭泽而渔的方式进行掠夺。人类之所以在今日出现全球性生态危机,其根本原因就在于过度的贪欲,不知满足地追求物质财富和感官享受。但是当人们获得越来越奢侈的物质享受时,伴随而来的却往往是精神的空虚、心灵的寂寞和情感的失落。这种物质生活和精神生活的分裂,是影响一个国家进步发展的重要因素。正如英国历史学家汤因比所告诫人们的那样:"在所谓发达国家的生活方式中,贪欲是作为美德受到赞美的,但是我认为,在允许贪欲肆虐的社会里,前途是没有希望的。没有自制的贪婪将导致自灭。"因为,毕竟,我们的自然资源是有限的,如果放纵欲望,一切都为了满足欲望,那就势必造成人对自然界的无止境的掠夺,进而造成自然资源的枯竭,最终造成人想生存而不能生存的境地。

儒家对万事万物之成难毁易的道理既非常明白,也非常看重。他们主张节俭,反对奢侈,这并不是说生活资料贫乏,而是为了人类全体与自然能够进行持久的和谐,以遂人心与天道能够相辅相成。所以,儒家主张的以"俭"为德,是其精神本应有的向度,是实现生命价值的境界追求。"人总有对无限性的追求,人之对无限性的追求既可以指向精神,也可以指向物质。无数人之追求无限性的合力若指向精神世界,那便没有什么大危险,若指向物质世界,便会造成一个物欲横流的世界。而人类之物欲横流可能会把地球糟蹋得不可居住。"现代社会的生活、科技飞速发展,物质财富增加,然而同时,浪费与奢侈现象也更加严重,只知向自然界掠夺,却不知向自然界回报。我们应该能够看到,美国式的消费方式是一种"奢侈化"的形态,这样的消费,无疑会加大资源、能源的紧张和环境的污染。据全球生态足迹网估计,如果在全球维持一个像美国这样的物质社会,将需要5个地球的资源,而维持一个像英国这样的社会也需要将近3个地球的资源。但是,地球只有1个。

反思儒家学说中的可贵精神价值,对现代人而言是一剂治疗"现代病"的精神良药。从追求"物质享受第一"过渡到"精神追求第一",从追求豪华消费过渡到追求便利、舒适的消费,以利于人类自身的健康发展与自然资源的永续利用,使得人类与自然有新的和谐,生活更觉幸福;我们应该节俭、知足,树立适度消费的新消费方式,把高消费的生活方式转变成以提高生活质量为中心的简朴的生活方式。默然静观人间万象、社会发展,尤其是自然,从心灵深处察觉"天地与我并生,万物与我为一"的生命存在的真实。一个人若能经常以如此观念去做人处世,必可心胸开阔,境界高远,人生潇洒;而若人类中的大多数都能如此去思,如此去行,那么,人类必可与自然和谐相处,共存共荣,生活幸福。

著名哲学家冯友兰先生主张,对过去的哲学首先要"照着讲",能够把握古代哲学家对这个问题各自的认识与说法。然后,我们不停留于此,而是在把握古代这一命题内涵的同时,剔除非科学、非真理性的因素,掌握其合理的真理性的因素,结合现代需要,构成科学命题思想资料的来源。中国传统哲学中的生态思想极其丰富,儒家生态思想就是最具代表性的思想之一。儒家生态思想作为东方文明的重要组成部分,不仅对古代中国农业社会的人们处理人与自然的关系起到了突出的作用,而且对协调和解决近现代以来的人与自然之间越来越突出的矛盾提供了宝贵的思想资源。深入了解并学习儒家生态思想,吸收其中的合理因素,使之适应现代人类生态实践的需要,对于坚持科学发展观,建设生态文明,实现人类与环境的和谐相处具有重要的理论和现实意义。

7.4 儒家个人中心主义批判

中国传统儒家的生态思想以什么为中心？是人类中心，还是非人类中心？面对全球生态危机，当代西方诸多哲学家和伦理学家对人与自然的关系进行深入思考后形成了诸多学派，大致可归属为人类中心主义和非人类中心主义。儒家个人中心主义既区别于人类中心主义也有别于非人类中心主义。

西方经典意义上的人类中心主义是以功利为中心的，人类的利益高于一切，人类为了自己的利益可以自由取用自然资源，人是自然界的主宰，居于自然界的中心地位，而自然界的价值都由人决定，是为人的利益而产生和存在的。这实质上是对自然的一种强索。而儒家学说，在一些学者眼中也是"以人为中心"，但显然这与人类中心主义所说的"以人为中心"是有着不同含义的。它一方面是出于对人的重视和关心，把人的问题放在重要的地位；另一方面也是本质的一面，它是要解决人的存在的价值和意义的问题。人在何种程度上具有存在的价值和意义，这就在于"仁"的追求，"仁"也就是真、善、美结合的最高境界。"仁"的对象不仅是人类，还包括人类以外的世界，即"天地万物一体之仁"。因而在面对人的存在的价值与意义的问题上，儒家是站在人与自然的统一中来解释的，这是儒家思想同人类中心主义最根本的区别。

非人类中心主义也称自然中心主义。他们认为，生命和自然不仅具有外在价值，而且具有其内在价值。人只有认为所有的生命包括人的生命和一切生物的生命都是神圣的时候，才是道德的。人应当关怀它周围的所有人和所有生物的生命，给予所有生物以道德的关怀。这是非人类中心主义与儒家生态思想的相同之处。然而，我们拿深层生态学来加以比较，深层生态学是在物种的意义上探讨人与其他物种之间关系的。人是自然界的一部分，其他的自然存在物也是自然界的一部分，人是自然界的成员，其他的自然存在物也是自然界的成员，人与其他自然存在物完全同一起来，就构成了生态系统。这样，"人"就完全消失了。这又与儒家"以人为中心"的哲学相悖，因而，儒家生态思想也不是非人类中心主义的。

人类中心主义主张把全人类作为一个一元化的主体，人作为工具主体或权利主体而存在。非人类中心主义强调人类在生态系统中的特殊作用，企图通过放弃人类的主体地位来求得人与自然的和谐，抛弃人与人和谐，因此也是不现实的。儒家生态思想建立在"天人合一"的哲学基础上，认为"人—社会—自然"是复合统一的，因此人与自然要和谐相处。另外，在更高的层面上，还突显了人的主体地位。相比于人类中心主义而言，这里的主体是道德主体而不是工具主体，人作为道德主体而存在。儒家生态思想包含了自然中心主义的生态自我，它不仅包括"我"，而且包括全人类，包括所有的动植物，包括天空、山川、河流、大地和森林等，同时也包含了人与人和谐同人与自然和谐相统一的社会观，并突出了人的价值主体在"赞天地之化育"。

第8章 道家自然中心主义

与儒家不同,道教学者的着眼点不是人类社会,而是宇宙自然,他们不是把自己的注意力集中在社会伦理的分析之上,而是进行宇宙论的玄思,所以道家思想中的生态智慧就显得比儒家更为丰富。道教教义的要旨即成仙得道,长生久视,不把希望寄托给未来和彼岸,其最大的特点就是对现实生命及其环境的高度重视。道家有很多值得现代人学习的地方,下面从道家生命观、道家自然中心主义生态伦理观、道家自然中心主义操守以及道家自然中心主义批判四个方面揭示道家生态伦理学的观点。

8.1 道家生命观

8.1.1 道家基本思想

道教思想博大精深,蕴含着丰富的生态学思想。在道教中,"道法自然"作为一种基本的行为准则,被广泛应用于治理国家,修炼成仙,但是,以我们现代人的眼光看,它又揭示了一个人与自然和谐相处的内涵。

老子说:"道大,天大,人(王)亦大。城中有四大,而天(王)居其一焉。人法地,地法天,天法道,道法自然。"老子说天地之间有四大,人是其中之一。人效法地,地效法天,天效法道,道效法自然。在此,老子提出了"自然",这个"自然"不同于我们现在的"自然科学",它指的是事物的本来面目,是万物的表象,是万物必须遵循的规律,而不是其他生物所能违反的,是至高无上的。王弼在《老子道德经注》中所注:"法自然者,在方而法方,在圆而法圆,与自然无所为也。"就"道"自身而言,"道"本身的存在就是自然而然的。他告诉我们,自然本身就是存在的,它自己有自己的运行法则,我们不应当去改变它的运行法则。老子说:"天长地久。天地所以能长且久者,以其不自生,故能长生。"天长地久,天地能够长久存在的原因是,他们在运行中不去强求自己的生存,才能够长久存在。试想大自然本身都在遵循着不强求,顺其自然的生长模式,生物得以永久延续,但是现在,我们却恰恰采取的是一种强求的态度,于是对自然环境造成了不可恢复的破坏。

庄子继承老子的"道法自然"思想,并且做了一定的说明。他说:"夫至乐者,先应之以人事,顺之以天理,行之以五德,应之以自然。然后调理四时,太和万物。"他告诉我们,最美妙最高贵的乐曲,总是用人情来顺应,用天理来因循,用五德来推演,用自然来应合,然后方才调理于四季的序列,跟天地万物同和强调了人首先要顺应天地自然,不能任意改造。所以他要求:"无以人灭天,无以故灭命。"庄子提倡自然本色之美,反对人为雕饰。

道家还有很多著作是讲述道教与自然环境的关系。其中以《太平经》最为显著。《太平经》是道教早期的主要经典,其中包含了丰富的生态思想。它提出"太和即出太平之气",强调自然界的和谐,把《道德经》的"三生万物"诠释为天地人共同长养万物,主张顺从天道自然,并且提出"天父地母"概念,认为天地能够对人类破坏自然环境的行为予以惩罚,这些理念从宗教的层面上涉及生态思想,与当今的生态学思想是一致的。

1. "道生万物"的整体论

道家的有机整体论是以"道"为逻辑起点建构起来的。所谓的"道"最初指的是女阴,但在其不断抽象的本体论进程中最终上升为宇宙的本源、万物的起点。因此《老子》说:"道";"先天而生";"可以为天下母"(《老子》二十五章)。《庄子》说:"道""自本自根,未有天地,自古以固存;神鬼神帝,生天生地。"(《庄子·大宗师》)。道家先哲们常常把"道"称为"天地根",称为"谷神",然而无论哪种说法,都没有离开"道"的本源地位。

"道"不仅是万物由之而来的共同起点,它同时也是一种生生不已的创生力量。因此,《老子》中有"道生一,一生二,二生三,三生万物"(四十二章);"万物恃之而生"(三十四章)的说法。《庄子》中也有"且道者,万物之所由也,庶物失之者死,得之者生"(《庄子·渔夫》)以及"留动而生物"(《庄子·天地》)的说法。此外,"道"还是一种自然万物得以不断向前发展的内在驱动力量,《老子》的"衣养万物"(三十四章),《庄子》的"运量万物而不匮"(《庄子·知北游》),"天道运而无所积,故万物成"(《庄子·天道》)等,都意在说明,世间万物只有在"道"的推动下,才能够不断的生长和发展。总而言之,世界是由"道"产生出来,又靠着"道"的力量不断生、长、成、灭,从而使整个世界处于一种永不停歇的运动和演化过程当中。

2. "万物不相离"的关系论

如果说传统科学世界观把着眼点放在物质世界的构成基质上,生态世界观的着眼点却落在各部分间的有机联系上。由于道家把"道"视为"天下母""天地根""谷神"以及"玄牝之门",即把"道"作为物质世界得以产生的源头与起点,因此在道家那里,自然界中所有的现有存在物,便必然都是由"道"创生出来的,而所有的存在物之间,也必然具有共同的"血缘关系",整个物质世界本身也就必然成了一个各部分之间彼此血脉相通的有机整体,也即道家所谓的"槐榆与橘柚合而为兄弟,有苗与三危通为一家"(《淮南子·精神训》)。在他们看来,"天地运而相通,万物总而为一",也就是说,世界上根本不存在独立自足的东西,所有的存在物都彼此相通,并相资相待、相互联系在一起,任何一种存在都不可能完全脱离这一整体而孤立存在,所以道家又主张:"天地万物不相离也。"美国学者卡普拉就说过,中国古代发展了一种观念,"把事物看作是永远流动的'道'中短暂的阶段,对于它们的相互关系比对于把它们归结于基本的物质看的更重"。这的确符合道家思想的事实。

因此,道家思想与西方传统的科学世界观完全不同,它眼中的世界不是彼此孤立实体的简单堆积,而是各部分之间彼此关联又相互依存的有机整体。换言之,道家的世界观不是一种"实体论",而是一种"关系论"。这同现代意义上的"生态观"在本质上是相通的,"生态世界观让我们认识到,我们首要的错误是假设我们能够把某些要素把整体中抽取出来,并可以在这种状态下认识他们的真相。在于他们密不可分的整体相分离状态下发展起来的论述他们的概念,将不能准确反映他们在整体中的情形"。因此,任何一种实体都只能放在与其他实体,以及与整个世界的联系中才能够得到真正的理解和解释。道家思想与这种观点一致,他们认为不应该脱离一个整体来看待实体,从来从相互联系的角度出发,在整体的框架之下具体来理解和解释某一事物。任何一种事物的性质都会随着它与其他事物的不同联系和不同作用而发生相应的变化。而且不同的事物之间也常常你中有我,我中有你,藕断丝连。正所谓"贵以贱为本,高一下为基"(《老子》三十九章);所谓"万物皆种也,以不同形相禅,始卒若环,莫得其伦,是谓天均"(《庄子·寓言》);所谓"久竹生青宁,青宁生程,程生马,马生人,人又反入于机,万物皆出于机,皆如于机"(《庄子·至乐》),等等。

8.2 道家自然中心主义生态伦理观

道教伦理以生命伦理为特征,这就决定了包含在道教生命伦理中的道教生态伦理以生命为中心。以生命为中心,是以普遍的生命为中心,就是以人和动物、植物的生命以及天地的自然存在为中心。道教生态伦理正是以这样的生命为中心,并且围绕着这一中心而展开的。

自古希腊以来,人类中心论价值观是支配人类文明进程的主导力量。在西方,人类中心论观念源远流长。甚至可以说,整个西方文化传统的核心就是人类中心论的。而对于道家来说,道家先哲们一开始便立足于整体,从整体论的角度看待人与万物,其中人是包含于自然万物之中别的。换言之,人与万物在表面上虽为不同的个体,也会存在这样那样的具体差别,但就本质而言,都是"道"的产物,是"道"在运行过程中物质外化的结果。

8.2.1 "自然无为"的自然生态伦理观

任何人类历史的第一个前提无疑是有生命的个人的存在。因此,第一个需要确定的具体事实就是这些个人的肉体组织,以及受肉体组织制约的人们与自然界的关系。关于人同自然界的关系,即人如何看待和对待自然的问题,根植于中华文明沃土的中国道教有着自己独特的且不失为正确的看法。由于自然环境与人是和谐一致的整身类体,人只是这个整体中的一部分,人应该"视天地当复长,共传其先人统,助天生物也,助地养形也"。由此,道教首先强调要认识和把握自然本性和运行规律。《阴符经》开篇就说:"观道,执天之行,尽矣"(人所做的是观察大自然运行规律,掌握其运行法则)。道教认为,和谐是宇宙根本规律("知和日常"),循环是根本的和谐,是最根本的规律("复明日常"),"道"和由它而产生的天地万物都遵循环往复规律;都在这种周期性的动态平衡之中维护其生存和发展的,因此,要"知和""知常",还要"知止"(认清事物自身所固有的限度,以限制或禁止自己的行为)。"知常"则"明","知止"则"不殆",如果"不知常,妄作",必破坏自然和谐,使自己陷入危险境地。其次,道教认为,万物各有其性,人应任物自然,顺应物性,因才而用,率性而行。《太平经》曰:"天地之性,万物各自有宜,当任其所长,所能为。所不能为者,而不可强也。"只有按规律行事,让万物自然发展,生物多样性才能保护,和谐才能维持,万物才会勃发茂盛,人们也会得到大自然的回报。如果人为地破坏自然,则会遭到大自然的报复,出现天灾人祸、万物凋零的惨状。1998年长江流域的特大水灾不能不说是自然的无情报复。国家环保局原生态处处长庄国泰说:"这种现象的出现,与长江流域的生态长期以来遭到人为的破坏有直接关系。"恩格斯曾分析过意大利北部阿尔卑斯山区人们对森林和植被的破坏给下游平原造成的巨大危害,他说:"我们不要过分陶醉于我们对自然界的胜利。对于每一次这样的胜利,自然界都报复了我们。"因此,我们要放弃过去那种"自然征服论",遵循自然规律,与自然和谐相处。

当然,道家的"无为"思想的确又具有压抑或者排斥人类自主性的倾向。道家在整体决定论的观念下实现了对人与万物的一视同仁,但同时也把人类降到了自然万物的水平之上。如果说承认自然,万物的自主性是道家思想的积极所在,那么对人类的"无为"的过度强调则是道家思想中明显的局限。

8.2.2 "贵人重生"的生命生态伦理观

可持续发展是一种以人为中心的发展观,强调人在发展中的中心地位。《里约环境与发展宣言》指出:"人类处于普遍关注的可持续发展问题的中心,他们享有以与自然相和谐的方式过健康而富有生产成果的生活的权力。"1994年在开罗举行的人口与发展大会也提出"人处于可持续发展的中心"以人为中心的可持续发展模式是对建立在单纯以物质资料的生产和交换为基础、以GDP为衡量标准的传统经济发展模式的否定。这种发展模式总是追求一种过程,认为发展中国家的人们过上了发达国家的生活就是发展。实践证明,在过去二三十年发展中所追求的这种经济发展模式不仅没有使发展中国家摆脱贫穷落后的面貌,反而使许多国家陷入了沉重的外债包袱和"发展综合症"的旋涡中。可持续发展思想要求我们必须对过去的发展模式进行反思,解放"发展"。

为此,我们必须"对判断个人价值的商品形式进行否定,拒绝把经济利益看成发展的动力,并寻求一种基于政治和宗教原则上的发展模式"道教的最大特色足重视人的生命,它强调"我命在我不在天"的主观努力,通过自我修炼延续生命的长度、提高生命存在的质量。这是一种以人为本,追求生命自身价值的宗教。在这方面,道教与中国的佛教完全不同,佛教把人生看成苦海,追求未来的理想境界。道教所追求的是现实的生命质量,而不是生命以外的其他东西。基督教伦理可以说是神本位的伦理,而道教伦理则表现出强烈的人本位的特色。道教认为在天地万物中,"人命最重";一切善行中"寿最为善"。道教伦理的神学目的是"长生不死"。道教重视人的生命,《太平经》说:"要当重生,生为第一。"道教追求生命不单纯是追求人的长生不死,而是要在追求"道"的生命本体的过程中,实现人的长生不死。个体的人可通过修炼而成为神仙。道教里的神是为人服务的,人可以假借神的威力来实现世人的目的。虽然道教所提倡的重视生命的思想与当今可持续发展追求的以人为中心的发展的背景完全不同,但似乎人类在经历了一次又一次的革命和发展过程之后,又需要重新回复到古老的宗教传统之中。而且,由于天地万物与人一样,都是由"道"的生命本体化生而来,所以道教所讲的生命并不仅仅局限于人的生命。道教所讲的现世的生命大致可以分为三个层次:一是人的生命;二是动物、植物的生命;三是天地的生命。在道教看来,自然界的一切都是由"道"的生命本体化生而来,而且都含有"道"的生命本体,因而都是一种生命;各种生命虽然形式并不相同,但就本体而言,是一致的,各种形式的生命都是"道"的生命本体的体现。因此,一切生命都是平等的。不仅人与人之间的生命是平等的,而且人与动物、植物的生命以及天地自然的生命也是平等的;尊重生命,不仅要尊重个人以及他人的生命,还要尊重动物,植物以及天地自然的生命。众生都是平等的,只有我们协调合作,才能持续永久地发展下去。

8.2.3 节欲优生与控制人口的生态系统平衡伦理观

在中国生育文化上,历代统治者大都主张人口增殖,认为"人众则国强,人少则国衰"。普通百姓由于受到儒家思想的影响一般也崇尚多子多福。面对儒家文化遗留下来的消极的、惯性的影响,面对日益窘迫的人口困境,长期遭到忽视的道教生育观,越来越引起人们的重视。道教是一个非常重"生"的宗教,并素来以"乐生""贵生"为宗旨。道教的"贵生重育"表现在以下几个方面:

(1)道教是从"法合阴阳,王治和平"等高度去重视生育的。

它认为两性结合组成家庭生儿育女是人类社会得以生存的基本前提。《太平经》云:"若男女不相交合,也就绝灭而无后世。"道教提倡男女适时结婚生育,反对独身,并对所谓的"贞男""贞女"提出批评:"贞男不施生,贞女不化育。阴阳不相交感,于是导致族系的绝灭。贞男贞女一起断绝天地之统,贪慕虚伪之名,反而无后代,没有孕育出新生命,这是天下之大患。你当初要不是你的父母男施女化,于今哪里会有个你呢!而今却加以断绝。实为天地所共同憎恶,称为绝理大逆之人。"

(2)道教养生家反对早婚早育的节育观。

道教从"男女无冤、阴阳得宜、房事有节、祛病延年"等立场,提倡节欲宝精。葛洪在《抱朴子内篇·释滞》中说:"人复不可都绝阴阳,阴阳不交,则坐致壅瘀之病;故幽闭怨旷,多病而不寿也。任情肆意,又损年命。唯有得其节宣之和,可以不损。"

(3)道教主张人口的增长要适度、知"和"。

在《道德经》中,老子极力通过美化所谓的"小国寡民"来反对人口众多的大国,认为"大国者下流",并说:"知和日常,知常日明,益生日祥。""和"就是一种和谐状态。从生育观上来讲,即是指人口的再生产要与社会家庭以及个人的各方面状况自觉地相协调,不可人为地过分干预。至于"益生日祥",卿希泰先生解释为"贪图多欲、过度生育会带来祸害",并认为"老子就是人类历史上首先提出节育思想的先贤"。

(4)道教从天道自然。

阴阳平衡的立场出发,主张男女平等,男女数要保持在一定的动态平衡之中。反对在生育上的性别偏好、反对歧视妇女和任意残杀女婴。道教认为:"天畏道,道畏自然。"万物都是道的产物,而又要求人们任物自然。因为"夫天地之性,半阳半阴","蠕动之属雄雌合,乃共生和相通,并力同心,以传其类。男女相通,并力同心共生子……故有阳无阴,不能独生。治亦绝灭;有阴无阳,亦不能独生,治亦绝灭……故男不能独生,女不能独养,男女无可生子,以何而成一家,而名为父与母乎?故天法皆使三合乃成"。所以,阴阳都很重要,男女应该平等。

(5)道教不仅贵"生"而且还非常重"育",重视提高人口的素质。

道教把生和育统筹兼顾的思想发端于《道德经》:"道之尊,德之贵,夫莫之命而常自然。故道生之,德畜之,长之育之,亭之毒之,养之覆之;生而不有,为而不恃,长而不宰,是谓玄德。"

《太平经》从"天道的终极在于创达太平"为旨归,也强调生与育相统一的重要性。

控制人口数量、提高人口素质是世界上大多数国家,特别是发展中国家共同的人口政策。人口问题是可持续发展的中心问题。人口数量的增长和生活水平的提高对资源和环境有着直接的影响。对于环境而言,一方面,人口增长通过对资源的过度利用加大对生态环境的压力,另一方面,人口增长通过向其周围环境丢弃过多的废物而降低了人类居住环境的质量,并且可能危及人类自身的安全。联合国早就呼吁,为了实现人类的可持续发展,世界各国应共同努力,把世界人口数量尽早稳定下来。老子在2 000多年前所提出"小国寡民"的人口思想虽然有其历史的局限性,但对于改变当今世界上许多地方已"人满为患"的局面不能不说有其进步的意义。

8.2.4 "齐物论"的生态成员平等伦理观

资源和环境的可持续性必须以社会公平为前提。没有社会的公平,就不能保证资源的可持续利用和生态环境的良性循环。社会公平是可持续发展的重要组成部分。可持续人类发展乃是"这样一种发展,它不仅创造经济增长,而且关注经济增长成果的分配,它要再造环境,而不是破坏环境,它给人助益,而不是使人们边缘化,它是这样的发展,它首先关注穷人,增加其选择和机会,使他们更多地参与到影响他们生活的决策中来"。社会的公平既包括代际公平,也包括代内公平,同时还包括男女性别之间的公平。道教的社会公平的思想与可持续发展的思想完全一致。

代际公平,就是今天的发展不能损害后代人的利益,不能断子孙路。道教的"承负"观就阐明了这一原则。《太平经》曰:"承者为前,负者为后;承者,乃谓先人本承天心而行,小小失之,不自知,用日积久,相聚为多,今后生人反无辜蒙其过谪,连传被其灾,故前为承,后为负也。负者,乃先人负于后生者也。"即是说,如果先人犯有罪过,积过很多,必报应于后人;如果先人积功很多,后人也能得到先人之功的庇护。简而言之即:前人栽树,后人乘凉;前人伐木,后人遭殃。道教的"承负"观念提醒人们为了子孙后代的利益,当代人要多做有利于生态环境的事,为后代人留下生存和发展的空间。

贫穷和环境密切相关,贫穷是最大的环境问题。在贫穷的国家和地区,人们为了生存的需要,不得不对环境施加更大的压力,从而引起资源和环境的退化。由于全球生态系统是一个相互联系的有机整体,任何一个地方的资源和环境的破坏都有可能引起其他地方的生态系统的反应,危及其他地方人们的生存和发展。道教把"均贫富、济世救困"看作是"天之道",是实现人与自然和谐、社会稳定的重要保证。《道德经》曰:"天之道,损有余而补不足,故可久地也。"而"人之道则损不足以奉有余",故难平治天下,不可久也。道教认为,财物是天供养人类的,本非独予一人的,是故人人可以取之,若一人独享,是为不道。它劝人们有财相通,周急救穷。"济急如济涸辙之急,救危如救密罗之雀。矜孤恤寡,敬老怜贫。措衣食周道路之饥寒,施棺椁免尸骸之暴露,家富提携亲戚,岁饥赈济邻朋",才是合道之举,正义之举,若积财亿万,不肯救穷周急,使人饥寒而死,是为有罪,罪不可恕。

反观今日的世界,占世界人口20%的发达国家拥有全球80%的资源和财富,占人口80%的发展中国家仅拥有财富的20%。正是资源、财富分配不均、南北发展不平衡、贫富悬殊过大,生活在贫困地区和国家的人们,为了生存之故,不得不向自然疯狂索取,结果造成了更大的生态资源和环境的退化。"如果南方继续贫困下去,北方就可能没有出路。"消除贫困与不公,是全球所有国家的责任。正如《里约宣言》所倡导的:"为了缩短世界上大多数人生活水平的差距,和更好地满足他们的需要,所有国家和个人都应在根除贫穷这一基本问题上进行合作,这是实现可持续发展不可缺少的条件。"

同时,可持续发展也要求实现男女平等。男女平等是可持续发展思想的重要组成部分。

8.2.5 "少私寡欲"与可持续消费的思想伦理观

寡欲、崇俭是儒家、道家、墨家、佛教等中国传统文化所共同倡导的品德。儒家强调"君子谋道不谋食","养心莫善于寡欲",提倡"安贫乐道"。墨家强调"量腹而食,度身而衣","以自苦为极",主张"节用"。道家不仅限于从道德行为、道德修养、道德规范的角度立论,强调道德理性对于个人欲望的节制,还结合养生学的原理,以个体的生命为价值标准,阐明节欲、崇俭的必要性。老子说:"五色令人目盲,五音令人耳聋,五味令人口爽,驰骋田猎令人心发狂。"认为沉溺于声色犬马等感官享受之中,不仅大大损害身体健康,也遮蔽了我们对世界的真实感知,妨碍对道德体悟。因此,老子主张"少私寡欲""见素抱朴"。道教认为生命的价值取向应该是"返璞归真",人应恬然淡泊、清静无为、顺任自然,诗意般地活在世上。于是在生活方式上,道教追求"少思寡欲""见素抱朴""粗茶淡饭"的节俭的生活方式,极力反对奢侈浪费,并把节俭当作立身处世的法宝。《道德经》说:"我有三宝,持而宝之,一曰慈,二曰俭,三曰不敢为天下先。"道教提倡"知足常乐"的人生原则,以使自己保持内心的安宁平静。

《老子·想尔注》要求学道之士"于欲间都无所欲,不劳精思求财纵养身,不以无功劫君取禄以荣身,不食五味以恣,衣弊履穿,不与欲争"。才能得道成仙,长生不老。《西升经》对人的欲望持严厉的批判态度。《为道章》称:"欲者,凶害之根;无者,天地之原。莫知其根,莫知其原。圣人者,去欲入无,以辅其身也"。《清静经》将"清静"视为进入"真道"的得道境界,而有欲则是"清静"的对立物。《清静经》称:"常能遣其欲而心自静,澄其心而神自清。"为了达到"六根自然清静"的境界,要"常以道制欲,不以欲制道"。

道教认为,要树立正确的消费观,关键在于要树立正确的人生价值观,提高生命存在的境界,通过将"小我"(个人的自我)扩充为"大我"(宇宙普遍的自我),达到与整个宇宙的合一,与道合体。在对"大我"的觉醒过程中,自然而然地就把跟欲望相通的"小我"克服下去,达到"天地与我并生,而万物与我为一"的精神境界。道教遗训今人,必须摒弃狭隘人类利益,从生物圈的整体利益出发,树立返璞归真、恬然淡泊的价值取向和少私寡欲、见素抱朴的生活方式,在人和自然和睦相处的前提下有节制地满足自己的物质需求,适度消费,就会有助于恢复生存环境的完整和健康,最终也将有利于人类长远利益的实现。

8.2.6 "洞天福地"的生态伦理观

世界上任何一种宗教都有自己所向往的理想境界,道教也是如此。"洞天福地"是道教用以指称那些居有神仙并且为神仙所主治的仙境,同时也是道门中人居此修炼、得道升仙的名山。道教的"洞天福地"包括"十大洞天""三十六小洞天"和"七十二福地",是道教地上仙境的主体部分。

道教洞天福地中的"神仙境界",除了幸福快乐的人,便是优美宜人的环境。蓝天白云,青山绿水,鸟语花香,人们和平幸福地生活着,其乐融融,这就是人间的桃花源。在洞天福地的环境中,道教把动植物、自然物、如土地、森林、水源看成是生命体,甚至是与自己同源的平等的生命体,从心理上情感上培养对自然体的亲情和友情以及对自然物生命体的尊重和关爱。

洞天福地的仙境是道教构建的理想生态国。在这里,每一种生命形式在生态系统中都有发挥其正常功能的权利,都有生存和繁荣的平等权利。道教在致力于理想境界的建构的同时,还致力于现实人间仙境的营造。从某种意义上说,道教更多地着眼现实生活,而其他宗教则更多地追求理想来世。聚落是人们的居住地,是人类生存与生活得重要的空间形式,是人类与生态环境发生联系最直接、最密切的时空单元和系统。道教不仅在教义上信奉"天人合一"的思想,而且在实践中追求人与自然、聚落与环境的和谐统一。

8.3 道家自然中心主义操守

道教生态学作为解决人与自然关系的一种途径,不仅在自然哲学本体论以及生态学理论上形成了完整的思想体系,而且进一步通过在人与自然之间建立起一种伦理关系,从而构建起道教的生态伦理学。道教伦理以生命伦理为特征,而且道教的"生命"不仅是指人的生命,还包括动物、植物的生命以及天地的生命,因此,道教生命伦理不仅要处理人与人之间、人与社会之间的相互关系,而且还要处理人与动物、植物之间以及人与天地之间的关系,也就是处理人与自然之间的关系,这就形成了道教生态伦理学。道教伦理所包含的对于人与自然之间的关系的处理与解释,是一种道教的生态伦理。它提倡以普遍的生命为中心,形成了自然生命主义的生态伦理观。

8.3.1 人与自然中心主义

1. 顺应自然,因应物性

老子要人民以"道"为榜样,干什么事情都要顺应自然,因为自然状态就是世间万物依其本性天然如此、理应如此、适当如此的状态。自然状态就是理想状态,故圣人也是"辅万物之自然而不敢为"。圣人也不敢轻举妄动,以免破坏万物的自然状态。顺应自然并不排斥人的主观能动性,而是强调要审时度势,顺应事物发展的自然本性,不强作妄为。

刘笑敢先生曾经指出了"自然"的四个现代标准,即"发展动因的内在性""外在作用的间接性""发展轨迹的平缓性"和"总体状态的和谐型"。我们认为,这四个标准深刻地把握了老子"自然"观念的精神实质。

那么,如何才能做到顺应自然而不违背自然呢?道家道教提出的方法就是"无为"。所谓"无为",并不是消极的不行动,什么事情也不做。老子说:"为无为,则无不治。"所谓"为无为",就是以"无为"的精神去做事情。老子又说:"通常无为而无不为。""无为"既然能达到"无不为"的目的,那么当然就不是"无所作为",依照事物发展的自然趋势,采取适当的行动,不以巧诈之术,主观妄为。可见,"无为"的实质就是顺理而为,依自然而为。由于其行为顺应事物的自然发展趋势,不勉强,不费力,好像没有刻意去做,达到了目的却没留下什么痕迹,故以"无为"称之。

道教认为,万物各有其性,应该顺应物性,因材而用,率性而为。《庄子·知北游》说:"天地有大美而不言,四时有明法而不议,万物有成理而不说。圣人者,原天地之美而达万物之理。是故圣人无为,大圣不作,观于天地之谓也。"庄子说,天地有最大的美德而不言说,四时有明确的规律而不议论,万物有生成之理而不解说。圣人推究天地之美德而通达万物生成之理。所以圣人都懂得顺应自然,不能自命不凡的恣意妄为,有智慧的人懂得天地万物的运动变化有他自己的规律和法则,各种事物的表象及相互间的关系什么复杂多变,人不可能完全认知和把握它们,这样人与自然,人与社会才能和谐相处,共存共荣。"无为即自然"是老庄哲学的基本思想。这在《庄子·骈拇》中也有阐述:"凫胫虽短,续之则忧;鹤胫虽长,断之则悲,故性长非所断,性短非所续,无所去忧也。"就是说,野鸭的腿虽然短小，但你给它接上一截儿，野鸭就会忧愁；野鸭的腿虽然短小，但你把它截去一段儿，野鸭就会悲伤。所以，天生长的你不要去砍断它，天生短的你不必去续长它，只要我们顺应自然的法则，不要强不知以为知、强不能以为能，也就没有什么忧愁要我们去消除了。

《天平经》说："天地之性，万物各自有宜。当任其所长，所能为。所不能为者，而不可强也。"人们应该遵循"天道无为，任物自然"的原则，让宇宙万物"任性自在"，自然发展。为了在对自然物采取的各种采取的各种行为中正确地贯彻"自然无为"的原则，道教主张以"道"观物，反对以"我"观物。以"道"观物，实际上就是从宇宙整体的角度来审视万物，这样就能清楚地看到不同物种在生态系统中所处的序列，所起的作用，从而能够根据自然本身的价值，从生命物种的保存，进化和生态系统的完整、稳定、完美出发，采取符合生态规律的行动。以"我"观物，则往往会从自身利益或主观主义出发，导致干预自然的行为。例如，在一些地方，牧民为保护羊群，而组织猎手把狼捕杀光了。由于没有了狼，兔子等小动物就会大量繁殖，有把草原啃光的趋势。这个事实说明，人类对自然的干预，往往会诱发连锁反应，有时以想不到的方式，破坏了生态环境的平衡。道教提倡无为原则，主张对自然进行最小的干涉，相信事物会自己管理好自己。

但是现今社会，人类一直本着征服自然的欲望，破坏大自然的规律，破坏老子口中所说的"道"，并且现代人崇尚"有为"，积极干预自然，力图使自然按照自己的愿望发生改变，结果偏偏事与愿违，对生态环境造成了极大的破坏。所以为了自然的发展，我们应该顺应自然，因应物性。

2. 保护自然

21世纪的今天，生态环境的恶化随着一场场沙尘暴的袭击，一场场酸雨的降落，一次次洪水的爆发，已经使每一个人感同身受了。保护环境、热爱自然已经成为全球的呼声。道教教义中包含的生态伦理思想便受到了普遍的关注，人们认为，道教关心的是人与自然的关系，具有强烈热爱自然的倾向，对一切生命都给予热情的歌颂和赞美，具有重要的环境保护的价值。

道家思想认为：天地万物都由"道"而溉生，即所谓"道生一，一生二，二生三，三生万物。万物负阴而抱阳，冲气以为和"圈。社会人生都应法"道"而行，最后回归自然。自然万物为天地所生养，人顺天道，就应当保护自然万物。

道教所说的"道"，既是万物的本原，又是万物的本性。从道化生万物以后，也就作为万物的本体内在于万物之中。因此，从价值论的角度来看，道乃是所有价值的创生之源。宇宙万物都是"道生之、德畜之"的，是道的价值创造过程中的一个环节，因而具有了自身存在的价值。唐代道士王玄览《玄珠录》说："道能辨物，即物是道。"唐代道士孟安排《道教义枢》亦称："一切含识乃至畜生、果木石者，皆有道性也。"道教以万物皆有道性的观点阐明了万物平等的主张，否定了人类有凌驾于万物之上的特权。《庄子·秋水》借北海神的话说："以道观之，物无贵贱。"即从道的高度来看，人与万物之间不存在贵贱关系。所以按照道教的观点，人与万物在道性上是平等的，自然界中的一切并非为人类而存在，而是各有其自身的价值。万物都有按照道赋予它的本性自然发展的权利，人类不应该随意对它们进行干涉，阻碍它们实现自己的价值。"天地之大德曰生"，人应该"与天地合其德"，对万物利而不害，辅助万物生长，以尽自己参与天地化育的责任。道教非常重视"生"的问题。如《佞人经》即倡导仙道贵生，无量度人的思想。又若索履子《履仁》曰："域救黄雀，或放白龟，惠封于伤蛇，探喉于鲠虎，博施无倦，惠爱有方，春不伐树覆巢，夏不燎田伤禾，秋赈孤寡，冬覆盖伏藏，君子顺时履仁而行，仁功著矣。"《劐子爱民》亦言："先王之治，上顺天时，下养万物，草木昆虫不失其所，獭未祭鱼不施网罟，豺未祭兽不修田猎，鹰隼未击不张罻罗，霜露未沾不伐草木。草木有生而无识，鸟兽有识而无知，犹施仁爱以及之，矧况在人而不爱之乎。"由以上所列道教经文可见，道教重生思想中包含了对天地万物的热爱及慈悲仁爱的真情，倡导了一种珍视生灵、热爱自然、与天地万物为善的精神，起到了热爱自然、保护环境的作用。

基于对大自然的热爱，对万物生命的尊重，道教中人非常重视对物种的保护，希望建立一个万物均安的世界。《太平经》说："风雨为其时节，万物为其好茂，百姓为其无言，鸟兽行为其安静，是其效也。故治乐欲安国者，审其署置。夫天生万物，各有材能，又实各有所宜，犹龙升于天，鱼游渊，此之谓也。"在《洞玄灵宝诸天世界造化经》中，描述了以昆仑神山为中心的诸天世界的千姿百态，昆仑山以金银、琉璃、水精作之，有大海、粟金、刚铁、大凤、金光，其周围四方遍布万物，有"帝王臣民、龙鬼螟飞、蚑行蠕动之类"，或夭或寿，或善或勇，各禀其性，"尽其本寿，不遭枉横"。这是道教理想中的仙境。但若人类好杀众生，"射猎为事，屠割为业，不知修福，但行恶事"，以致天怒神怨，劫难降临，万物皆亡，天地同毁。"先为小劫，后为大劫。小劫至时，阴阳气变，水旱不调，五谷匮乏，一切木石草棘及众生指爪尽成刀剑，互相杀伐，人民死尽，兼人命短浅，忽自诳惑，七日之内相杀都尽，是洪水滔溢，洗荡天地山川，改换土地平坦。"至于大劫，更是令人恐怖："大劫先起，二日并出，乃至三日、四日、五日、六日、七日一时俱为，是数亿万年河海干涸，众生死尽。"曾可谓"永劫无出期，衅毒由身植"。可见，在道教看来，对动物植物的保护，不仅仅是出于一种善良的理念，而是关系着天地生育、万物共存的根本大计，对动物植物的无情残害，归根结底亦是对人类自身的伤害，一个唯有人类、没有草木虫兽的世界是不可想象的。如果有，那就是"九幽地狱""纵横数十万里，其中冥冥，尽是罪人"。

总而言之，道教对生物资源的保护，始终一贯，并上承秦汉道家传统。从老子、庄子开始，道家即关注天地万物的生存状况，并主张善待万物，追求与自然的和谐相处，而没有勘天役物的思想。归根结底，道家、道教在物种保护方面的所有所为，都是根基于他们热爱自然、尊重生命的教理教义。现代科学事实证明，所有生命和一切具有持续发展能力的事物，都是处在宇宙循环往复的动态平衡之中，人类本身就受到植物周期性、海水周期性、天体周期性、原子周期性以及化学生物周期性的密切影响，人与动物、植物同处在地球上的岩石圈、水圈、大气圈之间的生物圈链之中，而形成一大关联的系统，其中任何一系统遭到破坏，势必辗转地影响到其他的生命链。人类若不改变对待其他生命体如动物、植物等的恶劣态度，将会造成更加严重的生态失调，从而无形地加速大地与人类的灭亡。

总而言之，道教中人在保护环境和保护动物植物和珍稀物种、维护生态平衡方面，始终一贯地身体力行，这种优良的传统非常可贵，应该总结、继承并光大发扬，并融入当代的世界范围内的环境保护运动。

3. 与自然的和谐共处

道教把人与天地万物统一起来进行考察，"道法自然"提出了保护自然环境的基本原则，要求人的行为应该顺应自然，保护自然，与自然和谐，"天人合一"思想也是道教思想中十分重要的哲学思想，把人与自然统一起来，强调人与自然的和谐型，"天地父母"，把天地看成是生养人类并要求人与之和谐相处的父母，要求人像孝敬父母那样尊重自然。"道法自然","天人合一""天地父母"是道家生态学的三个基本要素。"天人合一"是逻辑起点,"天地父母"是态度。这三个基本方面正式道教生态学就如何在现实中解决人与自然之间的关系问题,保护环境自然资源,实现自然界的生态平衡所提出的基本观点。

道教的"天人合一"是在吸取先秦各家"天人合一"思想的基础上形成的。把道教的"天人合一"诠释为人与自然的和谐,不仅可以从古代的"天人合一"包含着人与自然和谐的思想予以说明,更为重要的还在于,道教本身的"天人合一"的思想中,实际上包含着丰富的人与自然和谐相处的内容,或者说,道教在许多场合是在追求人与自然和谐中实现"天人合一"的。以《天平经》为例。《太平经》是早期道教的主要经典,其中包含了丰富的生态思想。它提出"太和即出太平之气",强调自然界的和谐,把《道德经》的"三生万物"诠释为天地人共同长养万物,主张顺从天道自然,并且提出"天父地母"概念,认为天地能够对人类破坏自然环境的行为予以惩罚,这些理念从宗教的层面上涉及生态思想,与当今的生态学思想是一致的。

《天平经》讲人与天地之间的和谐,包含两个方面:其一是自然界本身的和谐;其二是人与自然之间的和谐。《天平经》认为,"道"为天地万物的本根,而且,"道"是通过"元气"化生天地万物的。

关于"元气"化生万物,《天平经》认为,"元气"有太阳、太阴、中和三名,三气相互融通就能化生万物。卷四十八《三合相通诀》说:"气者,乃言天气悦喜下生,地气顺喜上养;气之法行于天下地上,阴阳相得,交而为和,与中和气三合,共养凡物,三气相爱相通,无复有害者……元气与自然太和之气相通,并力同心,时悦悦未有形也,三气凝,共生天地。天地与中和相通,并力同心,共生凡物。凡物与三光相通,并力同心,共照明天地。凡物五行刚柔与中和相通,并力同心,共成共万物。四时气阴阳与天地中和相通,并力同心,共兴生天地之物利。"认为太阳、太阴、中和三气"交而为和"、"相爱相通"就能化生天地万物以及人类。显然,在《太平经》看来,道化生天地万物取决于元气的和谐。《太平经》讲自然界由多种要素构成,讲自然界各要素的相辅相成,缺一不可,讲自然界的和谐与相通,并在这一基础上讲自然界的"太平"。卷十八至三十四《和三气兴帝王法》说:"三气合并为太和也。太和即出太平之气。断绝此三气,一气绝不达,太和不至,太平不出。"《三合相通诀》说:"天气悦下,地气悦上,二气相通,而为中和之气,相受共养万物,无复有害,故曰太平。"这里的"太和",即是"太阳、太阴、中和"三气的和谐,"太平"则可以理解为三气和谐而达到的平衡,即自然界生态系统的平衡;也就是说,三气的融合达到和谐就是太和,进而也就实现了生态系统的平衡,实现太平;如果三气互不和谐,自然界生态系统就不可能达到平衡。由此可见,《太平经》非常重视自然界万物的和谐,并视之为实现自然界生态系统乃至整个社会"太平"的必要过程。

由此可见,道教的"天人合一"包含着人与天地自然和谐的内容,道教对"天人合一"的追求,包含了对人与天地自然和谐的追求。因此,完全可以从道教的"天人合一"思想中引申出人与天地自然和谐的思想,并且把人与自然的和谐看作是对道教"天人合一"的另一种诠释。

8.3.2 以生命为中心的生态伦理观

道教以普遍的生命为中心,提出了"慈心于物"的道德认知,倡导"仙道贵生"的道德情怀,并且建立"守道而行"的道德准则,从而形成了以生命为中心的生态伦理观。

1."慈心于物"的道德认知

道教讲"慈",可以追溯到老子《道德经》所言"三宝":"一曰慈,二曰俭,三曰不敢为天下先。"老子虽然没有直接说"慈心于物",但已经讲到"圣人常善救人,故无弃人;常善救物,故无弃物",所以,老子"三宝"中的"慈",既是对人而言的,也是对物而言的。《天平经》较多的讲父慈,母爱,子孝,但已经明显的包含了"慈心于物"的思想。《天平经》讲"天地父母",要求人应当像孝敬父母那样对待天地;而且认为"天父地母"生养万物,"人者当用心仁而爱育似与天地",又说:"上古帝王之任臣,常求慈仁,好长养万物而为治"显然这里的"慈"已经不只是针对人,而且针对万物。

道家所谓的"慈心于物",讲"视物犹己",要求怜悯动物,反对伤害动物,其根据就在于自然物与人"均受于天","同体"、"同性"。道教以"道"为宇宙之本体,从宇宙论、结构论以及道性论的方面,揭示了人与天地之间自然万物的同源、同构以及同具有道性的本质,从本体论上阐明了"天人合一"的思想,这就为"慈心于物"奠定了自然哲学基础。同时,道教又从生态学的角度,对人和自然之间的关系做了理论上的探讨。道教讲"天人合一",讲人与自然的和谐,实际上就是要把人与自然万物摆在同一的层面上来考察他们之间的关系;道教讲"天地父母",要求人像孝敬父母那样尊重天地,并且与天地一起共同养育万物;道教讲"道法自然",讲"自然无为",就是要顺应自然的自然而然,尊重自然万物。这一切又为"慈心于物"奠定了道教生态学的基础。正因为如此,所以天地自然万物与人属于同类,人与自然万物的关系,就应当像人与人之间的关系那样,也就是说,人应当像仁慈的对待他人那样,仁慈的对待自然万物。

道教所谓"慈心于物"的"物",就自然物而言,既包括动物,植物之类有生命物,也包括大地,山川等非生命物;因此,"慈心于物"不仅要慈善的对待动物、植物之类有生命物,而且也要慈善的对待自然界中的非生命物。一切自然物,犹如人的身体一样,然应当"念之如子","与己共存",慈善的对待它们。道教讲究"好生恶杀"但是并不区分有益动物和有害动物,所以,道教并不以人为中心,而是以包括动物、植物与人于一体的普遍的生命为中心。

2."仙道贵生"的道德情怀

道教不仅主张"好生恶杀",而且认为,自然物与人一样都具有灵性,因此往往把人的情感投射到其他一切自然物,尤其是动物上,形成了普遍的"贵生"的生命情怀。

关于自然物有灵性的思想,在古代早期的神话中 有非常丰富的资料。《山海经》中有许多人面动物身的形象,以表现动物与人具有同样的灵性和表情;该书中的有些神话故事还描述了人死后化身为植物或动物,比如炎帝的小女儿变成精卫鸟,与日逐走的夸父死后化身为森林,实际上承认了动物、植物具有人的灵性。道教继承了以往万物有灵的思想。《太平经》讲"天父地母",认为养育了人的天地具有与人仙宫的情感,需要人的尊重,同时也有喜怒哀乐。因此,人对于天必须像对待自己父母那样予以孝敬,"子不慎力养天地所为,名为不孝之子也"。在这里,道教实际上是把人对于父母的道德情怀投射给天地自然。

谭峭认为,一切自然物都有与人相同的情、性、精、魄。《化书》认为,动物"有巢穴之居,由夫妇之配,有父子之性,有生死之情。鸟反哺,仁也;蜂有君,礼也;羊跪乳,智也;雉不再接,信也"。认为动物有人性,有感情,有道德,与人没有差别。在这里,道教把人与人之间的生命情怀、道德情怀、投射到动物身上。正因为把对动物的感情看作是人的感情,所以道教用《放生文》和《杀生七戒》来劝导人放生戒杀。《放生文》和《杀生七戒》把动物与人等同起来,并且把对人的情感投射到动物身上,真切地表现出对于动物的同情。应当说,道教提出要保护动物以及一切生命体,是带着深厚感情的,带有一种对于生命的普遍的慈悲和怜悯之心,并且要求以"贵生"的生命情怀去善待他们,关爱他们。

此外,道教对于动物生命的重视,不仅表现为对活着的动物的悲悯与关爱,而且还要求给死去的动物以哀悼,并且埋葬。《太微仙君功过格》规定:"埋葬自死者走兽、飞禽、六畜等一命为一功,若埋葬禽兽、六畜骨殖及六十斤为一功。"《文昌帝君阴骘文》也要求"埋蛇"。通过掩埋死去的动物,表示对动物的尊重和感情。

3."守道而行"的道德准则

道教讲"慈心于物",要求"好生恶杀",强调保护动物、植物,但是,并不是一味地盲目保护,而是要依照自然规律行事,合理的开发和利用自然资源,这就是"守道而行"。《天平经》说:"自然守道而行,万物皆得其所也"它认为,天地自然是"守道而行"的,所以人也要"守道而行"。后来的《太上感应篇》则明确指出,"是道则进,非道则退",这就是对"守道而行"的进一步阐释。

就人和动物、植物的关系而言,人既要保护动物、植物,又要以动物、植物作为生活中资料的来源,这二者存在着明显的矛盾。《石音夫功过格》里乞儿说:"牛马不杀,胶皮何取?猪羊不杀,祭祀何有?若论不杀生,竹木不宜砍,柴薪何来?草木不宜伐,人宅无取。这真难也。"道长曰:"极容易的。当用之时,取其大者杀之,何得为杀?马有扶朝之功,牛有养人之德,临老自死,何必在杀?何至无取竹木?草木方长不折,相时方伐,何得无用?"这段话提出的问题,与今天人类遇到的问题是相似的,即发展经济与保护生态的矛盾。盲目发展经济,破坏生态,固不可取,但不发展经济,人类如何进步。为此,道教既讲戒杀,又不是绝对的不杀,而是指"顺乎天理人心而为之,勿逆天理人心而行之",也就是说,要按照自然之道合理地开发利用自然之物,既发展经济,又保护生态。

《太平经》说:"人亦须草自给,但取枯落不滋者,是为顺常。天地生长,如人欲活,何为自恣延及后生?有知之人,可无犯禁,自有为人害者。但仰成事,无取幼稚给人食者,命可小长。"也即是说,人们为了自己生活得需要,可以食用那些有害的或者已经成熟了的动物、植物,或者食用不可任用的家畜,但绝不可"恣意杀伤",尤其不能杀害那些还没有长成的或怀有胎儿的动物,不可食用幼小的植物。

人类的生存和发展是以生产劳动获取生活资料为基础的。在生产劳动中,必然要与自然界发生作用,甚至对自然界做出一定程度的改变。《太平经》中主张"禁绝火烧山林丛木"和"烧下田草"。二者看起来与道教"好生恶杀"相违背,但是其实是诉诸阴阳五行相互和谐的原理。所以从根本上来说,道教要求遵循自然规律,要求"守道而行"。

道教尊重生命,既尊重人的生命,也尊重动物、植物的生命。但是,当二者发生矛盾的时候,也即是说,当人为了生存、生活需要而必须以动物、植物作为生活资料时,当人为了生产的需要而必须对自然界做出改变时,当人为了自身的安全必须杀死有害的动物时,应当如何解决?对此,道教提出"守道而行"的原则。道教生态伦理以生命为中心,同时又以"道"作为生杀的准则,可见,道教以生命为中心实际上就是以"道"为中心。所谓"道"实际上就是人与动物、植物的相互和谐。《庄子·缮性》所谓的"至一":"阴阳和静,鬼神不扰,四时得节,万物不伤,群生不夭,人虽有知,无所用之。"因此,道教以生命为中心,就是以人与动物、植物以及天地的相互和谐为中心。它尊重人的生命的自然存在,但反对人为了自己的利益滥杀无辜,因而不是以人为中心。它尊重动物、植物的生命以及天地的自然存在,但也不牺牲人的生命为代价,所以也不是以自然为中心。它是把人的生命、动物、植物的生命以及天地的生命连接在一起,并且以这样的"生命"为中心。正是根据人与动物、植物以及天地相互和谐的原则,解决人与动物、植物以及天地之间的矛盾,从而使得人的生命、动物与植物的生命以及天地的自然存在都得到应有的尊重和保护。

8.4 道家自然中心主义批判

作为一种古老的道德文化传统,道家及其思想毕竟不能超越它固有的历史与人文的视景,其生态伦理也不可能完全成为现代社会的道德法典。为了更好地发挥道教生态智慧这份弥足珍贵的遗产,以理性的态度认识道教思想的局限性不容忽视。我们主要从《老子》的思想角度来批判。

首先,老子提出"道生万物"的命题,猜测出人与自然万物具有同源性、整体性及事物之间动态的有机联系,但其中包含了较强的神秘性。受到所处历史阶段的影响,老子虽提出了作为宇宙本体"道"的概念,但对这种能生万物的"道"的描述让人感觉其具有神秘性。他说:"道可道,非常道;名可名,非常名"。"道"似乎只能意会,不能言传。"道"的这种"玄之又玄"的特性,一方面使老子的思想充满了独特魅力,另一方面也使得人们对"道"的神秘性产生敬重和膜拜,在一定程度上阻碍了人们对自然规律的深入探索。

西方人把自然理解为外在于人的客体并竭力探索其中的秘密,这样便形成了从客观实际出发探求科学真理,从而有利于科技的发展。与此不同,老子的整体自然观却易于使人们力图追求天人相通,并达到与其和谐一致的目的。这必然会夸大人与自然的统一,淡化人与自然的对立和竞争,进而强调通过自我的修炼、体悟达到顺天而行、天人合一的境界。后来出现的道教正是把求道做神仙,作为其追求的宗教信仰。显然,这种认识很难激发人们探索科技的热情,削弱了中国古代科学技术前进的脚步。

虽然老子也看到自然界的盛衰消长、社会的黑暗和斗争,认识到事物会向相反的方向转化。但他把对立面的转化看成是无条件的、绝对的,并且主张用消极无为的方法来避免转化带来的危害。老子说:"无为,故无败;无执,故无失。"这说明老子自身的思想也是充满矛盾的。

其次,老子主张"道法自然",崇尚天道,崇尚自然。他认为,人类社会的发展必须遵循自然,顺"道"而行,不能有违。只有顺应自然"无为",人与自然才能达到和谐,这强调了人与自然的统一性和规律性,却忽视了人的主体性和独特个性。因此,在"道"面前,人类所具有的知识、语言和智慧等特性都失去了存在的意义。老子强调遵循"天道",顺应自然,很难产生出认识自然、改造自然的意识,这也是我国古代没有产生类似于近代西方科技发展动因的思想根源。不仅如此,老子的这种生态思想也并非完全建立在对生态规律的深刻认识的基础上,而是对当时农耕社会自然条件的观察和对生存经验的体验。因此,这种生态思想既有强调尊重自然、人与自然平等的积极因素,也有一味地顺应自然、反对人类文明进步的消极因素。事实上,在当今生态危机面前,只靠自然、无为,放弃人探究科技的主动性是不能治理好生态环境问题的。毕竟生态危机的解决最终还要靠人的作用,无论是抑制人的欲望,抑或提高科技创新能力,环境问题的解决都离不开人的主观能动作用。

再次,老子生活在春秋战国这一历史巨变的时代,他的思想必然带有其深深的没落奴隶主贵族知识分子的印记,主张复古倒退。用现代文明的眼光看,老子所描述的"小同寡民"的理想社会是完全封闭的,虽然在其内部,人们过着安居乐业的生活,但这种落后的生产、自我封闭、缺乏信息交流和资源共享的社会,显然阻碍了人类的进步。历史的车轮滚滚向前,倒退是绝不可能的。老子希冀通过摒弃发展来救治社会之弊,彻底根除人为的一切负面现象,不仅是徒劳的,而且是有害无益的。

学习道教生态伦理学有助于我们尊重自然的权利和价值,认识到自然是人类之母,应当受到我们的尊重与爱护,认识到自然是有它本身的规律可循的,我们应当遵循;有助于我们形成正确的自然观,善待自然,认识到"天地父母"的深刻含义,而且告诉我们要合理地开发自然,不可过度开发大自然,要有可持续发展的眼光;有助于我们与自然的和谐发展,认识自然,了解自然,最终与自然达到和谐共处,摒除那些恶意对待动物的行为,善待自然;有助于培养我们健康的人生观,培养我们节俭的意识,绿色消费,让我们更加注重养生,健康养身,健康养性。道教生态伦理学教给了我们一种绿色生活方式,让我们与自然更加和谐,达到双赢,对于人类今后的发展意义重大。

第9章 人类中心主义

9.1 人类中心主义的概念与发展

9.1.1 人类中心主义的基本含义

在漫长的历史进程中,人类中心主义理论伴随着人类的发展而不断完善。人类中心主义可追溯到古希腊哲学家普罗泰戈拉,他最早阐述了人类中心主义的含义,即只有人才是万物是否存在的决定者。中世纪基督教教义中的创世说进而深化了这种观念,基督教认为地球是宇宙的中心,上帝按照他自己的样子所创造出来一切地球上生活的人,并派他们替上帝来掌管世间万物。上帝创造万物时,其他生物是成批创造,而唯独单独创造了亚当(人类的祖先)并且赋予人以理性的灵魂,这是其他生物是没有的。其他生物的存在完全是为了人类的利益、需求和娱乐。所以人类中心主义观念认为人类比自然中其他生物更有优势。而据《韦伯斯特第二次新编国际词典》的解释,人类中心主义包括三个方面的含义:第一,人是宇宙的中心;第二,人是一切事物的尺度;第三,根据人类价值和经验解释或认知世界。英国学者佩珀把人类中心主义看成一种世界观。其一,它把人置于所有造物的中心;其二,它把人视为所有价值的源泉(是人把价值赋予了大自然的其他部分),因为价值概念本身就是人创造的。美国环境伦理学家阿姆斯特朗和玻兹勒则提出另一种观念——哲学观念,他断言,只有人类才适用于伦理原则,人的需要和利益是第一位的,甚至是唯一有价值的;人类对非人类实体的关怀仅限于那些对人有价值的部分。

目前所有关于人类中心主义的内涵的共同点都是认为人是宇宙的中心。虽然说一切以人类的利益和价值为出发点,以人的角度去评价和安排整个世界,但这并不是一成不变的,而是随着人类的实践和认知的深入而不断发展的。人类现在必须正视现存的生态危机考验,尤其是在当今环境问题日益严峻的压迫的情况下,因此,我们应该对他赋予一些新的含义:它的实质内容并非是追求人的利益和欲望的非理性的满足,而应是以"人类的整体、永续的健康发展"为中心,以"有利于人类整体的可持续发展"为尺度来衡量自然,来认识和改造自然。

9.1.2 人类中心主义的历史发展

人类中心主义思想产生的伟大成就在于它的实践建构了整个现代文明。人类中心主义这一思想有着悠久的历史渊源,随着历史的变迁,不同形态的人类中心主义思想应运而生,其思想远可以追溯到古代。人类中心主义作为一种不可超越的价值观念,人类中心主义在其漫长进程中产生过多种不相同的历史形态,其历史演进理论严谨,逻辑清晰。

1. 古代宇宙人类中心主义

古罗马天文学家托勒密是古代宇宙人类中心主义的主要代表,托勒密所提出的"古代宇宙人类中心主义"主张人类在空间方位的意义上是宇宙的中心,或者说,人类居于宇宙的中心位置。亚里士多德认为宇宙的运动是由上帝推动的,他说,宇宙是一个有限的球体,分为天地两层,地球位于宇宙中心,所以日月围绕地球运行,物体总是落向地面。托勒密有选择地继承了亚里士多德的宇宙运动论,扩充了自己的知识领域,于公元2世纪提出了自己的宇宙结构学说,即"地心说",他利用前人积累的和他自己长期观测得到的数据,把自己多年来的学术研究著成一整套书籍《伟大论》,而且在其中重点强调物体总是落向地面的。"地心说"是人类中心主义的最早的历史形态,是当时科学的重大成就,在学界得到了学者们的肯定和支持,在客观上促进了人类中心科学理论的形成。

2. 中世纪神学目的论的人类中心主义

托勒密提出"地心说"后,人类中心主义过渡到了中世纪神学目的论。中世纪"神学人类中心主义"带有神创论背景,其最早可以追溯到古希腊的苏格拉底,他认为地球上一切事物的生存、发展和毁灭都是神安排的,神才是世界的主宰。苏格拉底说:"只有神才是智慧的,他的答复是要指明人的智慧是没有什么价值的或者全无价值的。"而且他极力反对研究自然界,认为研究自然是亵渎神灵的。苏格拉底说:"众神是用什么来装备人,使之满足其需求呢?他们看到我们需要食物,就使大地生长出粮食,而且安排下如此适宜的季节让万物生长茂盛,这一切都是那样符合我们的愿望和爱好。"在欧洲中世纪,这种"神学人类中心主义"则和基督教的教义——上帝创造一切的思想重合,它的核心是一种神学目的论,其认为人不仅在空间方位的意义上处于宇宙的中心,而且在"目的"的意义上也处于宇宙的中心地位,人类是宇宙间一切事物的目的,恰好说明了上帝创造人类就是为了让人类代表上帝来统治地球上的一切事物,从这一意义上说,"人类中心主义"便带有神学色。一直到文艺复兴时期,当时的科学技术已经有了长足的发展,"地心说"的证据渐渐不足,直到16世纪哥白尼提出了"日心说",他为阐述自己关于天体运动学说的基本思想撰写了一篇题为《浅说》的论文,观点与"地心说"完全对立,"日心说"的发表使得"地心说"被推翻,使人类逐步地认识到,宇宙的中心并非是地球,地球只是太阳系的一颗行星,哥白尼不但在近代天文学的道路做出了伟大贡献,而且使整个自然界科学大步向前发展,从哥白尼时代起,自然科学和哲学逐渐挣脱了教会束缚并且飞速发展,自此以后,在本体论意义上的"人类中心主义"便退出了历史的舞台。

3. 近代盲目强化的人类中心主义

在人类发展过程中,"近代盲目强化的人类中心主义"对人类本身有巨大的理论贡献,近代德国哲学家康德最早提出"人是目的"这个命题。"近代盲目强化的人类中心主义"认为人类是自然进化的最高产物,人类总是根据自己的需要、视角、方式来认识自然和改造自然;只有人类才可能与自然形成对象性关系,只有人类才能成为自然价值的主体;所谓人类"中心"实际上就是指人类在自然万事万物中处于主体地位,意味着人是人类全部活动和思考的中心,人是一种自在的个体,是最高级别的存在物,因此人类的所有需要都是合情合理的,绝对化地立足于人类自身的利益和价值,一味盲目地认为人和自然的关系中,人才是占据主导位置的,自然只能处于弱势被动的地位。为了追求自身不断升级的物质需求,可以强行破坏自然,最主要的表现就是对环境的掠夺性开发。应该说,这是一种对利益的盲目追赶造成的结果,直接导致了目前的后现代化进程对这个曾经指导人类发展的"近代盲目强化的人类中心主义"的思考。

4. 现代理性反思的人类中心主义

人类历史进入近代以后,工业革命使得人类现代化进程飞速发展,火车、蒸汽机时代的发明,使人类经济水平得到了空前的提高。但是在经济水平随着人类的发明得到迅猛发展的同时,工业发展与能耗成正比增长,大规模工业生产造成严重的环境污染,已经造成了严重的后果。全球的生态系统遭到严重破坏,人类也为此付出了沉痛的代价,各种各样恶劣的自然情况相继发生,像冰川融化、土地沙化、臭氧层空洞、空气污染、水污染等,带给人类生产生活上的困扰,已经足以使人类的警醒。在这样的时代大背景之下,新型的人类中心主义不断发展,人类开始重新审视人类与自然的关系。"现代理性反思的人类中心主义"则主张人类与自然应和谐共处,谋求对话,而非对抗性地掠夺,要以价值论为出发点,使人类和自然和谐发展,走可持续发展的长久路线。现代人类中心主义的观点是在承认人类自身价值和利益的基础上,也同时肯定其他自然存在物有其内在价值。

9.2 人类中心主义的生态伦理观

9.2.1 生态学意义上的人类中心主义

传统人类中心主义在宇宙中和在生物学意义上,对于人的中心地位强调得过于片面。这大大阻碍了我们正确处理人与自然的关系。如果我们的生产生活实践一直依赖于传统人类中心主义的观点的话,那么后果就是一方面可能加剧环境问题和生态危机,另一方面严重的话很有可能导致人类的灭亡,这是多么可怕的后果啊。现如今步入 21 世纪了,高科技的飞速发展和人们思想观念的深入认识,这种传统意义上的人类中心主义必然走向末路,但是千万不要认为这就是人类中心主义这种理论的消失,而是随着人们高认知水平的提升,人类在继承和发扬这种主义的合理性的同时,他们随着高技术的发展对认识问题的看法和观念正在潜移默化的转变了。我们认为现代人类中心主义是始于生态学意义上的人类中心主义以取代宇宙学或者说生物学意义上的人类中心的,并且要建立在一个合理因素的基础上的,那就是要吸收非人类中心主义的精华。

1. 人类中心主义与生态危机

近年来,当代生态环境问题的日益恶化,在我国认为这种现状的"罪恶之源"就是人类中心主义。人类中心主义给生态带来的恶果是无法用价值来衡量的,所以,有这样一直理论应运而生——现代的生态伦理学,这肯定不是产生这些危机的根源。因为他就是在这种乱世中才孕育出的一种理论,就是在目前生态环境日益恶劣的情况下,要作为乱世的"英雄"来根治生态环境、协调人与自然关系的一直高尚的理论。在我国古代,封建思想占据着人们的生活,古时候的人类中心主义,是一种复杂矛盾的观念,充斥着人们思想的宗教观念与应有的"科学"猜测混杂在一起,当然在那时盛行的是"人高于神",用这种"科学"的观念来挣脱神对人的束缚,转变封建的思想。尽管如此,人还是处于弱势地位,神还是高于人类的,这就是古代中国。但是随着整个世界的发展,随着英国工业革命的进行,我国人类也开始了伟大的古代中国的美好时代,以致我们现在能够看到有文字记载的灿烂中国文化。生活在当代我们就不难论证这一问题,可以看到每隔一段时间我们都会发动全球性环境、生态保护运动等一系列活动。我们批判近代人类中心主义,因为我们不想停留在这一阶段,我们要的是超越,现在谈及它与当前生态危机有着某种关系,就是想向前再向前迈出一步。

2. 人类中心主义生态伦理观的概念与特征

(1) 人类中心主义生态伦理观的概念。

现代人类中心肯定大自然中一切事物本身的固有价值论,肯定事物间的普遍联系,以开明的价值观和利益观为出发点,把以人为中心的伦理学不断延伸,其强调"代内公平"和"代际公平",还延伸到了子孙后代道德关怀,使人类自身的价值和意义和自然及其存在物的价值获得重视。

(2) 人类中心主义生态伦理观的特征。

人类中心主义生态伦理观最本质的特征是认为人是至高无上的,人是理性的,但自然界其他存在物则不存在理性,始终坚持把人作为处理人与自然关系的问题的出发点和落脚点,生态伦理学表面上是研究人与自然之间的伦理关系,实际研究的对象就是人与人之间的伦理关系,可以从三个方面概括:

① 人与自然之间的关系包含于人与人之间的关系,人与自然之间的关系是人与人之间的道德关系和利益关系的根本反映。罗国杰教授就曾说过:"人和自然的关系,归根结底是人和人关系的一种反映,它是生活在同一地区的不同的人,同时代的各种不同地区、不同经济发展阶段的人,现代人与子孙后代人的利益关系和道德关系。"现代人类中心主义强调人类在自然生态系统中具有优先地位,坚持把人类的价值放在中心地位上,人类为了自身的生存和发展去认识和改造自然,维护自身的整体利益和长远利益,人与自然之间成了对象性的关系。因此,人与自然界之间不是孤立的伦理关系,人与自然界间也不是直接的伦理关系,人与人之外的一切自然存在物的义务只是一种间接道德义务。

② 人类中心主义是以人类的整体利益为中心。现代人类中心主义强调整体的和长远的人类利益高于暂时的和局部的利益,余谋昌生曾说过:"一切以人为中心,人类行为的一切都从人的利益出发,以人的利益作为唯一尺度,人们只依照自身的利益行动,并以自身的利益去对待其他事物,一切为自己的利益服务。"余谋昌认为这是人类中心主义的核心,所说的人类的利益是当代人类整体的利益,更是后代人的利益。

③ 根据人的对象性活动、主体的实践,可以理解人是现代人类中心主义的唯一主体,在实践活动中人处于主导地位、起主动作用,自然界其他非人类存在物作为客体在人的实践活动中只处于被动和服从的地位。在认识和实践活动受到历史条件和自然规律的制约和调节下,人类通过实践能动地改造自然,因此,处于主体地位的人类既要能动地改造自然,又要自我控制和约束这种能力,要自我反省人类的活动,在实践活动中深刻认识人与自然之间、人与人相互间的关系,使人与自然的和谐共生、社会的持续发展、文明的不断进步得以实现。

9.2.2 对传统人类中心主义的批判和继承

传统人类中心主义在理论和实践中存在种种缺陷,近代以来,环境污染和生态破坏日益严重,人类依然用宇宙学意义上的人类中心主义观念作为指导来处理环境、生态问题,使人与自然以及自然界其他存在物之间的矛盾不断加深,从而使得人类的生活环境更加恶化,整个人类社会面临前所未有的危机和灾难,为了人类的生存和发展,人们对自己的行为进行反思,开始对传统人类中心主义进行批判,但并非传统的人类中心主义真的是一无是处,传统的人类中心主义作为人类文明进化与文化积淀的产物,必然有其合理之处,我们对待它应该报以批判继承的态度。以人类为中心是依据人类历史发展的事实而言的,传统人类中心主义在处理环境问题和环境危机的时候具有其独特的价值,我们要坚持以人类为中心。

1. 对传统人类中心主义的批判

传统人类中心主义是宇宙学意义上的人类中心主义,本就不应作为处理环境问题指导原则,更不能成为被人信服的生态伦理学理论。传统人类中心主义是一种非常有害的理论,其阻碍了自然环境的良性发展,在历史和社会发生发展的状况下综合人类自身的特点,对人类中心主义进行批判,并指出了人类中心主义的局限性,概括为以下几个方面:

(1) 过高地估计了"理性"的作用。

人类错误地定位了"理性"在人类中的地位,认为由于人类的理性才使人类优越于其他自然界的自然存在物,人类对于理性的认识过于片面,对于理性的错误认识使得人类在解决环境问题上做出错误的决定。况且,理性并不是解决生态危机的方法。

(2) 逻辑论证不严密。

人类中心主义者往往认为人类高于其他动物,人具有的某种特殊的属性,只有人类才有权获得这种道德上的伦理关怀,因此只有人才可以接受道德关怀,其他的自然存在物比人类低级,自然不享有这种特殊的权力。但实际上人并不存在任何优越于其他物种的特殊属性。由于人和其他生物共同享有地球上的一切资源,所以说,享受道德服务的对象不应只有人,具有相同特征的动物也应享受这种道德上的服务。反之,人类中心主义就是遵循利己主义的逻辑。所以说其在逻辑论证上是不严密的。

(3) 犯了利己主义错误。

人类中心主义之所以认为只有人才有资格获得道德上的关怀,是因为其把具有"理性"当作人类独有的特殊属性,但事实上并不是所有的人类都具有理性的特征。

(4) "物种主义"的观念形态。

传统的人类中心主义本质上就是主张物种至上,他们不能理解物种与物种之间是可以独立存在的,这个生物学的理由不适合作为人类中心主义的合理性根据,这样的观念应用到实践中,自然对生态环境是丝毫没有好处的,反而会加快生态危机。

2. 对传统人类中心主义的赞扬

对传统人类中心主义进行批判并不以批判其本身为目的,而是在自身批判的基础上继承其合理性因素,使整个人类社会的发展得到促进。人类中心主义是人的本性,人类经过现实的考验,通过文化的洗礼之后其理性得以锤炼。人类中心主义有其自己的历史发展、形态以及未来走向,即使人类中心主义自身有许多不足之处,但是其在理论上是无法超越的。环境问题是当代人与未来人之间的相互关系的问题,破坏环境对后代的危害比对自然的危害要大得多,非人类中心主义提倡自然及其存在物也应享受道德关怀,还强调维护自然环境就是维护人类自身的利益,善待自然就是善待人类本身。所以,我们已有的道德理论——人类中心主义的伦理学就足以解决这个问题,并为人类保护自然环境提供理论依据以及做出论证。生态伦理不会脱离人类独立存在,人类中心主义是不可超越的,人类中心主义是人类文明进化和文化积淀的产物,传统人类中心主义肯定人的中心地位、人的理性以及人的实践是合理的,继承和发扬这些合理性因素有益于建立生态学意义上的人类中心主义、指导人类的生产生活实践,当前我们应该正确把握以及合理应用人类中心主义而并非只是简简单单地舍弃它,应该再次认识和反思人类中心主义,将人类中心主义与非人类中心主义进行整合,形成一种生态人类中心主义的环境伦理观。下面从两方面肯定传统人类中心主义的贡献:

(1) 人类中心主义使人类的主体意识得到唤醒。

人类中心主义使人有清醒的主体意识,并使人积极发挥主观能动性,使人类站在一个新的高度认识自然,使人类从自然的奴役之下摆脱出来,证明人类不仅能够对自然进行改造,更能根据自己的意愿改造世界,让人的价值和意义得到极大体现,使人类自信心和进取心得到大大提升,最终推动历史、社会全方位的进步。

(2) 具有自然基础。

任何环境伦理学都以肯定人的生存和延续为基础,只有包含人的福利的环境伦理学才是有生命力的。大多数人、大多数民族没有正视全人类的利益并把人类利益作为行为指南是导致生态危机的主要因素。个人利己主义、集团利己主义、代际利己主义成为一部分人或物的弊端,他们损害别人以及后代人的利益来谋求自己小团体的利益。因此,以人类为中心自始至终就不是人类目前所面临的困境,要解决这种困境必须真正地以全人类的利益为中心。我们需要付出很大的努力才能真正实现人类中心主义。就此而言,人类中心主义提出了环境伦理学的关键是人类的利益,确实是解决生态问题的实质和核心。

9.3 人类中心主义与非人类中心主义

人类中心主义作为一个价值论命题,不同的人类中心主义者对这个命题论述可以从不同的角度来展开,同样,非人类中心主义者反驳人类中心主义也可以从不同的角度来进行。人类中心主义与非人类中心主义在诸多问题上展开的激烈论争已然成为生态伦理的焦点问题。为了对二者的争论进行正确评价,我们首先要认识人类中心主义与非人类中心主义的基本理论。

9.3.1 人类中心主义与非人类中心主义的基本理论

1. 人类中心主义的基本理论

人类中心主义的理论有以下几种:

(1) 苏联的"人类中心主义"。

这种观点是由布什联科首次提出的。布什联科认为人类中心主义在历史上分为"中世纪以前的人类中心主义"和"现代的人类中心主义",不同历史阶段其含义也不同。在中世纪,"人类中心主义"被视为一种世界观,其被定义为:"人类在宇宙中是唯一的,处于中心地位。"

(2) 美国植物学家莫迪的人类中心主义。

莫迪在《人类中心主义》中提出了他对现代人类中心主义的三种看法:

① 人类的利益高于一切。

② 人具有特殊的文化、知识积累以及创造能力,可以清晰地认识到其对自然的间接责任。

③完善人类中心主义,有必要揭示非人类生存物的内在价值。莫迪说过:"自然界对人类有特殊的工具性价值,因此应赋予非人类生物以内在价值。"人类依赖非人类是在其他生物有内在价值的前提下。由于当代生态危机严重威胁人类生存和社会发展,人类开始重新考虑自己在自然界中的地位。莫迪认为,人类不能离开自然环境而独自生存,也不能脱离自身的利益而存在,进而主张保护自然环境的利益也尤为重要。

(3)诺顿的人类中心主义。

诺顿是根据人类的需要来提出其观点的。诺顿定义两种人类需要的心理意向为感性的意愿和理性的意愿。感性的意愿是指个人的希望或需要至少能通过列举自身的经验表达出来的心理定向活动,这种单一的、直线式的意愿是把人的直接需要作为价值的导向,并不考虑随后发生的后果;理性的意愿是指个人的希望和需要应该经过小心的审议以后表达出来的活动。

以上学者对人类中心主义内涵的基本概述可以看出,他们都坚持人类中心的统治地位,布什联科的倾向更强烈一些,而墨迪和诺顿则弱一些,他们不仅承认人类中心主义,还主张保护人类生存离不开自然界的利益。

9.3.2 非人类中心主义的基本内容

非人类中心主义的所有定义都是相对而言的,都有其独有的理论,它从不同层面反对人类中心主义。在1970年后非人类中心主义逐渐发展,生态危机慢慢得到人类的关注,非人类中心主义的基本理论逐渐成为当时的热门话题。非人类中心主义者认为,以人为中心是生态危机的起因,摆正人在自然界中的地位才是关键,人和自然要受到同样的重视,非人类中心主义有以下几种基本流派。

(1)主张动物解放的权利论。

主张动物解放的权利论者认为,人和动物都应享有同等的关怀,认为人对动物应该尽到一种间接的责任,并不是动物的生与死都和人类息息相关,人不必对动物的生死存亡负直接的责任和义务,而应该是间接的、复杂的。

(2)生命中心论。

生命中心论又在动物解放权理论的基础上加上了植物,他们声称不论是人、动物还是植物都应受到关怀,只要是有生命体征存在的所有自然存在物都应享有同等的尊重与关怀,一切有生命的自然存在物在自然界都有其特殊的价值,是其他物种无法代替的。施威兹敬畏生命的伦理学中阐述了由于周围环境中生命的存在人类对周围的所有生命都负有个人责任。泰勒尊重大自然的伦理学认为所有生命都应和人一样具有相同的道德地位,有权获得同等的关心和尊重,因为人并不具有高于其他生命的特质。

(3)生态中心论。

生态中心论又在生命中心论的基础上将道德义务关怀的对象拓宽到了整个地球,包括生物和非生物在内的整个地生态系统,这个生态系统就是生态中心论提到的地球。该理论提出了一种新的理论,就是生态伦理学的义务从生态系统整体的稳定、和谐的内在要求中产生,而不是被推论出来的,生态系统的和谐稳定是整个生态系统中所有存在物的最终目的,对整个生态系统的完整性与和谐更加重视。生态中心论逐渐发展成熟,渐渐意识到一种合乎常理的生态伦理观必须有其让人信服的理论,其恰恰授予整个生态系统中所有有生命体征存在的自然存在物以同等的关怀与尊重。

9.3.3 非人类中心主义对人类中心主义的诘难

在非人类中心主义逐渐成为人们茶余饭后的话题之后,人类中心主义所遭受到了前所未有的质疑。非人类中心主义者主要从以下几方面来反驳人类中心主义。

(1) 人类中心主义者对于道德方面的思考上是教条化的。

人类中心主义处理人与人之间的关系是应该受到道德约束的,但在伦理学中,"道德"对于人们来说可能只是解释其含义的一句话或是几个词语。但对于道德概念的理解并不是亘古不变的,随着社会的不断前进,道德在各个方面的含义也是随之发展的。道德也在不断地飞跃,而道德的飞跃应该表现为认为整个生态系统中所有的有生命体征存在的物体都应受到道德的关怀,大自然受到尊重和关爱也是大势所趋。

(2) 人类中心主义者主张人类应该享受到特殊的道德关怀。

这不仅仅是由于人类的主体地位,还有人类具有其他生物不具有某种特殊的属性,这种属性异于常规,不是这所有生物都具有,所以一般的动物是无权享受和人类一样的到的关爱的。而我们奇怪的是,人类中心主义者提到的这些独有的属性归根结底指的是什么,所以人类中心主义者做出大胆的假设,认为这些独有的属性如果是指人所特有的天生所拥有的某些特能,那么,任何人天生具有的能力也是各不相同的,例如有人擅长听说,但有些人天生就是聋哑人,聋哑人不具有正常人天生具有的某些技能,但不能说他们无权受到道德关爱,用这种以偏概全的定义来约束道德关怀的对象,对于部分人类来说已经是不公平的了,何况是共同生存在地球上享有同样生存权利的动物,因此某些特殊属性不可以作为判断标准,这一理由并不充分。

(3) 人类中心主义等同于利己主义。

"利己主义"真如其名,就是把利于自己作为行为准则,但是可以说,他们世界中的利己并不代表损害他人利益。这样看来,非人类中心主义者坚持自己的观点,他们认为"人类中心主义"与"利己主义"在思维上是完全相同的,即主导的生物只需选择那种对于他自身有利的条件,所有的行为动机都是对自己有利即可。但是在日常生活中,人们并不只单单照顾自己的利益,他们也同样做一些损害自己利益但却绝不违背道德规范要求的行为,他们并不认为利己和利他是截然相对的,将人类中心主义与利己主义中的个人主义等同,实际上可以说就是以偏概全。

(4) 人类中心主义的生态伦理并解决不了生态危机的所有问题。

在实际解决生态环境问题上,仅仅为了使用自然资源才给予自然存在物关注与保护,便会使自然生态资源恶化严重。一旦人的利益与自然界的其他存在物的利益相冲突时,人自然会保全自身利益,不惜伤害到整个生态系统中的其他生物和非生物,代价之大,简直难以想象,整个生态系统的生物多样性和完整性必然会成为空谈。所以,人类中心主义的生态伦理在实践操作中起不到太大作用,它不可能彻底地解决生态危机。

9.3.4 人类中心主义对非人类中心主义的反驳

人类中心主义者面对非人类中心主义者的质疑和发难,从不同角度、不同层面进行了反驳。

(1) 非人类中心主义者完全曲解了"人类中心主义"。

首先,他们曲解了"中心"的含义,人类中心主义者所说的"中心"是指人类是实践的主体,是相对于自然界的,本位价值就是人类的价值,而非人的物种只能作为工具或是手段。但非人类中心主义者却认为人类中心主义所说的"中心"是一种生物物种在自然界中的位置,他们认为生态世界观在说明生态关系是为了强调"互相作用",而不是强调以什么为中心,如果非要确定以什么为中心的话,那么这个"中心"只能是指"人与自然界的和谐"。

其次,他们曲解了"人类中心主义"的含义。如果把我国学者同国外学者在人类中心主义的界定方面进行比较,我们就会发现内涵与外延上二者都相差甚远。

(2) 反驳自然界的内在价值。

自然界的"内在价值"作为非人类主义生态伦理观的核心概念,非人类中心主义生态伦理观的价值论为基础就是确认自然界内在价值。这种生态伦理观主张:必须抛开人类生存利益的唯一尺度,对于自然事实的解释必须依照生态自然的道德要求。就必须承认自然是有价值的,而且这种价值是独立于人类评价者而"自存""自在"的。而在人类中心主义看来,所谓价值概念只是一个关系范畴,这就是说,价值本质是一个关系范畴,并不是具体的实体概念,这就意味着价值只能存在于人和外物关系中。生命体为了自身生存,必须参与竞争,强者生存弱者牺牲。非人类中心主义则认为生物的淘汰是有规律的,某些生物的淘汰并没有破坏生态系统的完整性、多样性和平衡性。依此看来,人类为了自身的生存、发展以及价值,可以采取措施消灭那些阻碍人类发展的生命体。但是非人类中心主义又认为这是不合自然的。因此,非人类中心主义的论据不充分。

(3) 生态伦理学的价值以人类的整体利益和长远利益为基础。

非人类中心主义者认为,生态伦理学的价值是以大自然完整、稳定为基础,任何物种都有同等的权利获得道德上的关心和关怀,在这个层面上每个物种都拥有同等的价值,人不能优越于其他生物。人类中心主义者认为这种观点是不合理的,生态伦理学只能以人类的整体利益和长远利益为出发点和归宿点,并不是非人类中心主义者所说的生态系统的完整与稳定。

9.3.5 人类中心主义的不可超越和负面影响

1. 人类中心主义是不可超越的

通过非人类中心主义对人类中心主义的诘难和人类中心主义对非人类中心主义的反驳,可以得出,尽管非人类中心主义拓展了生态伦理的视野,但是人类中心主义作为人类最基本的价值原则,把目标定在发挥自身潜力,最大限度地实现自身利益。人类中心主义仍然是不可超越的。人类中心主义之所以不能被超越是因为人类始终要维护人类自身的利益。换句话说,人类不可能彻底地牺牲自己去保护任何一种动物。保护生命与自然必须是在维护人类自身利益的前提下,如果连整个人类自身的利益与生存都不能得到保障,那么保护生命与自然界根本就是无稽之谈。人类中心主义作为一种积极意义上的原则,从最终目的上讲要求一切从人类的利益出发,以实现人类的目的与需要。人们可以设置各种各样的间接目的以实现终目的,如保护动植物、退耕还林、治理环境污染等,但这一切都是为了人要实现的最终目的,这个目的是不以人的意志为转移的。因为人类中心主义作为一种可以超越任何间接目的和需要,超越各种具体伦理准则和政策法规的终极原则、最高原则,对任何伦理准则与政策法规的肯定和否定都不会直接针对人类中心主义。只要有人类存在，人类中心主义就必然会存在，因为人类永远不会是反人类的。

2. 人类中心主义的负面影响

人类中心主义虽然不能被超越，并且对人类的发展影响重大，但其理论的不不完善直接使自然环境遭到破坏。人类中心主义的不合理元素主要是不科学地进行发展。随着人类进化，人类利用自己的智慧发明了工具，并利用自然能源实现人类自身的利益，从此人类作为自然的统治者，认为人类可以无限地利用一切自然资源，并不用去理会自然的反馈。人类急功近利地追求的价值，恰恰造成了人类长远价值利益被损害。这种观念上"狭隘的人类中心主义"则导致了人类与自然生态环境的关系十分紧张，使人类的发展危机四伏，这是一系列生态破坏的根源。

9.4 生态人类中心主义

20世纪以来，在社会经济全球化发展的同时，人类为了一己私利，无限制地开发和掠夺生态资源。人类虽然已经意识到人类掠夺、破坏自然资源已然使生态遭受到了不可逆转的损害，这种对自然资源的缺失已经大大损害了人类的利益。所以，人类不仅承认人类的中心地位，还主张保护人类生存离不开自然界的利益。这种观点的提出，使得人类中心主义不断向前发展，其最终的发展趋势是走向生态人类中心主义。

9.4.1 生态人类中心主义的产生

生态人类中心主义意识到当今生态面临的危机，人类不再不管自然环境状况而只顾追求自身利益的态度。人类开始主张人与自然全面发展，全面把握人与自然的关系，他们依据自然规律，合理地利用自然生态资源，以保护自然生态环境为己任。并且已经认识到，人类对自然生态资源的肆无忌惮地剥夺和破坏以致自然生态遭到不可逆转的损害，这不仅不能使人类的利益得到最大实现，而且使人类的生存受到威胁。所以人类为了最大限度地实现自己的利益，更应保护自然生态。他们承认了坚持人类利益与保护生态环境并不冲突，这使人类加强了环境生态保护意识，自然而然地减轻对生态环境的破坏，生态人类中心主义就是在这样的大背景下发展起来的。

9.4.2 生态人类中心主义的实践

当代生态危机的出现在促进人类共同利益形成的同时，也促进了生态人类中心主义的产生，反过来，生态人类中心主义也为解决当代的生态环境问题、克服生态危机提供了唯一现实可行的途径。

在这方面，人类已经摸索到了一条解决之路，例如中国和新加坡的战略性合作项目——中新天津生态城。按照两国政府确定的必须依法取得土地、不占耕地、节地节水、实现资源循环利用，充分发挥人类对自然的能动作用，选址于自然条件较差、土地盐渍、植被稀少、环境退化、生态脆弱且水质型缺水的地区。而天津滨海新区恰巧是一片土地盐渍、淡水匮乏的荒滩，所以中新天津生态城选建在天津海滨地区。中新天津生态城依据选址区域的资源、环境、人居现状为选址指标，突出以人为本的理念，涵盖了生态环境健康、社会和谐进步、经济蓬勃高效三个方面的硬性指标,指标体系按照科学性与实用性相结合、定性与定量相结合、特色与共性相结合和可达性与发展性相结合原则,既满足了人类的需要,又保护以及改善了生态环境,突出原生生态环境的保护和修复,生态城兼顾了生态环境保护、经济发展与社会和谐三大目标,是生态人类中心主义的集中体现,生态人类中心主义强调在人与自然的关系上应把人类的共同利益——克服生态危机以求得人类生存和长远的发展放在首位,提出了一条解决人与自然关系的可行之路。

第10章 生物中心主义

10.1 生物中心主义的基本概念

随着人类对大自然的认识,越来越多的人了解到生物中心主义的重要性,它把道德关怀的范围从人扩展到人之外的动物,主张以生命个体或整体性的存在物为中心来看待世界的价值,使人们敬畏每一个生命,敬畏大自然,体现出了一种兼容并蓄的环境伦理观。

生物中心论认为,生物系统的健康本身具有价值,人类对它负有直接的义务;生命个体、物种、生物过程作为生物系统的组成部分和存在形式,具有非(人类的)工具价值,人类对它们同样负有道德义务。

利奥波德是生物中心论的开创者。他的大地伦理学在环境伦理学史上占有重要的地位。生物中心论基本上是一种整体主义环境伦理。他接受了坦斯利等人的"生物系统"观念,把自然界描述成一个由太阳能流动过程中的生命和无生命物组成的"高级有机结构"或"金字塔":土壤位于底部,其上依次是植物层、昆虫层、鸟和啮齿动物层,最顶端是各种食肉动物;物种按其食物构成分别列于不同的层或营养级,上一级靠下一级提供食物,形成复杂的食物链,结构的功能运转取决于各个不同部分的协作与竞争。

因此,对自然的生物学理解,要求我们将道德共同体从人类社会扩展至整个自然界,从而把人的角色从大地共同体的征服者变为共同体的普通成员和公民。这意味着对同伴的尊重,以及对共同体本身的尊重。

生物中心主义是一种敬畏生命、尊重大自然的思想观点。生物中心主义世界观包括:①人是地球生物共同体的成员;②自然界是一个相互依赖的系统;③有机体是生命的目的中心;④人并非天生就比其他生物优越。生物中心论者确信生物学必定对人类理解和评价自然起主导作用,而生物学是一门年轻的科学,它用一种更简单观念把科学的基础统一起来,生物中心主义的结论是建立在主流科学基础之上的,并且是某些最伟大的科学思想的合理扩展。

尊重自然敬畏生命是生物中心的一个分支,更确切地说生物中心主义认为所有的存在物都具有其内在价值,所有的存在物都拥有生存、免遭人类干扰及追求其幸福的权利,它们的这些权利是内在的、天赋的、与生俱来的。因此,大自然是权利的合法拥有者和人类义务的客体,伦理关怀的范围不仅要扩展到所有的生物,还要扩展到河流、大地和生态系统。在生物中心论者看来,整体所携带的道德价值大于其任一组成部分所携带的道德价值。

自然界是一个相互依赖的系统,各种生物之间存在相互依赖、相互制约的关系。人类和其他物种一样,都是一个相互依赖的系统的有机构成要素,在这个系统中,每一个生命的生存及其生存的质量,都不仅依赖于它所生存的环境的物理条件,还依赖于它与其他生命之间的关系。生存于特定生态系统中的任何一个生命或生命共同体都不是一座孤岛。

人与自然的关系经历了一个长期而又充满艰辛的过程,从早期人类对自然的敬畏发展到农业文明时代人类小心地利用自然,到了工业文明时期人类却与自然彻底地走向对立,现在人类仿佛在走一个圆圈,回到了原始时代。生物中心主义认为过去的伦理学只关注人与人之间的关系是不完整的,必须把人之外的一切生物也纳入道德关怀的范围。

10.2　生物中心主义的基本原理

迄今为止,我们的科学并没有认识到生命的某些特殊性质,而这些性质却是物质实体产生的基础。在这种世界观中,生命和意识是理解更大范围的宇宙的基础——生物中心主义——以客观经验为中心,我们把它称为与物质过程有关的意识。我们知道生物中心主义的第一个原理:"我们感觉到的真实是与我们意识有关的过程。"我们自由地享受着生命的展开,包括我们获得的无拘无束的生活,这些"外面"的事物,其实就发生在我们的思维当中,其视觉和触觉的体验并非在某个外在无关联的位置上,那个我们习惯上认为与我们自身有距离的地方。环视四周,我们看到的其实只是自己的思维,或许,外在和内部二者之间的关系并没有真正分离。相反,我们可以把一切认知都判定为我们体验的自我与弥漫在宇宙中的无论什么能量场的混合物。可见生物中心主义的第二个原理是:"我们的外在和内在感觉是难解难分的。"它们是同一枚硬币的两面,是不能分开的。

实际上,物体并不是以特别的运动存在于特定的地点。只是观察者的知识和行为才使它进入于某个地方,或具有某种特别的活力。这种互补的属性在许多成对的物体上都存在。一个物体可以具有波动性或粒子性,但不能二者兼有,要么占据一个特定的位置,要么显现出运动,但不能同时具有两种情况。它的真实情况只有赖于测量者和他的实验。对此,生物中心主义的第三个原理是:"亚原子粒子——实际上所有的粒子和对象——与观察者的在场有着相互纠缠作用的关系。"若无一个有意识的观察者在场,它们充其量处于概率波动的不确定状态。生物中心主义的第四个原理是:"没有意识,物质就处于一种不确定的概率状态中。"任何可能先于意识的宇宙,都只存在于一种概率状态中。

在生物中心主义看来,我们感觉时间向前运动,其实只是未经思考地参与世界上无数活动的结果,只是表面上流畅和连续的路径导致的产物。第五个原理是:"没有物体能同时处在两个地方。"我们来推理:在任何特定的瞬间,一支飞行的箭只处在一个位置上,但是假如它只在一个位置上,它就必然立即停止下来。所以,箭必须在某个地方的某个特定地点上的每一时刻的轨道上出现。于是,从逻辑上讲,运动本质上并不是真实发生的情况,而是一系列独立的事件。这或许是时间向前运动的最初表征,是我们内心某种东西的投射,就像我们把正在观察的东西绑在一起那样。从生物中心的观点来看,这一切都产生完美的感觉,宇宙中并不存在与生命无关的时间,而生命却关注着时间;时间确实也不真的存在于生命的前因后果中。时间跟我们有关。这样我们就有了第六个原理:"在动物意识的感知之外,并无真实的时间存在。"时间是我们在宇宙中感觉变化的过程。

我们的动物思维是怎样理解这个世界的呢?时间和空间的理论完全属于动物感觉的感知,作为我们的理解力和意识的来源,是一种新的、抽象难理解的东西,而日常经验无法向我们启示这种真实性。但生活却似乎告诉我们,时间和空间都是外在的真实。它们似乎包含和约束着所有的经验,对生命来说是最根本的而不是次要的。空间和时间并不是我们能够看到、感觉、品尝、触摸或嗅到的那种实物。我们不能把他们从一个架子上取下来又放回去。与时间一样,空间是人类的另一种构想,一切可以想象的对象似乎都在一个没有墙壁的巨大容器中展示。

生物中心主义表明,空间是我们内在思维的投射,经验始于内在思维。空间只是生命的一种工具,是使生命体协调感知信息、对被感觉对象的特质和强度做出判断的外在的感知形式。如果人们在观念上消除作为实体的空间和时间,而把空间和时间作为主管的、相对的、由观测者创造的现象,那就是对外在世界存在于它自身的独立构架之中这一观念的釜底抽薪,如果外在的客观宇宙既无时间也无空间,那它又在哪里呢?据此,我们可以列出第七个原理:"空间与时间一样不是物体或事物。"空间是我们对动物的另一种理解形式,并不是独立存在的。我们像乌龟的壳那样承载着空间和时间。因此,并没有与生命无关的物理事件发生在其中的、自我存在的绝对基体。

10.3 生物中心主义的生态伦理观

今天,我们所面临的生存处境已经不仅仅是沙尘暴,还有大气污染、水体污染、森林滥伐和植被减少、土壤侵蚀、荒漠化和沙漠化、温室效应以及物种灭绝加速和生物多样性减少等一系列生态环境恶化,从一定意义上说,生态危机已经不再是一个简单的技术问题,而是一个全球范围普遍性的社会问题,是一个涉及人类精神、道德和文化如何向前发展的根源性问题。它日益突显了现代性拓展过程中的全球风险,而由生态危机引发的一系列问题已经开始逐渐渗透到社会生活的政治、经济和文化领域,并可预见其对未来社会变革的重要影响。

生物中心主义包括史怀泽"敬畏生命的伦理学"、泰勒"生物平等主义伦理学"以及辛格"动物解放的伦理学",它们的基本观念是把人以及人之外的其他生命个体纳入道德关怀对象的范围之内。这三个流派无论是理论形态、背景,还是关注的问题以及建构方法都各具特点。史怀泽的尊重生命的伦理思想和泰勒尊重自然伦理思想从两个不同的视角阐述了生物中心主义的基本精神,他认为伦理学应是无界限的,生命是无高低贵贱之分的,生命在他的观念中不仅仅指的是人类的生命,还包括自然界的其他物种,像动物、植物等。泰勒继承和发展了史怀泽的环境伦理学的思想,进一步丰富了自己的生态思想。动物解放论将对人类自身持有关怀之心到对自然界的其他动物生命持有关怀之心的思想转变,使道德关怀的范围得到了很大程度的扩展。这样伦理学已经不再是传统意义上的伦理学。但是,对于一些环境伦理学家而言,只是关心有感知能力的动物还是不够的,没有感知能力的自然界的其他物种也同样应成为道德关怀的对象。从理论形态上看,这三类生态伦理学关心的对象仅限于生命个体,只重视生命个体的权利和价值,是一种从个体生命角度出发的伦理关怀,而对生物共同体所具有的实体属性,却视而不见,而且没有看到人对生物种群及生态系统的道德责任。

生态整体主义以生态学思想为理论范式,利用生态学的基本原理把自然界的有机体、有机体及其环境之间的相互关系、生态过程和生态系统整体都预设为道德主体。其目的是通过道德主体范围的拓宽,对环境问题做出伦理解答。生态整体主义的主要代表包括以下三个流派:利奥波德的大地伦理学、奈斯的深层生态学和罗尔斯顿的自然价值论伦理学。从理论形态上看,同前面三类生态伦理学相比,生态整体主义认为不仅生命个体具有道德主体的地位,而且生态系统作为一个整体也是一个道德主体,所以人类应把自己伦理关怀的范围从个体生命延伸到整体生态系统,应对整个生态系统负有道德义务和责任。生态系统作为一个整体是其他有机个体得以生存和发展的条件,在其中无论是有机物还是无机物都处于相互依存、内在关联之中,生态系统本身固有的整体性、过程性、相关性使其具有不依靠人为判据的内在价值,所以自然本身就是一个价值主体、伦理主体。而如何评价荒野自然以及评价的方式和方法是其关注的核心问题,也是最能体现其整体主义特征的问题。为此,三个流派立足于生态整体论,运用生态整体论所包含的三种模式进行了解答,从而转变了人们对待自然的态度,建立了一种生态的、整体的观念,是一种从生态整体角度出发的伦理关怀。

生物中心主义立足传统伦理学理论,以生命个体的权益作为自己关注和研究的重点,而生态伦理学立足于生态学,以生态整体作为自己研究的重点,试图把伦理关怀的范围由生命个体拓展到整个自然系统。所以,生态伦理学对自然的态度,经过了一个由实体的观念到生态的观念的过程。

10.4 生物中心主义的基本流派

10.4.1 敬畏生命

阿尔贝特·史怀泽是法国著名医生、哲学家和神学家,20世纪人道精神划时代伟人、一位著名学者以及人道主义者。史怀泽于1875年1月14日诞生于德国肯萨斯伯格,他的父亲路易斯在当地一个教堂担任牧师。史怀泽从小就富有爱心,常为了根斯巴哈的一些小朋友们生活在非常穷困的环境中而感到同情与不安,因此从小就想要帮助受苦难的人。史怀泽觉得小时候能和不同环境的孩子们一起上学对他颇有助益,使他后来能不抱偏见地和各种不同的人交往及做朋友。他25岁就成为神学和哲学博士,随后在史卓斯堡大学担任神学及哲学教授的职位,受到有关耶稣基督的历史著作和音乐家巴哈的传记影响比较大的。史怀泽也是一位非常优秀的风琴演奏家,在当时拥有许多乐迷。他在29岁时读到了一篇有关非洲大陆急需医疗援助的文章,促使他在次年做出了一个震惊他的父母的决定:放弃了蒸蒸日上的学术地位和演奏生涯,重新进入医学院去学习。8年后,史怀泽终于完成了他的心愿,和他志同道合的伴侣海伦远赴非洲,在原始森林边的奥顾河畔建立了史怀泽医院,为非洲人民奉献他的爱心。

史怀泽一生反对任何暴力与侵略,他极力倡导尊重生命的理念。史怀泽深信渴望生存、害怕毁灭和痛苦,是人类的一种本能,也是每一个生命体都具有的本能。作为一个有思想能力的人,我们应该尊重其他生命,因为他们像我们自己一样,强烈地冀求着自由而快乐的生活。因此,无论是身体或心灵,任何对生命的破坏、干扰和毁灭都是坏的;而任何对生命的帮助、拯救及有益生命成长和发展的都是好的。在实际生活中,史怀泽认为每一个人在伤害到生命时,都必须自己判断这是否是基于生活的必需而不可避免的。他特别举了一个例子:一个农人可以为了生活在牧场上割一千棵草给他的牛吃,但在他回家的路上,就应该小心翼翼,不要再踩坏路边的花草或者砍掉路边的花枝。史怀泽相信宇宙间所有的生命是结合在一起的,当我们致力于帮助别的生命时,我们有限的生命可体验与宇宙间无数的生命合而为一的美妙感觉。

"敬畏生命"的概念是史怀泽在1915年9月某一天,被请到欧格威河上游约200千米的恩古米出诊为一个传教士看病,他搭乘河轮前往,同船的都是黑人,在乘船旅行途中,他又在思考可作为重建新文化的关键的新伦理观念。到了第三天傍晚时分,他既困惑又疲劳,思维几乎处于停顿状态。就在此时,他看见4只河马和它们的幼仔也在随船游行嬉戏,他极度疲乏和沮丧的脑海中突然冒出了一个概念:"敬畏生命。"敬畏生命,也就是体会生命的尊严和可贵并珍视生命,在生命面前保持谦恭和敬畏之意。我们必须将"生的意志"当作神圣的东西予以肯定尊重,并且应当深惧对生命的破坏和压迫。这一伦理思想可以从以下几方面来理解:

①敬畏生命的内涵。
②敬畏生命伦理思想的基础。
③敬畏生命伦理思想的实质。
④敬畏生命伦理思想的原则。

按照史怀泽的观点,敬畏生命把人与世界的自然关系上升到精神层面。一方面,人确实和其他生命体一样,接受命运。另一方面,人要内在地摆脱外在的命运,通过自己的努力去促进和提升其接触的任何生命。实际上,敬畏生命完整地包括了顺从命运、肯定世界和人生、伦理三个密切相关的部分,是全面的、完整的伦理学,这恰恰是对以往的伦理学的超越。但是,动物的道德身份与人类是对等的吗?它们的道德权利与义务是同等的吗?这种以基督教博爱为背景的伦理观是否可作为道德扩展的基础呢?史怀泽对道德扩展的推理存在欠缺并且含有一定的神秘主义从而掩盖其思想的光芒,因而在道德实践中也难免陷入困境。

10.4.2 动物解放

彼得·辛格1946年出生于澳大利亚的墨尔本,他是一位理想主义者,但也是一位现实关怀极强的哲学家。数十年来,他致力于消除世界贫困、保护环境、提高动物的生存条件,他的著作甚丰,1975年出版的《动物解放》一书,被誉为"动物保护运动的圣经""生命伦理学的经典之作",这本书的核心是把道德关怀的对象直接扩展到动物身上,让动物拥有道德地位,从外部、强制性地限制人对动物的伤害行为。在牛津大学读书时,他就关注动物的生存状况,并成为动物解放运动的倡导者,彼得·辛格写《动物解放》不是因为他特别喜欢宠物,也不是爱好动物,更不是多愁善感,而是要向人们揭露"人类对于非人类动物的暴行",以及在严肃的政治和道德层面上讨论我们应当怎样对待动物。

动物解放论指出人类的道德关怀应扩及动物,平等地予以道德考虑,因为动物和人类一样具有感受痛苦和快乐的能力,有感受性的动物都有其内在价值,而不是相对于人类的工具价值。辛格明确指出:如果一个存在物能够感受苦乐,那么拒绝关心它的苦乐就没有道德上的合理性。不管一个存在物的本性如何,平等原则都要求我们把它的苦乐看得和其他存在物的苦乐同样重要。

辛格是这样证明动物是拥有与人类类似的感觉能力的:我们推断他人感觉疼痛的所有外在征象,几乎都可以见于其他种动物,特别是与人最接近的哺乳类和鸟类。疼痛行为方面的征候包括翻滚、面部扭曲、呻吟、惨叫或其他鸣叫、企图躲开疼痛的来源,以及疼痛将要重复时表现出的恐惧等。此外,这些动物也有与人类极为类似的神经系统。当一只动物处在人会感到疼痛的情境中的时候,他的神经系统在生理上的反应与人类一样先是血压升高、瞳孔放大、流汗、脉搏加速,而如果刺激继续的话血压开始下降。

既然动物有感受能力,存在内在价值,也就拥有利益,即不受痛苦和享受快乐的利益。那么人类对于动物就有义务,即保护动物的利益不受侵害,停止一切使它们遭受不应承受之痛苦的行为。由于与其他解放运动相比,动物解放更是障碍重重,被迫害的动物不能组织起来反对所遭受的虐待,虽然他们能够而且一直在个别地尽其所能进行反抗。我们必须为这些不能为自己申辩的动物说话。动物解放思想要求人们有义务成立动物解放组织来为动物伸张正义、解放动物。

辛格强调:"我们对他人的关心不应取决于他们的外表或他们有什么能力,这是平等原则的题中应有之意。"平等原则就是要求每个人的利益都同等重要,因此,我们在选择自己的行为时必须要把受到该行为影响的每个人的利益都考虑进去,而且要把每一个人的类似利益都看得与其他人的类似利益同样重要。因此无论是人类还是动物都有其内在价值,平等地享有道德关怀权利。他提出,在解决动物物种之间的利益冲突时,必须要考虑两个因素,第一,发生冲突的各种利益的重要程度(基本的,还是边缘的);第二,其利益发生冲突的各方的心理能力心理复杂程度。也就是说,心理能力较简单的存在物利益应让位于心理能力较复杂的存在物利益。

所有动物似乎都在以某种方式为大自然的平衡和天然食物链做出贡献,我们未必清楚地认识到生物是如何适应自然的总体布局,但我们应当小心谨慎,也没必要打破这种平衡,让自然循其天道而令部分物种灭绝是一回事,但每当人类而非自然明显地成为物种遭难或灭绝的原因之时,我们即应停止或少做些自己正在做的事,从而不再给自然及其在其中栖居的动物造成不利影响。

10.4.3 尊敬大自然

1986年,美国哲学家保罗·泰勒在《尊重自然界:一种生态伦理的理论》一书中继承并发扬了史怀泽的生态伦理思想,他认为自然界除了人类和动物之外还有花草树木等植物,它们都是美丽并富有生命价值的,为了维护这永恒的美丽,许多环境伦理学家决心把道德关怀的范围拓展到自然界,为美丽的生命撑起一张道德的保护伞从而免受灭顶之灾,这是泰勒生物中心主义的基本精神。关于生命的美丽,泰勒有专门的一段话进行了描述:生命的进化是一个残酷的过程,但开花却为进化的过程加上了一门艺术的辉煌,因为丛林中的花在使开花植物适应环境而更好地生存的同时,也彰显了生命的进化是如何朝向一种生动的美,特别是在高等植物那里,生命的美丽更是达到了极致,植物开花奇迹般地将功能与美结合起来,似乎要对生命的美做一个特别的印记。正是因为自然是如此的美丽,以泰勒为代表的伦理学家们才决定将道德扩展到有美丽生命存在的自然界。

泰勒说:"我所捍卫的核心信念是:行动的正当和道德品格之善,依赖于它们表达或体现的一种终极道德态度,那便是尊重大自然。"

这种世界观包含的信念是:人类是地球生命共同体和其他一切生命平等的成员;包括人类在内的所有物种都是互相依赖的系统的部分;所有的生物都按各自的方式追求自身利益;人类并不比其他物种优越。

泰勒提出了在生物中心主义伦理的基础上要把尊重自然作为一种终极的道德态度,并在实践中通过一系列的道德规范和准则表现出来,泰勒把道德的主体边界拓展到了自然界,在伦理内容和伦理实践上更容易被人们认同和接受,从而也使生物中心主义伦理学成为一个完整的理论体系。

当我们陷入人类价值和权利与人类以外的生物发生冲突的道德两难时,我们应该如何行为?泰勒在最后一章提出五条优先原则:自我防御原则、对称原则、最小伤害原则、分配正义原则和补偿正义原则,这使我们与其他生命的对抗局面转化为相互和解的局面,使我们与生命共同体的其他成员平等地共享地球上的资源,使人类文化与野生动植物的自然存在共同生存发展。但分配正义的原则在实际行为中往往难以完满实现,因此我们需要补偿正义的原则来补充,当我们的行为对无害的生物造成伤害时,某种形式的补偿必须被给出。泰勒还描述了一种理想的世界秩序:人们能追寻他们自己的个人利益和生活方式,同时允许生物共同体实现它们的存在而不受到干扰。对这些共同体的个体成员的伤害只能来自进化自然选择和环境的自然变化,而非人类的行为伤害。

总之,泰勒在《尊重自然》一书中进一步发展和完善了史怀泽的生物伦理,把尊重自然作为一种终极的道德态度,并在实践中通过一系列的道德规范和准则表现出来。同时,泰勒把道德的主体边界进一步拓展到了自然界,在伦理内容和伦理实践上更容易被人们所认同和接受,从而也使生物中心主义伦理学成为一个完整的理论体系。

综上所述,西方在生物中心主义伦理学的研究方面起步较早,其研究也较系统全面,从理论来看其主要关注的是这样一些问题:

(1)史怀泽认为:只有敬畏生命,将人与所有生物之间的关系视为道德关系的伦理学才是真正的伦理学,史怀泽首次论述了其敬畏生命的生物中心主义的伦理学,从此,生物中心主义理论开始正式登上历史舞台。

(2)彼得·辛格提出:应该以是否感受到痛苦的能力作为标准,将非人类的动物纳入到道德共同体中,并以动物感受痛苦能力的不同给予其不同的道德地位,辛格将道德共同体的主体边界拓展到了动物,要求人类平等的对待动物和减少动物的痛苦,这就是辛格的感觉论——生物中心主义伦理学。

(3)泰勒在《尊重自然》一书中继承和发扬了史怀泽的伦理学观点,提出了存在物的好和固有价值两个重要的概念,主张尊重自然并保护自然界的美,它在生物中心主义伦理的基础上,要把尊重自然作为一种终极的道德态度,并在实践中通过一系列的道德规范和准则表现出来,泰勒把道德的主体边界拓展到了自然界,在伦理内容和伦理实践上更容易被人们认同和接受,从而也使生物中心主义伦理学成为一个完整的理论体系。

10.4.4 生物中心后果主义

生物中心主义是具有典型意义的环境哲学流派,进入 2000 年以来,罗宾·阿特弗尔德从生物中心后果主义角度刷新了人与自然关系的道德维度,事实上,无论是人类中心主义,还是非人类中心主义,都能够对环境保护提出积极的论证,但面对当今经济高速发展的现状,人类中心主义只对人类有利的环境进行保护是有缺陷的,而且只承认自然的工具价值,忽视或不顾自然的内在和固有价值,因此,"动物权利论"和"生物中心主义"学派发展起来。动物权利论的代表汤姆·雷根提出,只有假定动物也拥有权利,才能从根本上杜绝人类对动物的伤害。但在动物权利的划分上，他认为，一个动物要么拥有与人完全相同的权利，要么就毫无权利。这种绝对主义的权利观未涉及植物的权利，也与人们的道德直觉或道德常识相悖。

生物中心主义的代表人物——保尔·泰勒，提出并论证了"生物平等主义原则"，但是在实践中难以操作。事实上，生物平等仅仅是一种道德理想。沿着生物中心主义方向，罗宾·阿特弗尔德不是从泰勒的道德动机而是从道德结果的角度，提出并论证了动物权利乃至生物权利的根据是"生物利益"，以及人与自然相冲突的仲裁原则即"优先原则"，系统地发展了非人类中心主义理论。

罗宾·阿特弗尔德的生物中心后果主义是对保尔·泰勒的生物中心主义的延伸。它在理论上继承了传统伦理学的后果主义，突破了传统后果主义的人类中心主义和"主客二分"的哲学认识论，为认识环境哲学和生态伦理学的现代发展趋势提供了一个范例。为人类对待其他动植物的行为，确立了道德界限。罗宾·阿特弗尔德是在全球环境保护运动的深刻的社会背景推动下，走上环境哲学研究的道路。他合理地划分了人类、动物和植物三者的道德关怀程度。人类与动物享有相同的道德关怀程度，前二者的道德关怀程度大于人类给予植物的道德关怀程度。罗宾·阿特弗尔德的生物中心后果主义，提出并确证的核心概念是生物利益，为动物权利论者提供了权利的理由和根据，也为保尔·泰勒的动机论的生物中心主义提供了逻辑的补充。

生物中心后果主义评价尺度有三个优先原则：高级生物优先、濒危生物优先、整体生物利益最大者给予优先，这最大限度地保护了生物利益，具有较强的现实意义。生物中心后果主义的个体论，对生态中心主义的整体论进行了颠覆；弥合了"功利原则"与"平等原则"的内在矛盾；在实践中对生物利益的取舍具有强可操作性。罗宾·阿特弗尔德的生物中心后果主义的重点，不在于构造一种环境道德理想，而在于解决人与自然尖锐矛盾的道德手段与调和原则，它以生物潜能、天性的实现，作为新的生物对环境的适应标准；将"可持续发展"关于利益的讨论扩展到了生物层面；为在环境安全的意义上援助贫困国的人口提供理论支持；也为保护生物的多样性提供了内在价值的环境伦理界说。

生物中心后果主义站在自然的道德代理人角度，即将人类视作自然受信托人，向自然承担责任的道德代理人。这种环境伦理的道德信仰，就有能力启迪、激励人们的行为是合乎道德理性的。人们关心、尊重每一个动物利益的平等原则，与最大限度地促进功利总量之间存在逻辑联系。生物中心后果主义证明动物与人拥有同等的道德关怀程度的理由就是二者都拥有复杂的、高级的能力。动物的这种能力应该得到人类的尊重，在道德意义上，具有与人类同等的道德权利，获得同等的道德关怀程度。将动物获得的道德关怀程度与人类的道德关怀程度视为毫无差别，这能够与人类的道德直觉和道德常识相接近。

以自然的道德代理人视角来考虑，为了求得最大的功利总量，生物中心后果主义要求公正地对待动物，使之免遭伤害，以及有区别地对待植物。这样，尊重和保护生物的利益，不残害和剥夺生物的身体和生命，这就满足了平等原则——平等地对待生物利益的要求。而对生物利益进行取舍时，生物中心后果主义倾向于复杂的、高级能力的动物，而不是植物，这同时也最大限度地促进了自然界的功利，即内在价值的增加。

"强可操作"是生物中心后果主义在实践上的特征，这也是它区别于生物中心主义其他流派的特征。生物中心主义的伦理理论认为，有机体有其自身的"善"，因而主张把道德关怀的对象范围扩展到人类以外的生物。保尔·泰勒"拒绝道德关怀的不同程度"。生物中心后果主义能够在利益的基础上证明，把水给予一个濒临渴死的人，而不是给予一个将要枯死的植物是正确的。假如一个继续存活的生物，有自主能力和愿望去保持活力，与一个缺少这些能力和愿望的生物发生冲突，生物中心后果主义支持保护前者，这与泰勒的平等主义有分歧。生物中心后果主义依照生物拥有同等的利益，应该给予相等对待的原则，以及拥有复杂的高级能力的生物的利益，要大于普通生物的利益。因此，人类应该优先考虑那些复杂的、高级能力的生物的基本需要。

生物中心平等主义通过对人的优越性的否定，对物种平等原理的认可，超越了人类中心主义，而生物中心后果主义在比较物种的生物利益的取舍方面，不是站在人的立场，而是站在自然的道德代理人的立足点，去优先考虑那些复杂的、高级能力的生物，这个理论不同于人类中心主义的观点，并且超越了生物中心平等主义。生物中心后果主义在实践上，更接近于人们的道德常识，具有更大的操作能力，它允许部分地持有生物中心平等主义的观点。在某种范围内，人们可以同时持有平等主义和后果主义的生物中心主义。在人类中心主义的行为标准里，人类高于自然界的动物和植物，是不平等的，是附带条件的，行为利己的。而生物中心后果主义认为，人类与自然界是托管关系，人类以自然的道德代理人的角度，来公正地看待行为道德伦理。在实践中，生物中心后果主义具有很强的操作能力，即行为基于理性的、平等的、不附带条件的、公正的基础上，是行为和理念的一致性。只要遵循生物中心后果主义，我们能够为种内的冲突和种间的冲突的解决提供一个合理的道德基础。

10.5 生物中心主义的内在价值

10.5.1 道德共同体的形成

作为扩展人们道德关怀范围的一种尝试，生物中心主义对人们的道德理性、道德能力和道德胸怀都提出了更高的要求，随着越来越多的非人类对象进入到人类的道德关怀范围，人类所承担的道德责任也越来越大。现在许多人正在用他们的实际行动来展现对大自然的敬畏、爱护和尊重。虽然生物中心主义对生物平等所做的证明是不充分的，但无论如何，生物中心主义至少为人与其他生命和谐相处提供了某些证明，并为人们展示了一个美好的道德拓展理想。

生物中心主义通过道德扩展，建立了人类与其他生物共存的道德共同体，道德共同体的范围被扩大了。原始人的道德观念很狭隘，只救助本氏族的人，奴隶社会不把奴隶当人，今天很多人都觉悟到对所有人都负有道德责任。而史怀泽认为真正文明的人应当对一切生命都负有道德责任。有生命的物体组成了一个相互敬畏和尊重的和谐的幸福家园，只有敬畏生命，将人与所有生物之间的关系视为道德关系的伦理学才是真正的伦理学。因此，史怀泽根据敬畏生命的原则，第一次将道德共同体的范围拓展到一切生命体。彼得·辛格提出：除了人类以外，大多数的动物都有感知痛苦的能力，人类要对它们施以道德关怀。于是，辛格将有感觉的动物纳入到人类道德共同体中，将道德共同体的主体边界从人类拓展到了动物。泰勒在《尊重自然》一书中提出，在生物中心主义伦理的基础上要把尊重自然作为一种终极的道德态度,提出要保护存在物的善和承认所以存在物的固有价值,并以这种方式进一步完善了史怀泽的生命伦理思想,将道德共同体的边界拓展到了自然界,生物中心伦理以尊重自然的形式出现了,在实践中,泰勒通过一系列的道德规范和准则表现出来,他把道德的主体边界拓展到了自然界,在伦理内容和伦理实践上更容易被人们认同和接受,从而也使生物中心主义伦理学成为一个完整的理论体系。

史怀泽认为:敬畏生命的人始终尽可能地摆脱这种可能性,在不得已而伤害和毁灭生命时,他意识到自己行为的随意性,并承担起对被牺牲生命的责任,但从来不会由于疏忽而伤害和毁灭生命,这就是伦理关系。敬畏生命的伦理要求所有的人把生命的一部分奉献出来,关心一切生命的命运,在力所能及的范围内,避免伤害它们,在危难中救助它们。人不仅为自己度过一生,而且意识到与他接触的所有生命是一个整体,体验他们的命运,把拯救和促进生命作为他能分享的最大幸福。

在尊重自然的道德共同体中,泰勒是如何通过有原则的尊重实现生物的平等的呢?泰勒在尊重生命的同时把保护人类的福利结合了起来,人类为了生存有时候必须食用其他生命,当然会给其他生命带来伤害,但是人不应当把这种与其他生命的这种冲突看成是野蛮的,而是一种可控制的生存竞争。辛格认为,感觉和心理能力的差异是一种具有道德意义的差异,是区别对待不同动物的道德根据,这样做的理由主要是基于功利主义的考虑。但无论如何,平等的关系和对动物利益的保护这一常规原则是不会动摇的,但即便如此,也并不意味着人的生命与动物的生命的价值是同等的。辛格同时还强调对人类生命价值的重视,认为人类生命的价值在同等的条件下高于其他生命的价值,但这并不表示又退回到人类中心主义的立场,也不会使平等的关心动物的原则变得毫无意义。辛格认为正是由于人们坚持所有的动物都是平等的这一原则,所以人类在实际的操作中才会使用权重原则和紧急原则。但无论如何,生物中心伦理建立的所有道德共同体的目的都是相同的,那就是强调所有生物的平等权利。

10.5.2 平等权利的追求

通过上面的分析可以看出,在生物中心主义者所建立的道德共同体中,生物中心伦理按照各自的方式实现了生物间的权利平等,对生物平等权利的追求,进而达到保护动物解决当时日益严重的生态危机正是生物中心主义思想产生的原因;与此同时,保护生物的多样性、生物之间依赖共生和促进生态平衡也正是生态学的基本要求。那么,生态学中的互利共生思想是如何走进生物中心主义,并转化为其中对生物平等思想追求的呢?

动物解放论伦理学的主要代表辛格提出,把感受苦乐作为一个存在物获得道德权利的根据,动物具有感受痛苦和愉快的能力,因此动物应从人那里获得"平等的关心"的道德权利。在史怀泽的敬畏生命理论中,史怀泽不仅要求敬畏人的生命,而且要求敬畏动物和植物的生命,他强调:把爱的原则扩展到一切动物,以实现伦理学的革命。所以,生物中心主义思想道德拓展的基本思路是:自然界中的各种生物是相互依赖的,人只是其中的一个成员,人并非天生比其他生物优越,所有有机个体都是生命的目的中心。因此,以此为理论的来源从而追求生物平等。通过分析可以看出,生物中心主义所力图构建的生物伦理目的是促进生物之间的平等权利。

10.6 生态学视阈下的生物中心主义

10.6.1 生态学与生物中心主义

生态学是研究生物及其与环境之间相互关系的一门学科。生态学的规律主要有：生物多样性规律、生物的互利共生与生存竞争规律、生态系统通过物质循环和能量流动维持生态平衡的规律等。生态学的上述规律体现了生物个体之间的平等和相互依赖的特性，但同时生态学也更加重视对生态整体的研究和对生态平衡思想的研究。生态学中还蕴含着丰富的进化论思想，生物多样性就是大自然经历漫长时期进化的结果，地球上进化出的数以亿计的物种，这本身就是宇宙中令人惊叹的奇迹。物种多样性是生物多样性概念的中心，它显示生物资源丰富性的程度，物种本身就是生态系统中的一笔无穷财富。

从生态学上看，自然是无中心的，而无论在目的上还是在途径上，生物中心主义仍是人类中心意义上的价值体系的回归，因而是不合理的。生物中心主义过于强调生物个体之间的共性，生态学的研究对象是生态系统，系统中生物个体之间既依赖共生又生存竞争，生态系统中各个部分之间也具有层次性。

随着人类文明的发展和科技的进步，人类对大自然的干预越来越大，甚至严重地破坏了生态系统的自我调节机制，导致生态平衡的破坏，进而危及人类的生存。人类作为生态系统中的重要一员，其对生态环境的影响是非常巨大的，人类既可以大力地改善环境同时人类也可以对环境造成极大的破坏。人类和其他生物一样都是自然界的一部分，它们和周围环境之间同样是一个整体是相互依赖的关系。生物中心主义思想的来源是生态学，生物中心主义是否具有合理性的问题，以及在多大程度上具有合理性，可以通过对生态学的解读去找到答案。

生态学的规律告诉我们：人是生物学上的一个物种，在生态系统中，人与其他生物是平等的，人同样应该平等地对待其他生物，并给予其他生物以道德地位和道德关怀，这正是生物中心主义伦理思想产生的基础。由此我们可以说，生物中心主义思想正是来源于生态学。然而，随着现代生态学的发展，生态学的研究对象、领域、目的和途径已经发生了变化，生物中心主义思想是否符合现代生态学的要求？

生物中心主义过于突出了生物个体在自然界的地位和共性方面的研究，以至于忽视了生物个体之间的差异性研究。生态学的研究表明，自然界是一个无中心的整体，各种生物既相互依赖又生存竞争，是共性和差异性共存系统整体。有人说过："人是自然界的一部分，并同自然界一起发展，而且依靠自然界生活受自然规律的支配，人—社会—自然是一个复合生态系统，在这里人和自然相互联系、相互作用，是不可分割的，二者的关系不是以哪一个为中心或者是对另一个的主宰和统治，而是相互作用和相互依赖。"

生态学除了强调生物个体之间的互利共生思想外，同时更加注重生态系统的整体平衡，例如在生态系统的某一群落食物链上，各种生物都处在不同的营养级上，这既体现了生物物种和个体的差异性，同时也体现了生物之间的相互依赖性，生态学主要关注的是生态系统的整体平衡性。因而生态学所体现出来的世界是丰富多彩的是多样性的是平等的和相互依赖的。二者的平等观还是有差异的：生物中心主义强调的是生物个体之间的平等权利;生态学强调的是生物个体之间的相对平等和生态系统的整体平衡,显然二者的内涵是不同的。

另外,从生态学的发展过程和发展方向上看,这种生物中心主义式的价值观同样是站不住脚的。现代生态学理论告诉我们:人类并不是自然的中心,其他生物和非生物也不是自然的中心,人类和其他生物体和无机的自然界共同构成了丰富多彩的世界,它们之间是相互依赖、互利共生的平等关系,自然界的各种生物和非生命物质有着共同的利益和命运,人首先要认识自然的价值并且尊重和善待自然、合理的开发和利用自然并促进地球所有生命体和非生命体的共同繁荣和发展。

现代生态系统论观点认为,世界是一个有机的整体。在这一整体中所有事物都是有联系的、相互作用的,整个世界是由多种生命物种和多种非生命物种组成的,某种物质的存在离不开与其他物的联系和对整个生态系统的依赖。但同时每一种生命体和非生命体都对整个生态系统做出了贡献,没有任何一物能够长久地单独生存下去。因而生态学所体现出来的世界是丰富多彩的,是多样性的、平等的和相互依赖的。在此基础上体现生态价值观并非某种中心主义式的价值体系,无论是从生态学的理论内容还是从生态学的发展方向看结果都是一样的。从人类中心主义到生物中心主义的发展过程中,虽然存在进步性和合理因素,但就整体而言,这种发展是从一种中心主义理论又跳进了另一种中心主义理论,这些理论都不符合生态学的要求。

10.6.2 对生物中心主义的评价

生物中心主义是在一定的生态意识基础上诞生的,其最重要的思想来源是生态学。然而,按照生态学的要求,当重新对这些生态意识进行梳理时发现,生物中心主义中的生态意识并不符合生态学的要求,或者说二者的思想和内容是不完全一致的。

虽然生物中心主义突破了人类中心的局限,把人类的道德关怀从人类扩展到了人类之外的其他存在物,同时,生物中心主义对于改善人与动物的关系、促进生物平等方面有一定的合理性。但是,生物中心主义理论本身所固有的缺陷、即在生态意识上与生态学的碰撞还是显而易见的:生物中心主义只是关心个体生命的地位与平等权利,而忽视了对生命群体和非生命物质价值的关注,这与生态学强调的生态整体的稳定与平衡的思想是不相符的。

生物中心主义在关心动物个体权利的同时,否定了物种和生态系统所拥有的道德地位,假如当一个生物个体的权利与一个处在濒临灭绝物种的权利发生冲突时,生物中心主义却不能为我们保护后者提供有力的道德支持。同时还要指出,生物中心主义思想并没有摆脱中心主义价值情结的羁绊,再加上生物中心主义理论自身所无法克服的困境,所以综合来看,生物中心主义是不合理的。即使生物中心主义者把生物个体赋予了内在价值和道德身份,也不能说明生物中心主义伦理的合理性,这只不过是另一种意义上人类中心主义的价值回归而已,生物中心主义思想没有成立的理论基础。

尽管生物中心主义从整体上说是不合理的,但生物中心主义在环境伦理学中的地位是不应该被抹杀的,因为任何一种理论的出现都不会是完美无缺的,它都要经过历史的和实践的检验,如果它能够在一定的范围内对我们的道德生活发挥积极作用的话,我们就应该承认其价值。生物中心主义理论的产生是环境伦理学进步和发展的必然阶段,它至少拓展了环境伦理学的思维视野,它要求人类从道德上关心其他动物,这样就有助于人类克服在日常生活中对其他存在物的麻木不仁,当然也有助于培养人类和动物之间的感情。生物中心主义所提倡的对动物的关爱也为人类的自我道德完善提供了一种可能,是人类超越利己主义向更高的道德价值追求的思想基础。总之,生物中心主义从整体上看虽然是不合理的,但是,其对人类思想发展的贡献还是不可磨灭的。

第11章 生态中心主义

11.1 生态中心主义产生的前提

11.1.1 生态中心主义产生的前提——生态危机

自从工业革命以来，人类社会的发展进入了全新的阶段，人类社会的面貌发生了翻天覆地的变化，各种各样的工业产品从工业流水线进入千家万户，人们的物质生活得到了极大满足。但是实现这一切是以破坏生态环境为前提的，人类疯狂掠夺自然资源来获得加工工业产品的原材料，同时把工业活动产生的废气、废水、废渣等排放到环境中。如果这种行为不加以制止，愈演愈烈，当污染排放超过了自然界环境的自我更新速度，就会造成环境污染与生态破坏，对生态环境造成重大影响，这就是生态危机的来源。

生态危机具有以下几个特征：

(1) 波及范围涉及全球。

人类活动造成的生态破坏与环境污染问题随着人类科技的发展，全球化进程不断地加快，变得越来越严重，生态危机开始向全球蔓延，不再只局限于个别地区。例如温室效应，海平面上升等都是影响全球的环境问题。

(2) 具有持久性与人为性的特征。

生态危机的产生有各种各样的原因，除了少部分是自然的原因外，主要是人类活动造成。人类逐利，为了赚取更多的利润，可以不计后果的破坏自然，掠夺自然资源。人口的膨胀，资源的浪费，废物的排放等这些都让地球生物圈不堪重负，人类虽然创造了发达的科技，能够改造和征服自然，但是如果不尊重自然，最终会受到自然的报复，这就是生态危机愈演愈烈的后果。

(3) 生态危机难以逆转。

生态系统具有自我修复的功能，当自然界某些地方受到破坏时，生态系统可以自我调节，使当地的环境恢复到原来的情况。但是这种自我修复不是无限度的，当生态破坏到一定程度时，就超出了生态系统的自我修复能力，生态系统就难以恢复了。一旦这种情况发生了，对生态系统的破坏将是长期的和难以挽回的。所以我们人类不能无止境地破坏生态系统，不然悔之晚矣。

11.1.2 生态中心主义的产生

随着生态危机愈演愈烈，人类社会逐渐兴起了一股讨论人与自然关系的热潮，由此在激烈的思维碰撞中产生了种种不同的观点。美国环境史学家唐纳德·沃斯特在其影响深远的名著《自然的经济体系：生态思想史》前言中开门见山地宣称："在最近一年里，要谈论人与自然的关系而不涉及生态学，已经是不可能的了……简直可以把我们的时代称之为

'生态学时代'了。"其中,就自然环境对人类活动是否具有价值这个问题的思考,在 20 世纪后半段引发了一场关于人类中心主义伦理观和非人类中心主义伦理观的大辩论。随着辩论焦点的深入,非人类中心主义逐渐把握主动,占了上风,当中的典型观点即生态中心主义伦理观逐渐取代了传统的人类中心主义伦理观,成为人类权衡与把握人与自然关系的主要伦理依据。生态中心主义是环境伦理学的一种理论观念,它把环境伦理学的中心问题认为是生态系统和生物共同体的整体利益,而不是他所包含的个体成员的自身利益。然而人类中心主义却认为只有人类自身的利益才是具有价值的,并且还是道德评判的前提,只有人类才能成为价值评判的主体,生态系统的其他成员都不具备这种资格。

人类中心主义和生态中心主义就对自然具有的价值的各自评价是相差巨大的,因此从人类中心主义伦理观转变为生态中心主义伦理观需要人们颠覆原来的价值观乃至世界观。虽然这两种观念都承认自然于人而言是有价值的,认为自然对于人类来说具有实践、审美、认知等价值属性的特点。但是人类中心主义更多的是看重自然的"工具价值",而否认生态系统具有的"内在价值",认为自然与人的关系只能是改造与被改造、征服与被征服的关系,自然与人是利益关系的结合,但是自然也不能得到人类的尊重。而生态中心主义却承认生态系存在"内在价值",人类应该尊重与顺应自然。正是由于存在对自然"内在价值"这个问题的不同看法,从而导致了人类中心主义与生态中心主义价值观念的不同,继而在理论及行动上表现出明显的区别。

11.1.3 生态中心主义的主要观点

生态中心主义虽然是新近崛起的价值观,却迅速成为人类社会的主流学派,它的理念获得了绝大多数人的认可。生态中心主义推崇把人类的道德情感从人类个体扩大到生命共同体整个范畴,人与自然和谐共处。

生态中心主义观念主要包括三个有机组成部分:

(1)莱奥波尔德的大地伦理。

大地伦理观共包括生命共同体、道义论和伦理进化思想三个部分。生命共同体概念追求的是生态系统的整体利益大于生命个体的利益;大地伦理观的道义论也可以称之为生态良知,它注重对自然界生命本身而不是对人类利益的尊重,要求人类对生命共同体的应负有一定的责任与义务;伦理进化思想是对进化论的继承与发展,把进化论延伸至伦理的范畴,着重伦理观念的与时俱进。

(2)罗尔斯顿的自然价值论。

自然价值是一个开放性的概念,没有完整定义,不依赖于人。自然界的生物都具有自身的价值评价角度,人类对自然价值的评价只能是遵循客观事实,不能以人类自身的利益为依据。自然的价值具有创造性,不以人的意志为转移。生态系统是不同个体的集合,也是支撑个体生存发展的基础,所以生态系统的整体价值高于生命个体的价值。

(3)阿恩·奈斯的深层生态学。

深层生态学在传统生态学的基础上,进一步从文化价值的角度论证了人类中心主义观点的错误,并深究了生态危机产生的深层次原因,鲜明地反对人类中心主义伦理观、机械论和不加节制地经济开发活动等。

生态中心主义紧紧围绕整体性这一理念,强调生态系统是一个整体,系统内的任何个体都不能脱离整体而单独存在，整体大于个体之和，生态系统的整体利益比个体自身的利益更为重要。在生态系统里面，任何个体与其他个体之间的联系都是十分密切的，谁也离不开谁。整体的性质决定生态系统的性质，而人只是生态系统中的一部分，是生物共同体的一员，与其他生物一样都是生态系统这个整体的组成部分。生态中心主义认为在自然界中不仅生命体，而且非生命的存在，即生物及其环境构成的生态系统和伴随着的生态过程，都要纳入道德关怀的范围内。因此，生态中心主义具有鲜明的反对人类中心主义的色彩，不仅人是道德关怀的对象，生态系统内的动植物以及其存在环境都要被进入道德关怀的视野内。生态中心主义的出现给生态伦理学的发展提供了全新的视野，人类开始重新审视人与自然的关系，不再以征服自然为荣，而是要与自然平等相待、和谐共处。所以，相比人类中心主义，生态中心主义更加注重生命共同体而不是个体，是一种整体主义的而非个人主义的伦理学。

11.2　大地伦理观

11.2.1　人类伦理观的演变

自从人类产生文明之后，伦理的观念也就随之而来。最初的伦理是处理人与人之间的关系，随着社会的发展，人类社会变得越来越复杂，伦理观也就发展到适用人与社会的关系。不过这种发展也只是简单地适用范围的扩大，并没有从根本上改变伦理学，伦理观念仍然只是人类的专属，并未涉及人与自然的关系。人类仍然以自然的征服者自居，自然界的一切都是人类的私有物品，人与自然的关系只是经济利益的关系。随着社会的发展，伦理学迫切需要一种全新的理论，一种能够把人类之间的道德关怀与伦理关系诠释到人与自然之间的伦理观。

11.2.2　大地伦理观的提出

20 世纪前期，英国哲学家奥尔多·利奥波德在经过深入研究传统生态伦理学的基础上，提出了大地伦理学的观点。他认为传统的人类伦理观过于狭隘，伦理观念的范畴应扩大到人与自然的关系方面。

他的"大地伦理学"认为，需要改变两个决定性的概念和规范：

（1）伦理学正当行为的概念必须扩大到包括对自然界本身的关心，"一件事情当它趋向于保护该生物群落的完整、稳定和美丽时，它是正确的；否则就是错误的"。

（2）道德上的权利概念应当扩大到自然界的实体和过程，"应该确认它们（植物、动物、水和土壤）在一种自然状态中持续存在的权利"。

因此，他反对人类中心主义的伦理观点，认为人类在自然界中拥有的地位，并不是一个统治者，而是作为自然界生命共同体中一个普通成员的角色，因此人要对关心和保护自然界共同体起到自己的责任与义务。

作为当代生态文明的重要组成部分，大地伦理观认为地球是有生命的，它的山川、河流、土地、森林、气候、植物以及动物都属于同一个整体，他们彼此相互联系，都作用服务于大地这一整体。它包括三大部分，即生命共同体、道义论和伦理进化思想。奥尔多·利奥波德要求在人与共同体的其他成员,以及整个生态系统之间建立一种伦理关系。并且他扩大了共同体这一概念的定义,主张把人类独有的道德权利扩大到山川、动植物、河流等生态系统内的存在当中,同时力求重新定义人在自然界中的地位,使人类从自然界的征服者转变为其中的一名普通成员和安分的公民,帮助大地从掌握现代科技的人的控制下求得生存与发展。人类必须尊重"大地共同体"(整体生态系统)以及共同体的其他成员,这正如利奥波特所言:"土地伦理是要把人类在共同体中以征服者的面貌出现的角色,变成这一共同体中的平等的一员和公民,它暗含着对每个成员的尊重,也包括对这个共同体本身的尊重。"

(1)生命共同体。

生命共同体又称人类-生物共同体,这里所说的生命包含所有具体的生命主体,因此也包括人类生命与非人类生命主体的种种具体差异。在生命共同体中人类与共同体的其他成员的生存利益是相互依存的,生命共同体作为一个整体性的生态系统,包括所有组成成员的利益,具有一种整体利益;人类生命与所有非人类生命存在,也存在着共同的利益(如维持地球生态系统的正常运行,保证生物圈的完整、平衡,维护全球生态环境的健康等)。所以,唯一具有道德能力观念的人类主体在实现自己生存发展权利的时候,需要采取道德规范的形式来约束自己对待生命共同体其他成员及其生存环境的行为,以维护生态系统的整体利益和组成成员的共同利益,以达到保障生态系统内成员基本的生存权利的目的。因此,生命共同体中人类与其他成员利益的相互依存,是使生态伦理学从客观事实过渡到主观义务的途径。克利考特宣称:"无论如何,大地伦理的概念基础在伦理学范围内提供了一个包括生态共同体成员和生态共同体自身的令人满意的、首尾一致的理论原则。"

生态伦理的根本性是利益问题,因此人类中心主义者否认生物存在自身的利益,尤其是否认人类与其他生物存在着共同的利益,他们只承认人、植物和动物在生态系统上属于一个共同体,而不承认他们在生存利益的相互关系上是一个共同体,因为他们认为生物本身不具有利益,也就没有共同利益可言。然而,利益并非只有人类的专利,其他非人类生命形式也是具有的。生物的利益,是维持其生存发展的客观需要及其条件,如动物与人一样,也有对于洁净的水、清新的空气、未被污染的食物与有利的生存场所的基本需求,甚至植物也有某些与人相似的需求。例如人和植物都需要水、氧气和营养物质,二者都会生长和繁殖,二者最终都会死亡。而动植物等生物在自然环境中满足其生存需要的活动是一种生态活动,因此要受到生命共同体中其他生物生态活动的影响和制约。因此,生物自身的利益不能脱离生命共同体整体而存在,它要受到生态系统中各个成员间的相互利益关系的约束。有利于满足所有生命形式的生存需要的客观条件,也就是他们的共同利益所在。而能否辨识这种共同利益,能否具有能力承担起维护这种共同利益的道德责任,只是成为道德主体的条件,并不能成为否认生命共同体中存在这种客观的共同利益的理由,也不应成为人类否认对其他生物具有道德义务的借口。因此,生命利益的多样性和生命实现利益方式的复杂性,以及人类利益与生命利益在实现过程中的复杂关系,决定了人类对所有非人类生命和整个生命共同体的道德义务的多样性和复杂性。按照对生命共同体的这种理解,人类对生物共同体的义务主要分为两点:第一,保护生物共同体结构上的复杂性以及支撑这种复杂性的生物多样性;第二,生物共同体虽然是一个可以自我调节的系统,但它的这种调节需要较长时间,因此,人类对生物共同体的干预应该把握分寸,不应过度。

(2) 道义论。

理解大地伦理学的一个重要前提是对道德情感的认识,也就是伦理学当中的道义论。利奥波德曾指出,我不能想象,在没有对土地的热爱、尊敬和赞美,以及高度认识它的价值的情况下,能有一种对土地的伦理关系。通常我们理解的道义论,又称之义务论,是指以道义、义务和责任作为行动依据,以行为的正当性、应当性作为道德评价标准的伦理学理论。一般而言,道义论也只是在人与人之间适用,主要是通过道德权利、道德秩序、道德义务和道德评价构成的。而大地伦理学的道义论认为人与大地同属于一个共同体。因此,人类不仅要对同属于一个共同体的成员而且对共同体本身也要尽到一定的道德义务。大地伦理观的形成离不开道德情感的发展,当人类充满对大地的热爱、尊敬和赞美时,道德的界限也就扩大到了人与自然的范围,一种对土地的伦理关系也就随之生成。不过,大地伦理观的形成并不仅仅是道德情感的问题,它的演变既是一个情感发展的历程,也是一个精神发展历程。当伦理的范围从人扩大到生命共同体这个概念时,伦理学的精神内容也就变得丰富多彩了。大地伦理学拥有的一个基本道德原则就是:一件事情,当有助于保护生命共同体的和谐、稳定和美丽时,它就是正确的;反之,就是错误的。和谐、稳定和美丽是大地共同体的不可分割的三个要素,它们是三位一体的存在。因此,研究大地伦理学的意义就在于能够促进和保障生命共同体成员之间的合作行为,使人类的道德关怀扩大到整个生态系统的范畴,达到人与自然和谐相处的目的。

(3) 伦理进化思想。

19世纪中期,英国伟大的生物学家达尔文撰写《物种起源》一书面世,提出了以自然选择为核心的生物进化论,使整个生物学研究发生了革命性的变革。而20世纪70年代以后,随着人类对环境问题的愈发重视,伦理学家们开始对人和自然之间究竟是否存在伦理关系展开了广泛的讨论,而大地伦理学的伦理进化思想则进一步拓展了进化论的范围,它把伦理学作为进化论的研究对象,强调伦理学也是随着社会的发展而不断发展的,最终达到人与自然和谐共生的良好局面。从人与自然关系维度审视,进化论的重要理论贡献是对人在自然中的位置作了科学性的确定。环境伦理的发展从最初的为防止人类破坏环境而进行的"自然保存运动"阶段,到近代工业化社会建立以后从人的功利主义角度出发提倡利用天然资源的"自然保全运动"阶段,最终到现代社会以人和生态的共生为价值基础的"环境主义运动"阶段,共历经三个阶段。20世纪70年代以前,环境运动基本上处于"自然保存运动"和"自然保全运动"相互对立、共同发展的阶段,70年代以后,环境运动进入"环境主义运动"阶段,在这一阶段,环境思想的核心从资源保全主义转向了以自然的权利为核心的环境主义。可以说,环境伦理观念从诞生之日起,就处于不断的发展过程当中。

11.3 自然价值论

11.3.1 自然价值论的提出

20世纪中叶,整个人类世界发生了翻天覆地的变化,随着科技大爆炸,工业的发展,以及人口的膨胀,环境问题日益突出,特别是震惊世界的"十大公害事件"掀起了西方第三次自然环境保护运动的高潮。在这次运动中,美国著名的环境伦理学霍尔姆斯·罗尔斯顿在大地伦理学的基础上,借助现代生态系统研究了生态整体主义,并提出了"完整、动态平衡"的两个原则,最终形成了自然价值论这一核心的环境伦理学流派。

在人与自然矛盾冲突空前激化的前提下,生态中心论的价值取向与诉求是首次从理论自觉高度对人类自身与自然关系进行伦理反思与哲学思考,它力图超越主客二分的狭隘界限和僵化模式,摆脱了单方面考察所固有的历史局限,表达了人类要在宏观与长远的高度上重新审视人与自然间既对立又统一的复杂关系之意愿,警示人类要尊重、爱护自然生态环境,它要求把伦理关怀范围从人与人的关系扩展到人与自然的关系中,使生态环境这一被掩盖了的中介终于浮出水面,从而成为人们深度研究的时代课题。自然价值论突破了传统的价值观念,提出了"内在价值"这一全新概念。价值"附着于整个生命形式,而非只存在于作为生命基本单位的个体之中。这种价值虽说是由个体生命体现的,但又超越了个体生命——它出现于一种整体性的交互作用之中"。首先自然价值论承认自然是具有"工具价值"的,自然于人而言具有实用性,存在利益关系。但是自然还具有"内在价值"和"系统价值"。这正如罗尔斯顿所言:"活着的个体是某种自在的内在价值。生命为了它自身而维护自己,其存在的价值决不取决于它对其他存在物所具有的工具价值。"自然价值论认为内在价值是自然的本质属性,不需要依赖于主体评价或不与主体发生关系也能表现出来。之所以存在环境污染与破坏的问题是因为人类只承认外在价值却否认自然具有内在价值,要想实现人与自然协调发展的目的,前提就是要承认自然具有自身的内在价值,自然存在与人类一样具有相同的生存自由与权利,同样享有生态系统所赋予的恩赐。"自然具有内在价值"是非人类中心理论的逻辑起点与理论预设,它体现当今人类在全球性生态危机日渐严重的情况下,开始对以往思维方式和行为规范进行深刻的自我反思和全面的反省,从而更深刻地展示人类对子孙后代生存发展自然生态系统协调平衡和地球生命系统和谐繁荣等责任的承担。正如戴斯·贾丁斯指出:"全面的环境哲学的中心任务在于对自然和价值范畴的思考。"价值的本质是客观的,具有多样性,且是历史进化的。价值本质最突出的特征属性是它具有创造性。罗尔斯顿指出:"自然系统的创造性是价值之母,大自然的所有创造物,只有在它们是自然创造性的实现的意义上,才是有价值的。凡存在自发创造的地方,就存在着价值。"创造性是价值之母,其实质就是系统的新性质不断产生的过程。自然物具有的创造性属性即是价值,这些属性使得具有价值的自然物不仅极力通过主动适应环境来求得自己的生存和发展,而且它们彼此之间具有的相互依赖和相互竞争的协同进化,也能增加大自然本身的复杂性和创造性,使得生命朝着多样化和精致化的方向进化。克利考特认为:"一个具有内在价值的事物是由于它自身的缘故而被认为有价值的,它的价值是自为的(for itself),但不是自在的(in itself),也就是说,不是完全独立于某种意识的……从原则上讲,任何价值都不可能完全独立于一个正在评价的意识而存在。"总之,价值就是"这样一种东西,它能够创造出有利于有机体的差异,使生态系统丰富起来,变得更加美丽、多样化、和谐、复杂。"

11.3.2 自然价值论的意义

罗尔斯顿的自然价值论认为生命共同体比个体更重要,因为共同体可以长久时间的存在,不因个体的消失而消亡。而共同体具有的审美性、稳定性和完整性,也能对个体进行持续不断的选择,使个体向着有利于共同体的方向发展。罗尔斯顿说:"在生态系统层面,我们面对的不再是工具价值,尽管作为生命之源,生态系统具有工具价值的属性。我们面对的也不是内在价值,尽管生态系统为了它自身的缘故而捍卫某些完整的生命形式。我们已接触到了某种需要用第三个术语——系统价值——来描述事物。"系统价值"指的是生态系统具有的一种"创造性"的能力,系统价值并不会浓缩在个体上,贯穿整个生态系统当中,不仅是部分价值的总和。罗尔斯顿认为"伦理关注焦点的扩展,不会只要从人类转移到生态系统的其他成员,而是从人和一种个体扩展到整个系统。"贯穿系统价值的过程是具有创造性的,经过整个过程而诞生的产物即是融合在工具利用关系网当中的内在价值。各种内在价值都是相互渗透,具有千丝万缕的联系。对内在价值的评价不是孤立的,而是要融入到整体价值的条件当中来分析。"在一个功能性的整体中……内在价值恰似波动中的粒子,而工具价值亦如粒子组成的波动。"个体和部分的价值只有处在生态系统的网状结构中并参与进化才有意义。

11.4 深层生态学

11.4.1 深层生态学的提出

1973年由挪威著名的哲学家阿恩·奈斯提出的"深层生态学",又称"生态智慧",将生态学发展到哲学与伦理学的领域,提出了生态自我、生态平等以及生态共生等重要生态哲学理念。也就是人与自然平等共生、共在共容的哲学与伦理学理念。深层生态学最重要的准则是"自我实现",自我实现是一个过程,一个人不断扩大自我认同范围的过程,在这个过程中人们深刻地认识到人类不是与生态系统分离的个体,而是生态系统整体的一分子;自我实现同时也是不断扩大生态"大自我"的过程,在这个过程中自我与自然生态系统其他存在物的距离感在不断缩小。自我实现同时也意味着所有生命的实现,因此自我实现的最大化离不开生物多样性和生态共生的最大化,生物多样性保持得越多,生态共生越完整,自我实现就越彻底。深层生态学是与浅层生态学相比较而言的,浅层生态运动局限于人类自身的环境和资源保护需求,而深层生态运动从一开始就反对人类中心主义世界观,它强调不仅要从人的角度出发,还应该从整个生态系统的角度,认识到人与自然的关系,把人与自然作为统一的整体,从更深层次的角度认识、解决生态问题。

11.4.2 深层生态学的内涵

通常传统的生态学研究生态系统主要是从物质的角度出发,而深层生态学是从精神的层面来研究生态系统的,它以整体论为看待问题的出发点,将整个自然界生物圈看成一个生态系统,在这个生态系统中的一切事物都是具有相互联系、相互作用的关系,人类只是生态系统中的一小部分,不能凌驾在自然之上,也不能脱离自然,而是存在于自然之中,人类的生存与其他部分的存在状况密不可分,生态系统的完整性不容人类破坏。任何个人或集团与生态利益的关系是"小自我"与"大自我"的区别,个体的特征与整体的特征密不可分,自我与整个大自然密不可分。深层生态学的提出给人们提供了思考人与自然的关系的一种新思路,有两个基本原则:一是要消除人类中心主义对生态系统的偏见,客观地看待地球上各存在物之间的相互关系,深层生态学认为只有生态中心主义才是符合生态系统本质的理论。二是不能忽略人的自我实现的需要。我们不仅要认同自我和人类本身,还要认同动植物以及整个生态环境。这需要加大力度从根本上改变我们的观念,让我们的行为符合科学理念的要求。

深层生态学强调生态中心平等主义,即承认自然存在物具有内在价值,这是研究深层生态学的先决条件。"自然具有内在价值"有利于人类摆正自己在大自然中的位置,把自己作为大自然中普通的一员,是整个生物链中的普通一环,从而走上可持续发展的道路。但是不是所有的深层生态学家都认同内在价值会平均的分配在每一个自然存在物中,德韦尔和塞逊斯认为内在价值会平均地分配给生态社会中的每一个个体,生态学对深层生态学的作用主要有:一是重新发现了一切事物都是联系的,作为一种科学,生态学提供了一种自然观,这种自然观在其他学科中是缺乏的。二是鼓励学者深入现场实地观察事物间的相互关系,而不是死读教科书或待在实验室里进行研究。弗兰克·高莱也从生态学角度对深层生态学进行了考察,他认为,生态学的一些概念如生态等级结构、能量、物质、信息交换以及物种发育等构成了从生态学通向深层生态学自我实现和生态中心平等主义准则的桥梁,尽管存在着语义学上的问题,但深层生态学的准则仍然可以用生态学原理加以说明。而主张超越个人的深层生态学家福克斯则认为存在于生态网的网结复杂程度越大的内在价值也就越大,注重过程的统一意味着内在价值分配给每一个存在物身上的机会并不平等,内在价值应该是存在着等级序列,有大小之分。

11.5 生态中心主义

生态中心主义是人类为了自救,解决人与自然长久发展而提出的学说,为人类解决各种环境问题与生态危机提供了很好地途径。生态中心主义以整体性思维作为处理人与自然关系的准则,让人类社会重新认识世界和改造世界。对解决当代生态环境问题,以及规范人类自身的行为有重要的理论和现实意义。

不难看出,生态中心主义的整体性的思想准则凸显了生态系统的重要性,降低了人类地位至高无上的观念在社会上的影响力,并以生态平等、生态共生作为自然价值的评价标准,以达到对自然的工具价值和内在价值的认可,实现人类对自然存在物及其周围环境给予的道德关怀和价值尊重,对环境污染、生态破坏起到很好的整治作用。生态中心主义的各种思想为人类社会的可持续发展,人与自然和谐共处及生态意识的建立提供了强有力的支持。生态中心主义的意义如下:

(1) 现实意义。

① 人类中心主义主张人与自然隔离形成的二元论,导致人与自然的关系是征服与被征服,只能是零和的局面。生态中心主义"以生态系统中任何事物相互联系的整体主义思想来看待和处理环境问题,在哲学世界观上,坚持人与自然相统一的'一元论'。"这样就把人与自然的关系从对立转化为了合作,即生态共生哲学理念推崇的环境伦理观。

② 生态中心主义在研究生态系统整体性与个性的关系时,发现人类的进化并不算完美,依旧有很大的局限性,所以生态中心主义的从生态整体出发,减少人类只利己的环境行为,完善人类的环境行为趋于和谐,确保人类自身利益和生态系统整体利益和整体价值之间的关系达到共生的局面。

③生态中心主义运用马克思主义辩证法的思维模式,是借助普遍联系与永恒发展观点来分析生态危机的根源,对人类认识世界与改造世界提供了理论支持。

④生态中心主义对人类的利己行为持批判态度,这样可以随时提醒人类认识到自己行为的不足,并重新认识与改进人与自然的关系,这样将扩大人类的伦理关怀范围,它所提出的各种具体伦理原则和处理相互关系的优先原则富有启示意义,它将人对自然的态度作为衡量人的道德境界的指标,也是十分必要的。

(2)理论意义。

①生态中心主义的兴起将生态问题提升到一个全球性的高度,整个人类开始意识到环境的重要性,人与自然和谐的理念开始深入人心,人类社会要想获得发展,必须达到人与自然和谐的前提。地球生态系统的各个组成部分都是相互联系、相互作用的,缺少任何一个部分都会使整个生态系统不再完美,只有保持生物的多样性才能维持生态系统的完整性,这样人类社会才能有可持续发展的可能。

②生态中心主义强调的人与自然和谐相处的理念,改变了人类社会的生产、生活方式,有效地控制了人类对自然界无止境的索取,人类不再以奢侈浪费为荣,环保节约的理念成为人类的主流追求。

③生态中心主义的兴起,使我们在强调物质文明,精神文明建设的同时,越来越注重生态文明的构建。政府不再只追求国民生产总值的增长,也提出了绿色国民生产总值的概念,在追求经济效益的同时,也要考虑社会效益,实现循环经济与生态经济。

④生态中心主义以整体性为理论准则,反对环境污染与破坏,资源耗竭,并不单纯地追求物质上的财富,而是为了全人类、自然界以及整个生物圈的利益,追求的是个体利益和整体利益的"自我实现"。

11.5.1 生态自然观的内涵

大地伦理观称"自然"为"共同体",自然也是充满活力的生命系统,充满着生命的进化和生态循环的运动。所以把自然的本质归纳为生命共同体的理念,是一种根植于生态学的,以生态系统为中心的整体主义自然观。这种自然观存在的目的是为了消除现代文明社会所造成的人与自然的冲突,重新构建人与自然、人与人的伦理关系。作为生态系统的自然并非不好的意义上的"荒野",也不是堕落的,更不是没有价值的。相反,"她是一个呈现着美丽、完整与稳定的生命共同体"。生态中心主义的自然观是以生态系统的整体性为中心来认识和处理人与自然关系的一种自然观。因此,它与普通辩证自然观是有根本性不同的,辩证自然观解决人与自然的关系依靠的是人类的实践。而生态中心主义的自然观在处理人与自然的关系时,强调以生态系统为中心,而生态系统是一个不可分割的有机整体,人类作为共同体的一部分,只是其中普普通通的存在。人类既没有奴役,灭绝共同体其他物种的权利,也没有凌驾和控制整个生态系统的资格;每一个物种都是生态系统中的一员,具有自由存在的权利,生态共生对生态系统整体的健康发展都是有价值的;但是人类作为其中特别的物种,具有强大的科技能力,所以当进行人类活动时必须采取措施遏制人类的行为无节制的扩张,不能超越生态系统的承受能力,为共同体其他物种的生存发展留下必要的活动空间与行动自由,达到整个生态系统和谐平稳发展的目的。

所以从上不难看出消解人类的主体地位即是生态中心主义自然观的实质,只有确立以生态系统为中心,才能针对目前的生态危机提出解决方法。其一,人类并不是宇宙当中独一无二的存在,宇宙很有可能存在其他的智慧生命,所以人类只是宇宙中的一个物种,没有什么特殊之处,在整个地球生态系统当中人类与其他物种以及周围的环境时刻保持着紧密的联系。其二,奉行人类中心主义观念下的人类行为都具有有一个共同的特征,就是为了达到满足人类自身利益的目的,而不惜以牺牲整个自然界的平衡、繁荣和稳定为代价,为了人类的个体利益,而损害了自然界的整体利益,这是得不偿失的。其三,生态中心主义者经过进一步研究认为,虽然最初的生态危机是传统人类中心主义造成的,但是即使是改进过的意识到自然重要性的现代人类中心主义,虽然也强调生态系统的和谐、稳定,但人类中心主义的一切人类行动都是充满功利主义的。现代人类中心主义强调保护的自然也仅仅是人类需要的、对人类有利用价值的那部分自然,不是保护完整的生态系统。一旦人类与自然发生冲突时,人类就会毫不犹豫地牺牲那些对人类没有利用价值的自然环境。所以,无论是传统的人类中心主义还是现代人类中心主义,本质都是以人类为中心的伦理观,都会强调为了人类自身利益而损害生态系统的整体利益。生态中心主义认为生命共同体的其他成员都包含"内在价值",所以人类的道德关怀的范围应该从人类扩大到整个生态系统,人类对自然环境应该负有一定的责任和义务,这样才能建立起一种广泛的生态伦理观。

11.5.2 生态中心主义与人类中心主义的比较

人类中心主义与生态中心主义可谓是当今社会两大主要生态伦理学流派。这两个学派的根本分歧点在于如何看待人类价值与自然价值的关系,从而决定人类的实践行为的出发点与落脚点。人类中心主义认为人虽然处于自然界当中,但是人与自然界其他成员的关系是竞争的,所以生态系统的平衡是建立在适者生存,不适者淘汰的残酷局面的基础上的。而生态中心主义则将人类与自然界的其他成员平等地看待,视为生命共同体中同等的部分,不区分大小贵贱,人类不能也不允许凌驾于其他生命体之上,其他成员与人类享有相同的权利和地位,人类无权为了自身的利益而破坏其他成员生存的权利。

随着生态中心主义与人类中心主义争论的持续,人类对环境伦理学研究越发的深入,发现人类中心主义与生态中心主义具有互补的特点,并不是完全对立的。生态中心主义过于强调了人类与其他自然界存在的平等地位,却忽视了人类在改造自然界的特殊地位,而人类中心主义却也过分的突出了人类在自然界的地位和作用,没有注意到自然界其他成员对构建生态文明和维护生态平衡起到的积极作用。但是生态中心主义与人类中心主义的最终目的都是为了解决当今社会的环境问题,所以如果把生态中心主义与人类中心主义结合起来,使生态中心主义与人类中心主义相互渗透,互相汲取优点,使人类在追求自身利益的同时,也能维护整个生态系统的稳定与长久发展。保护整个自然界既需要协调整个生态系统中人与自然的关系,也需要借助人类的科技、技术来改造自然界。所以把人类中心主义与生态中心主义结合起来,各取所长,由此才能达到人与自然和谐相处的良好局面。杨通进认为:"在现实生活中,我们可以把人类中心主义视为一种具有普遍性的社会伦理标准,要求所有的人都予以遵守,而把动物解放/权利论、生物平等主义和生态整体主义理解为具有终极关怀色彩的个人道德理想,鼓励人们积极地加以追求。"

11.6 中国传统生态观

11.6.1 传统生态观的新生

现代社会西方的生态中心主义学派盛行,成为人类社会的主流生态文明思想,这在广大人民的心中产生一种误解,认为生态文明思想起源于西方,由西方人提出的,生态中心主义就是生态文明。但是其实古代中国的传统生态观就是一种出色的生态文明思想,例如"天人合一"思想、"民胞物与"等观点与西方生态中心主义的理念不谋而合,可以说是殊途同归,这些思想不但能为中国建设生态文明提供强大的理论支持,也是值得我们后人深入研究和发掘的宝贵精神财富。

而研究古代中国的传统生态观与现代西方社会生态中心主义的思想的契合,有利于实现西方生态中心主义思想的中国化,降低对生态文明思想的陌生感,让人们能更快地接受现代生态文明观念,为中国的科学发展及生态文明建设提供更加有效的理论指导。中国传统生态文明理念曾长期受到冷落,不为人们重视,缺乏专门人才进行相关文献收集及进行系统的研究。所以传统生态观的继承与发展一直受到束缚与制约,要想打破中国传统生态观的桎梏,我们应该抓住全国正在实施科学发展的机遇,以先进的生态文明建设理论为指导,借鉴西方现代生态中心主义思想的长处,取其精华去其糟粕,大力推广生态文明理论,以使传统生态观重获新生,为中国建设生态文明贡献自己的力量。

11.6.2 天人合一,和谐发展

中国传统生态观主要讲究天人合一,即人与自然和谐相处,这是几千年下来中国传统文化的精髓所在,成为指导我们认识自然,改造自然的依据。"天人合一"中的"天"即我们所说的自然界以及宇宙万物,不仅是自然意义的宇宙,而是被赋予了生命,具有精神的存在。季羡林先生曾说过,天,就是大自然;人,就是人类;合,就是互相理解,结成友谊。所以天人合一的思想告诉我们,人类只是自然万物的一部分,人类与自然应该是息息相关的。这跟生态中心主义当中生态整体与人类个体的关系的观点不谋而合,这说明在古代中国,前人就对生态学的研究达到了一个较高的境界。老子说:"人法地,地法天,天法道,道法自然。"人的本质与自然是相通的,所以人的一切行为应该符合自然规律的发展,达到人与自然和谐的要求。

天人合一的思想也就是人与自然合一。这里所说的自然不是通常我们认为的山川,河流,湖泊,森林等,这些只是自然的外在表现,外在表现是可以随时变化的,地壳运动,一场大火都可以改变自然的外貌,所以人与自然合一追求的是自然的本质,自然的外在可以有各种变化,但是本质却是不变的,可以长久的存在。天人合一是人与自然在精神、观念与行动的统一。所以要达到天人合一的目的,并不只是追求一种外在的表现形式,只有人的精神境界达到一定地步,能真正感受到自然的脉动,从内心与实际行动尊重自然,这才是天人合一的真正含义。

第 12 章 生态女性主义

12.1 生态女性主义产生的背景

工业革命时期,科学家们乐观地认为科学的发展没有极限,拥有理性知识使人类能够发现和制定一切普遍有效的方法来认识和操纵自然,从此自然的形象被完全机械化、简单化和工具化。他们给人类的这个"世界是简单的"信念在方法上由牛顿的描述机械运动得到的数学方法和三大运动定律完成,从而构筑了近代自然科学和工业生产技术的方法论基础。这种主要源于物理学、数学和化学研究中的观念和思想,很快地蔓延到医学、地理学、生物学以至经济学等学科中,最终深刻地影响了哲学。于是,无论是社会经济体制与国家政治体制还是人们的思想道德观念和生活习惯无不打上机械论的烙印,使得人们对一些既成的观念认为是天经地义的。自此人类进入了工业文明,开始了以牺牲自然和环境为代价的发展模式。人类视自然为任我们人类取用的工具,按照自己的尺度和意志对自然界中的一切事物进行强权统治和随意操纵,最终使自然界走向了退化和毁灭,反过来人类则因破坏和毁灭自然,导致资源短缺、环境污染、生态破坏等生存危机。

随着地球生态环境的日益恶化,20 世纪 60 年代在西方学界刮起生态绿色之风,开始反思启蒙理性批判工具理性和反人类中心主义。1962 年美国女海洋生物学家蕾切尔·卡逊(Rachel Carson)出版的《寂静的春天》一书拉开了当代环境运动的序幕。她在书中警告人们,除非他们开始关心自己的环境,否则,人类对环境的所有攻击,包括有害甚至致命的物质对空气江河和海洋的污染,将必然无疑地破坏或改变物质本身,未来的形成就取决于此。随后,随着环境保护运动蓬勃发展,妇女积极参与到环境保护运动中,使女性主义运动迅速超越传统范围,力图寻求自然与人类、男性与女性之间的新关系。生态女性主义正是在不断出现的生态危机所激发的抗议环境被破坏的运动中兴起并得到普及。妇女积极参与到环境保护运动中来,使女性主义运动迅速超越传统范围。为了更好发挥妇女在这场运动中的作用,1974 年法国女性主义学者弗朗索瓦·德·埃奥博尼(Fnarociesd Fuabonne)在女性主义中首次提出生态女性主义这一概念,女性主义运动迅速向生态女性主义延伸。埃奥博尼指出对女性的压迫与对自然的压迫有着直接的联系,它试图号召女性领导一场生态运动,重新认识人与自然的关系。而后在 70 年代末期和 80 年代初期,世界上出现了一系列的生态灾难,引起妇女界严重的不满和抗议,这就导致了生态女性主义的发展。这一理论的主要代表人物有卡伦·沃伦,查伦·斯普瑞特耐克,瓦尔·普鲁姆伍德,苏姗·格里芬,卡洛琳·麦茜特,范达娜·席瓦,玛丽娅·米斯等人。如果要给生态女性主义下个定义的话,可以认为生态女性主义是由环境运动与女性运动结合而成的一种时代思潮,它尝试寻求普遍存在于社会中的贬低女人与贬低自然之间的一种特殊关系,倡导建立一种人与人,人与自然之间的新型关系。

12.2 生态女性主义的根源

如今无论是在实践层面上还是在学术理论界，生态女性主义已经渗透到哲学、宗教、文学、经济等领域。查伦·斯普瑞特奈克认为，我们可以追溯生态女性主义至三个不同的根源。

（1）激进-文化女性主义。这些女性主义者一方面受到马克思主义关于（阶级）压迫的影响，另一方面批判该主义的忽视自然与女性受压迫的事实，并结合关于父权体制的研究，开辟了新的探讨自然与女性的研究。

（2）来自于以自然为基础的宗教研究，尤其是研究女神方面。相对于日后发展出的男性一神宗教，女性主义者发现许多社会都有（多）女神崇拜的传统。女神则为孕育与抚育这一切的母亲。而女神崇拜的式微，也代表着女性观点与女性地位的被压抑，因此重拾被埋葬几千到几万年的女神崇拜灵性传统，被一些生态女性主义者视为女性与自然同时解放的重要途径之一。

（3）来自环境主义。

12.3 生态女性主义概述

生态女性主义诞生于20世纪70年代末，90年代达到高潮，学界通常认为是法国女性主义学者弗朗索瓦·德·埃奥博尼发表于70年代的作品为这场运动做了艰苦的文化和理论准备工作。"生态女性主义"这一概念首次出现在她发表于70年代的两部作品中：《女性主义或死亡》和《生态女性主义革命或变化》。尽管在埃奥博尼作品发表后的30年中生态女性主义理论和实践已有长足的发展，但她的作品仍然被视为西方生态女性主义观点的重要先驱。随着世界上一系列的生态灾难，妇女积极地参与反对破坏环境，女性主义与保护生态环境运动逐渐结合，促进生态女性主义的不断发展。生态女性主义的宗旨在于揭示在人类思想领域和社会结构中，统治妇女与统治自然之间的密切联系。如果要改变女性的地位，则要依赖于生物界的和谐发展，反对各种形式的统治和压迫。生态女性主义既是一种女性主义理论，又具有后现代主义的一些特点，也是一种多元的文化视角，同时也是一种生态伦理学。

12.4 生态女性主义的基本观点

12.4.1 女性与自然的认同

生态女性主义的首要内容是女性与自然的认同，女性与自然的关系源远流长，一直以来，西方文化中有着"地球母亲"的神话比喻。这一比喻代表了人们心中把自然当作养育者母亲的认同和期待。而"自然"这个词，其字源学的字根就是生育。二者的关系在19世纪后半叶的妇女解放运动和在20世纪70年代发展起来的生态运动中更是引人瞩目。这两场运动的共同之处在于它们所提倡的平等观点。生态运动在理论和实践上试图为自然说话，因为自然在西方文明发展史中被视为没有发言权和被征服与统治的对象,它被迫成为被人类开发的自然资源,服务于人的需要和目的,而这些需要和目的与自然自身的需要和目的是背道而驰的。环境保护主义者呼唤人们的良知和责任感,警告我们正视人类社会的工业、农业和畜牧业对于生态造成的危害和对于环境持续开发的可怕后果,强调一种人类与自然唇齿相依的生态道德观。而与自然在人类文明社会中的地位相仿,女性代表了父权统治下人类社会中的他者,她们在公共场合中被迫缄默,成为社会的二等公民。妇女正努力使自己从男性文化和经济的桎梏中解放出来,而这种桎梏曾使她们长期以来屈从于男性。生态女性主义正是结合了这两场运动的目标,致力于建构一种新的道德价值和社会结构。这些价值和结构不是建立在把自然和妇女作为资源来统治的基础之上,而是基于一种能使男性和女性的才能得到充分发挥,基于人类对于生态环境的完整保持之上的。人类对于自然的侵略等同于男性对于女性肉体的侵略,这是许多参与这场运动的女性的共识。因为与自然相对立的西方工业文明的建立加深了对于女性的压迫,因此当妇女行动起来反抗对于生态的破坏和蹂躏时,很自然地意识到男权统治在女性压迫和自然压迫二者中所起到的相似作用。所以生态女性主义在争取自身解放的同时,也把拯救地球的生死斗争视为己任。生态女性主义者一方面批驳了那种把妇女置于与被开发的自然那样被动无力的位置的观点,另一方面又宣扬一种带有肯定意义的与自然的认同关。伊内斯特拉·金把生态女性主义定义为一场女性认同运动,她声称:"我们为了忠于未来的世界,忠于生命和忠于这个地球而向父权挑战,我们通过自己的性别特征和我们作为女性的经历对此有着深刻和独特的理解。"

12.4.2 多样化的统一性

多样化的统一性也是生态女性主义的重要观点,生态女性主义吸取了生态科学的这条原则。生态女性主义认为一种包括人与非人类的动物在内的健康平衡的生态制度必须保持多样化,从生态角度来看,环境的简化是一个与环境污染同样严重的问题。工业化的一种主要后果就是环境简化,许多物种逐渐被消灭,在地球上不复存在。自然界中的多样性是必要的,而且有必要使其更加丰富,而通过灭绝某些种类的生物简化是与把人类削减成无面孔的工人,或通过大规模消费市场造成单一文化品位相对应的在人类社会中,商品资本主义有意识地简化人类群体和文化。全球人们有着几乎同样的需要和欲望:我们需要一场建立于共同目标之上的全球运动,倡导多样性而反对所有形式的统治和暴力,生态女性主义便是具有这种潜力的运动,作为一种社会运动,它支持世界妇女的多样性,并寻求这种多样性中的统一抵制社会简化。

12.4.3 对资本主义发展观的批判

对资本主义发展观提出质疑的是印度物理学家、科学哲学家和生态女性主义者范达娜·席瓦。1993年她与玛丽娅·米斯合作出版了《生态女性主义》一书,对世界性的生态危机进行反思,批判了资本主义父权制对生态环境和女性的剥削。席瓦指出,资本主义发展一直是一个后殖民主义方针,它让人们把西方社会殖民主义的现代化模式作为整个世界的发展模式。事实上,欧洲早期的工业发展是以占领殖民地和破坏地方的自然经济为前提的。作为资本积累的发展不只是一种特有的财富增长形式,而是一种贫困和剥夺的积累。

生态女性主义的学者们提请人们关注一个普遍的事实:女性是环境问题的最大受害者。工业化、都市化和货币经济带来了森林、水源和空气的污染,它给女性带来的是直接的伤害。生态女性主义中最极端的观点是反发展的,以席瓦为代表。她不赞同西方式的发展,指出发达国家的工业化,资本积累的道路是一条殖民主义道路,发展中国家不能遵循这一道路追赶发达国家。但是,尽管她的理论提醒人们注意到,不能以牺牲他人的利益和生态环境破坏为前提,但她在反对父权制的发展中,却基本上否定了发展的概念。她认为这种技术并不是要增进人类的幸福,而是要延续目前不合理的社会体制和生活模式,它是在男人掠夺和压迫女人的社会关系中建立起来的,所有的这类技术都是为了控制女人的生育能力,这种控制本质是性别歧视、种族主义和法西斯主义。因此,席瓦的这种过于激进的观点易于使她的理论走向另一种极端。但席瓦的理论并不会因为她的极端而黯然失色,相反却因为她的这种极端对于整个第三世界的发展起到了不可估量的作用。她以其激进的生态女性主义观点对当前全球存在的几乎所有重要的社会、经济和意识形态都进行了不遗余力的批判分析,关注第三世界问题,始终站在下层人民和第三世界妇女的立场上,把生态女性主义理论与第三世界的实际相结合。

12.4.4 独具魅力的第三世界的生态女性主义

生态女性主义起源于西方,经过一段时间的传播和发展,在世界各地也扎下了根基,由于国情、文化和传统以及妇女地位的不同,第三世界的生态女性主义具有独特的魅力和特点,对于我国的影响和启示也更为重要。第三世界本土的女性主义研究在一定程度上还停留在妇女与环境、妇女贫困化及妇女社会性别与发展之中。鲁瑟主编的《妇女疗治地球:第三世界妇女关于生态,女性主义和宗教》中写道:"将这些文章联系起来的线索,并非女性和自然的联系的特殊思维方式的明显使用,而是女性如何起到她们家庭与自然利益调和者的作用,以及在这个背景下,如何起到自然守护者的作用。"与发达国家的此类论述不同,这些文章都强调了对妇女和自然的统治的原因是贫困,大多数国民的贫困,尤其是妇女、儿童以及国家的贫困。这种贫困对于第三世界妇女而言,并不是由统计得出的抽象理论,而是每天都要面对的现实。其次,一些第三世界女性主义者试图重新找回她们自己的、被殖民主义破坏之前的精神特质和体验,重新迎来本土的女神回归。第三世界生态女性主义者中以印度学者范达娜·希瓦的理论、实践及影响力最为巨大,其影响力甚至远远超过了许多欧美的女性主义者。她所领导的基金会致力于支持人民的环境斗争,在一系列领域做出了重要工作。对于范达娜·席瓦及其他第三世界生态女性主义者而言,生态女性主义与其说是一种理论,不如说是一种视角,一块内化的审视世界的透镜。在《继续生存:妇女,生态与发展》中,席瓦对印度西学东进以来在知识生产、经济社会发展和生态环境三者间的关系进行了系统的梳理,并将女性主义的视角贯穿于全文的始终。作者更进一步地挑战科学主义的普适神话。她通过比较西方的科学主义与印度本土文化的自然观,分析揭露了科学主义这一新的认知体制如何通过话语实践为现象世界重新确立意义和秩序,并常常以暴力方式调整人与人之间、人与自然之间的伦理价值关系。席瓦提出立足本土知识体系重建女性主义的生态文明,同时将此与基层妇女的环保运动联系起来,这些都体现了她的草根立场和对许多白人中产阶级女性主义者常有的被迫害情结的超越。对现实问题的关注是第三世界女性主义的重要特色,他们对生态女性主义的基本理解是一种生存的观点,不仅仅是妇女、儿童和人类的生存问题,而且是动物和植物的多样性的保存的问题。作为生态运动的积极参与者,她们越来越清楚地认识到,科学和技术并非中性的。在生物技术、遗传工程和生殖技术方面的新发展,越发使妇女意识到科学技术的性别偏见,意识到科学的整体范式具有父权制的、反自然的、殖民的特征,目的是像剥夺自然的生产能力一样剥夺妇女的生育能力。他们提出需要一种新的世界观,承认自然界中的生命(包括人类)是通过合作、相互照料和爱来维持的。只有这样我们才能尊重和保持所有生命形式的多样性,包括其文化的表达。因此,我们应有一个更仁慈地对待自然、妇女、儿童和男人的社会。第三世界的生态女性主义重新解释人与人、人与其他生物、人与自然的关系,把人看成是一种生态存在,重视并致力于保护生态系统,强调万物之间的和谐以达到可持续发展。

12.5 生态女性主义思想的理论和现实意义

12.5.1 妇女生态与发展

生态女性主义思想的一个核心观点就是:环境(问题)是一个妇女问题,她们必须将妇女运动和生态运动的要求结合起来。追求提高妇女权益改善妇女地位和经济状况,充分发挥妇女的能动作用与缓解环境危机,寻求可持续发展的道路之间是有着紧密联系的。在生态与发展之间寻求平衡,使人和自然和谐统一发展是可持续发展观的目标。可持续发展是一种全新的发展观和世界观,其思想基础是广泛公平的伦理价值观和视野延伸到荒野自然的环境伦理观,倡导保护环境与自然和谐相处,敬畏生命和尊重地球。妇女、贫困和可持续发展之间的关联已经成为全球关注的焦点。女性与男性事实上的不平等是可持续发展的重要的前提性障碍。公平的社会发展观承认必须增强贫困者尤其是生活于贫困之中的妇女的权利,以使她们能可持续地利用自然环境资源,这是可持续发展的一个必要基础。可持续发展战略的实现,需要人的广泛参与和开发深层的人力资源潜力,而女性与自然的相关性有着长远而深刻的历史与文化渊源,女性又因为性别不平等蕴积了巨大的潜能。1992年里约热内卢世界环境与发展大会和联合国1995年《世界妇女报告》分别指出:妇女参与发展是实现可持续发展的关键之一。联合国1995年3月在哥本哈根召开的社会发展首脑会议进一步把世人的目光集中在妇女、贫困与可持续发展的关系上,联合国1996年《人类发展报告》指出:"世界上现有13亿人口生活在赤贫状况之中,其中70%以上是妇女,全球9.6亿成年文盲中有2/3是妇女。"安尼克斯曾说:任何忽视公正性的发展,只能使贫富差距更大,不可能具有动态可持续性。假如发展是在歧视妇女和儿童或忽视其利益的前提下取得的,那么,它也不可能称为可持续发展。这些认识促使人们从性别视角研究人与自然和发展的关系问题。1995年的《北京宣言》也指出:在持续经济增长、社会发展、环境保护和社会正义的基础之上消除贫困,需要妇女积极参加经济和社会发展,得到平等的机会及男女作为推动者和受益者充分而平等地参与以人为中心的可持续发展。环境危机的解决将部分取决于我们能否在两性间取得更好的平衡,对女性体验世界的方式予以更合理的尊重,以此影响占主导地位的男性观点。所以妇女与可持续发展必定形成一种密不可分的联系:可持续发展离不开广大妇女的参与,特别是决策参与和管理参与;妇女在参与社会可持续发展的过程中,也将最终实现性别平等和自身解放的理想。事实证明,妇女对可持续发展已经发挥了举足轻重的作用,并且必将发挥更大的不可替代的作用:在控制人口的数量和质量方面妇女处于关键地位,无论是人口数量的控制还是人口素质的提高,都与妇女的素质紧密相关;妇女承担了食品供应和健康的大部分责任,无论是农业的生产还是食品采购和烹饪,妇女都是承担的主体,她们是振兴和发展农村经济的重要力量,她们的选择将影响社会、市场和经济发展向更为环保的方向发展;妇女运动对环境保护起着积极的作用,在全世界环保运动中扮演着积极和不可或缺的重要角色,在许多工业化国家,保护野生动植物和生物多样性的组织和社会活动是由妇女领导的,许多由妇女发起的环保运动对世界环境保护行动的兴起有不可忽视的意义。

12.5.2 生态女性主义思想的意义

1. 生态女性主义思想在理论上的价值

生态女性主义概念起源于西方,它与一般的学术理论的一个很明显差异在于它把理论看成是过程中的理论,不试图提出一种客观性观点,而是包容了许多彼此观点有很大差异的理论,认为对特有问题如环境问题妇女问题的分析应反映出国家阶级等不同观念,对其解决也应依赖于不同的历史、社会经济及文化情景。从理论价值上来说,生态女性主义为女性主义做出了积极贡献:它重申了无等级制度的组织形式和倡导非暴力行为,成为一个新的日益重要的开展女性主义运动的竞技场,它要求关注我们现在日益受到破坏的环境,关注自然。生态女性主义提出一套新的价值体系和伦理准则,虽然这些设想有乌托邦的感觉,其可操作性仍有待探索,但就其批判性和启发性来说,具有独特的魅力。以一种崭新的生态伦理思想为环境哲学以及环境伦理学做出了贡献。生态女性主义尤其反对建立统一的过于占统治地位的环境哲学,可以说生态女性主义是环境哲学最新的发展,虽然它的许多工作仍在简单地探索女性主义与环境生态运动之间的关系,然而这一方法已显示出强烈的哲学权威。这是一种多元的、复杂的、有差异的生态文化,它的结构是多元的,是不同哲学倾向的多样化观点的汇集和多种价值观的共融。生态女性主义是一种关怀主义伦理学,提倡爱、关怀和公正的伦理价值,它主张抛弃人类与非人类之间的等级制、性别歧视以及男人优于女人的观点,高扬情感的价值和被压迫群体的价值。生态女性主义也是一种关联主义伦理学,虽然不同的流派和分支之间的观点不同,然而所有的生态女性主义者都相信,人类彼此是相互关联的,人类与非人类世界的动物植物和静态物质间都是相互关联的,生态女性主义最独到的深刻之处在于,它向我们早已接受的西方现代科学观提出了挑战。如果人们不改变自己的意识,生态女性主义思想及其价值分析去约束"以人为本"所造成的环境破坏行为,人类就将失去自身赖以生存的环境,新的现代科学观必将承认自然与人类拥有同类的权利,主张尊重自然,尊重现实,尊重我们赖以生存的环境。同时,生态女性主义对理性主义的霸权倾向和西方社会制度弊端的批判,从价值中立和客观性的意义上看,也许是偏颇的,但被压迫者的偏见也许更有益于社会进步,可以说正是因为这些特点才使生态女性主义日益成为引起人们重视的一种文化思潮。作为日益引起人们重视的文化思潮,生态女性主义在改善环境危机方面必将绽放异彩。

2. 生态女性主义思想的现实意义

生态女性主义者不仅从男性集体意识、哲学观点、世界观等精神和意识层面对妇女和自然受压迫的原因进行探讨,同时也试图把妇女和自然所遭受的剥削与某些具体的社会结构、政治制度,经济体系等因素联系起来,关注社会现实,积极地参与社会活动,在关注环境正义、保障妇女权益、倡导和平理念方面都意义重大。

(1)保障妇女权益,关注环境正义。

所谓环境正义,是指人类社会在处理环境保护问题时,各群体、区域、族群、民族国家之间所应承诺的权利与义务的公平对等。而事实上在每一个国家中,穷人和少数族群总是面对较大的环境风险,分享环境利益的机会总是较少,控制那些降临到他们头上的环境灾害的能力总是较低。于是,从20世纪70年代末、80年代初开始,一场以有色人种和低收入阶层为主体的环境正义运动产生了。生态女性主义对这场运动给予了积极的回应,因为女性常常是各种环境灾难(如胎儿畸形等)最直接的受害者,她们对那些直接威胁着地球上的生命的环境灾害有着更为直接、更为具体也更为深刻的体验。可以说,女性往往是环境正义运动的主力军。因此环境正义运动本身就是一个生态女性主义问题。另外,由于对女性和自然的压迫总是与其他形式的压迫相互交织在一起,是相互支持和彼此联系的,因而生态女性主义必然要反对作为压迫的一种形式的环境不公正现象。生态女性主义对环境正义的关注给我们提供的启示是:在环境保护问题上,我们既要看到人类利益、民族利益的一致性,也要看到不同民族、不同种族、不同阶层和个人为这一共同事业所付出的代价及所享有的利益的不平等性。在民族国家层面,我们要致力于消除以种族、阶层、地位和性别为基础的环境不公;在国际层面,我们要依据环境正义的基本理念,反对生态殖民主义与生态帝国主义。在受到不公待遇的人群中,女性尤其处于看不见的底层,受压迫最深,受剥削最重。她们面临的常常是生存还是死亡的问题,人类正经历着女性贫困化和贫困女性化过程。

我们希望和追求的是建设一个可持续的社会或者说是社会的可持续发展,而这个可持续发展的社会必定应该实现男女性别方面的平等,一个无法保障妇女权利的社会一定不是可持续的。生态女性主义恰恰在保护妇女权益上发挥了它的重大作用,1987年,以生态女性主义学者挪威首相布伦特兰夫人为首的世界环境与发展委员会在题为《我们共同的未来》这一报告指出:国际社会要确保妇女在实现可持续发展中的核心作用,消除妇女平等参与决策活动的障碍,积极发挥女性的社会作用。《21世纪议程》中第三篇第24章也专门讲了妇女的权益问题。从这个意义上可以肯定地说,生态女性主义学者是最终成就了《21世纪议程》的倡导妇女权益思想的先驱者之一。在生态女性主义学者的参与之下,《21世纪议程》充分认识到了环境的可持续性,贫困的消除与性别平等之间的内在联系。该议程达成了妇女完全、平等地参与整个发展过程并在其中受益的国际协议。换言之,该议程总结和反思了过去多年的认识过程,形成了女性是整个发展过程的中心这一国际共识。生态女性主义学者还特别关心妇女贫困化和贫困妇女化的问题,积极维护妇女对自然资源的利用和管理的权力。目前妇女、贫困与可持续发展之间的关联已经成为全球关注的焦点。生态女性主义学者指出:公平的社会发展观必须增强贫困者尤其是生活于贫困之中的妇女的权利,从而使她们能可持续地利用自然环境资源,这是可持续发展的一个必要基础。贫困主要是妇女的贫困,人类正经历着女性贫困化和贫困女性化过程。因而在包括生态女性主义学者在内的1992年里约热内卢世界环境与发展大会和联合国1995年《世界妇女报告》分别指出:妇女参与发展是实现可持续发展的关键之一。

(2)反对军国主义,倡导和平理念。

1980年11月,在美国五角大楼组织了由200名妇女参加的静坐、示威活动,这次活动发表的妇女五角大楼抗议活动联合声明,被视为美国的第一个生态女性主义宣言,这份宣言把批判的矛头直接指向军国主义及其象征物"五角大楼"。宣言明确指出,军国主义是毁灭地球上的生命的力量,具体途径是:把社会财富用于军事目的,而不是用于改善处于社会下层的人们的生活;部署可以在一瞬间毁灭一个国家的核武器;制造有毒废物并把它储存在那些最无力反抗的人们生活的附近;助长以暴力和统治为特征的人际与国际关系。因此,军国主义是一种毁灭力量,一种由父辈传给子孙的疾病。妇女运动和生态运动必须要反对军国主义和组合主义一种把整个社会纳入极权国家指挥下的各种组合的理论和实践,结束所有形式的男性暴力,结束压迫,结束战争。生态女性主义敏锐地认识到了和平之于经济发展和环境保护的重要性,从一开始就把反对军国主义、反对核战争、反对霸权主义作为自己的使命。因为在一个战争与暴力被视为解决人们之间冲突的合理手段的时代,无论是民族、国家层面还是国际层面的环境正义都不可能得到实现。战争不仅使人类的生命和地球上的其他生命被大肆毁灭,而且使局部生态环境遭到巨大的破坏。军备竞赛使人们把本来可用于保护环境和消除贫困的有限资源用于研制和生产毁灭生命的武器,而且还削弱了民族国家之间的相互信任,给全球环保合作体系的建立带来消极影响。生产武器的军工企业还是严重污染环境的企业之一。

在9.11事件之后,席瓦发表多篇文章指出将"9.11"后的世界定义为文明与野蛮或民主与恐怖的战争是错误的,这是两种形式的恐怖主义的战争,反映了互相之间的成见,基于此成见只能导致单一文化,削弱多样性,而多样性是和平的重要前提。他们分享了暴力的统治文化,他们使用相同的武器和技术在暴力的定义和使用恐怖方面,他们相互克隆,他们牺牲的是世界各地的无辜人民。她特别强调,当全世界都关注世贸中心所受到的打击时,被不公正、贪婪、球化所破坏的数以万计的家园、农场却被忽视了,她指出,反恐怖战争绝不会消灭恐怖主义,只会导致暴力的恶性循环,传播仇恨,正如害虫随着杀虫剂的使用越来越多样化并增强了抗药性,战争将使恐怖主义分子数量增加、力量壮大。害虫只能通过增强植物的复原力并保持生态系统中害虫—食肉动物的平衡来控制。恐怖主义的生态给我们指明了通向和平的道路。和平存在于营养丰富的民主及多样性之中如果我们想要活下去,暴力已经成为人类支付不起的奢侈品,非暴力已成为一种活下去的继续生存的当务之急。因此,要建设生态文明,我们就必须抛弃战争逻辑,拥抱和平主义伦理。一个真正的环境主义者必须是一个真诚的和平主义者呼唤和平,谴责军国主义一直是生态女性主义的一个重要话题。

和平、发展、环保,这是20世纪人类历史上的三个重要主题。到了20世纪80年代,这三大主题汇合成了可持续发展这一思想。生态女性主义敏锐地认识到了和平之于经济发展和环境保护的重要性,从一开始就把反对军国主义、反对核战争、反对霸权主义作为自己的使命。因为在一个战争与暴力被视为解决人们之间的冲突的合理手段的时代,无论是生态女性主义思想及其价值分析,民族、国家层面还是国际层面的环境正义都不可能得到实现。战争不仅使人类的生命和地球上的其他生命被大肆毁灭,而且使局部生态环境遭到巨大的破坏,有的破坏还是不可修复的。军备竞赛使人们把本来可用于保护环境和消除贫困的有限资源用于研制和生产毁灭生命的武器,而且削弱了民族国家之间的相互信任,给全球环保合作体系的建立带来消极影响。生产武器的军工企业还是严重污染环境的企业之一。因此,要建设生态文明,我们就必须抛弃战争的思想,拥抱和平主义伦理,一个真正的环境主义者必须是一个真诚的和平主义者,生态女性主义本身就是和平运动的产物。

第三世界生态女性主义学者的激进思想也包含着重要的和平思想。席瓦一直以来都对工业化农业持激进的批判态度,她把农药和化肥类比为战争化合物将基因技术称为"基因枪",把喷洒农药称为对所有生命的恐怖主义行为,可以说对环境的破坏是人类所面临的另一场战争,它直接引起了一系列的社会危机。席瓦说:"有机农业对我而言是和平运动,最深层的和平运动,因为它在生态安全的基础层面上,缔造了和平,缔造了经济、政治和社会安全,使战争、暴力和武装无处藏身。"

3. 生态女性主义对中国的启发

近些年来,中国关于妇女与环境虽有一些零星的相关研究,但基本上都不具有较大的影响。这些研究绝大部分仍是以诸如天然性别和环境工作的关系甚至其他更牵强的联系得出的,既将妇女问题和环境问题非历史化,又将女性与自然的关系自然化,忽略了二者形成的社会根源。同时还表现出相当强烈的技术化倾向,仿佛只要加强环保宣传的力度,保证所有妇女都能受到全面的环保教育,或赋予妇女更多的环保决策权抑或提高妇女的生活水平,中国的妇女环境运动就会如火如荼地开展起来,妇女问题、环境问题也就会自然而然地得以解决。虽然受外来话语的影响,大家都或多或少地提到要把性别意识纳入对妇女环境与可持续发展问题的考量,提高性别敏感度,但具体到与中国国情相结合,却都没有下文。而生态女性主义尤其是第三世界的生态女性主义研究既关注了生态与性别的关联,注重研究造成这些问题的更深刻的历史根源,将其置于十分具体的权利关系和物质层面考察研究,并提出以本土知识体系为基础重建生态文明,对于我们在这个方面的研究无疑将起到积极的启发作用。此外,在树立适合中国国情的发展观方面,将妇女和环境问题有机结合起来的生态女性主义思想提醒我们,经济的增长不是唯一衡量社会发展的尺码,不能以牺牲生态环境和社会公正为代价,而应本着人类和自然和谐共存的前提来建设小康社会。最重要的是,中国传统文化中包含着许多有意义的自然观思想,如道家文化,这理所当然对于生态女性主义研究有着重要影响。因此在生态女性主义研究方面我们能够也应该有所创新,把道家思想当中关于自然观与女性观的部分与生态女性主义思想进行比较研究,挖掘出新的思想、新的理论,这不仅对我国的环境性别与发展研究起到促进作用,而且对世界生态主义、女性主义研究都是大有裨益的。

在实践中,生态女性主义思想把发展、生态保护和女性解放有机地联系起来,形成被许多国家证明是行之有效的学术理论和实践运动,对目前我国存在的弊端如只谈环保,忽视女性与环保的关系,对所有的妇女问题视而不见;就算涉及女性,却往往把视角定在妇女破坏环保的一面或只是环境的受害者方面,也就是说没有把女性与环境保护相结合,忽视其在环境保护方面起的积极作用;片面地追求经济发展,不惜以牺牲生态环境和社会公正为代价,最后形成一种恶性发展等,有很大的启发作用。

我们欣慰地看到,在全球化的今天,中国学界也在迅速地和国外的生态女性主义接轨。鲁枢元在其2000年出版的《生态文艺学》中辟专节论述了女性、自然和艺术的关系。他在分析了马克斯·舍勒的女性主义观点后不无正确地说:"(西方)现代文明中的一切偏颇,一切过错,一切邪恶,都是由于女人天性的严重流丧、男人意志的恶性膨胀造成的结果。"从他对当代中国女性境况的批评中,还可以看到他对女性地位和生态现状之间的关联的敏锐体察。同年出版的西方当代文学批评在中国一书也抓住了生态女性主义的核心策略,指出其把建构女性文化作为解决生态危机的根本途径,尊重差异,倡导多样性,强调人与自然的联系和同一,解构男人—女人、文化—自然、精神—肉体、理智—情感等传统文化中的二元对立思维方式,确立非二元思维方式和非等级观其后陆续出版的数本专著中都有专门的章节对生态女性主义进行分析和介绍,相关的论文也出现不少。

由此可见,中国的生态女性主义批评有着良好的前景,这恰恰因为中国的女性还同时背负着历史的负荷和现实的环境压力,而生态和女性运动的结合也特别成为中国妇女解放的合理选择。

总而言之,生态女权主义是主要关注贬低自然和贬低女人间的历史联系的运动。它试图揭示出为什么欧洲社会和那些处于全球影响范围的社会现在陷入环境危机和需要灭绝生态以及穷竭资源的经济体系当中。生态女权主义者从传统的女权主义者关注性别歧视发展到关注全部人类压迫制度,最终认识到自然主义也是统治逻辑的结果。生态女权主义向环境哲学提出挑战,要求放弃支持所谓无性别含义的抽象个人主义和权力、布局的意识,以实现建设性的而非边缘性的人类关系(即自我与世界其余部分之间的关系),由此,对关系和彼此间包容的关心便成为伦理行为和道德理论的基础。从政治方面看,生态女权主义为制止破坏性的政策和实践,并提供选择植根于社会性的合法性的可能做出了广泛的努力,这种合法性尊重妇女及男性的自我决断,并把人类社会的幸福置于全球生物社区的幸福之中。

在精神方面,生态女权主义欣赏下列实践和指向:它们给人提供非二元论,尊重全部的神性即宇宙的经验,作为环境运动和女性运动相结合的产物,生态女性主义在生态哲学和生态伦理学中已经有了相当大的影响。同时,作为女性主义理论中最有活力的派别之一,生态女性主义理论与各国实践相结合已经焕发出了蓬勃的生命力,对各国的女性运动和环境保护都产生了积极的作用。

生态女性主义是一个全球现象,它使人们关注妇女和自然在受压迫方面的关系,并使它们得到充分的理解。生态女权主义者力图改变那些加重人类压迫的社会和政治秩序,这些秩序体现在灭绝生态的活动中。这项工作包含着反抗、创造和希望,相信人们在探讨和摸索的过程中,必能得到一些有利于当前人类和社会发展的结论和启示。

第13章 生态伦理学实践

13.1 西方环境运动与绿色政治

第二次世界大战后,西方经济的繁荣为人们带来了富裕的物质生活,在人的物质欲望得到满足的同时,也滋长了人的自大意识。这种自大意识到了20世纪60年代初便开始蔓延并显现出巨大的破坏性。其中一系列环境污染对人类的生活造成严重影响并推动了环境保护运动的开展。这些环境运动的意义远远超过了其他社会运动。因为它关注的不仅仅是个人、群体、国家和民族利益,还有全人类和整个自然界的命运;面对人类生死存亡问题,进行深层反思,重新审视工业文明的思想文化基础。

当然,人类在不断地对人与自然关系进行深刻反思的同时,还产生了大批思想理论成果,把人类对于自然界的认识推向新阶段。美国学者雷切尔·卡逊1962年在波士顿出版了《寂静的春天》,向人类敲响了生态危机的警钟。其中提到的人口爆炸、土地沙化、资源枯竭、能源危机、环境污染等,这所有的一切已经使人类陷入了生存的"困境"。美国学者奥尔多·利奥波德在1968年发表的《沙乡思考》一书中也大声疾呼环境危机。他在书中强调:"孤立的以个人的经济利益为基础的保护主义体系,是绝对片面的。它趋向于忽视从而也就最终要灭绝很多在共同体中缺乏商业价值,但却是得以健康运转的基础成分。"这些思想推动了实践层面环境运动,并在理论层面为环境伦理学的诞生奠定了思想基础和舆论环境。

13.1.1 绿色政治的起源

几十年来,环境保护意识已开始引起人们的普遍关注。许多国家成立了环境管理机构。20世纪70年代初不足10个国家,80年代以来已达到100多个国家,1972年非政府性环境保护组织有2 500多个;1972年联合国大会确定每年6月5日为世界环境日;1973年1月,联合国成立了环境规划署;到了1981年非政府性环境保护组织已经达到了15 000个;几十项有关环境问题的国际协议或地区性协议开始生效。随着人们环保意识的增强,西方发达的资本主义国家兴起了一场以市民为主体,以保护生态平衡、反对战争和核战争,争取和维护世界和平,保障妇女正当权益为基本内容的社会政治运动,这就是被西方政治家或学者称之为具有"十二级飓风"能量的"绿色政治运动"。绿色政治运动的蓬勃发展产生出来的、把绿色政治运动不断推向高潮的核心领导力量,正是西方各国的绿党。

1. 绿色政治的根本与主张

绿党的政治主张与传统政党不同,绿党的意识形态是公开希望超越阶级界线,把自己的最高目视为与人类和自然界共存亡,绿党的主张既不是资本主义的,也不是社会主义的。它的出发点是全人类的,不分阶级,它关心的是整个人类和星球的生存与发展。绿党认为资本主义的政治制度只体现极少数人的意志和利益,它不仅剥削劳动者,而且迫害自然界,在这种制度下,并无文明可言。认为资本主义社会的精神文化价值观念早已失去了"上升时期"的积极性与其进步意义,变得消极和虚无。生态优先是绿党最根本的政治学原则,绿党以生态学主义哲学为理论基础,强调保护环境,实现生态平衡,它既是绿党制定其纲领和政策的基础,也是绿党区别于其他政党的标志。

绿党认为一切社会规章制度的建立与运行,必须保障绝大多数人真正的自由和幸福。按照生态和谐原则,绿党反对的就是充满了暴力行为和压迫剥削的现存社会,绿党主张男女平等,同工同酬,维护妇女的合法权益,希望建立一个没有任何暴力和剥削现象的社会,妇女不但要拥有经济上的独立自主,并且要能彻底摆脱处于低下的奴仆地位,这样才意味着妇女的真正解放,也标志着社会文明的进步。

在经济上,绿党主张以"生态经济""生态财政"代替"市场经济""市场财政"。为了生态平衡,保护环境,绿党提出"不进行不考虑未来的投资",坚决反对那种受利益的驱动而毫无顾忌地破坏资源与生态平衡、毫无限制地提高生产率的消费性经济,认为这种经济不但会推动经济走向崩溃,而且使人为了获得收入不得不接受劳动所带来的一切悲惨的和压迫性的方面。绿党主张取缔危害生态、消耗能源的行业,强调保护生态系统的平衡高于一般经济增长的需要,这些要从改变人们的生活方式开始,逐步否定传统的经济增长模式和消费观念。

绿党认为,人是自然界的一部分,而不是在自然界之上,这主要是强调人类要与自然界保持一种平衡协调的关系,主张把社会结构与人类之间的相互作用,看作是由各种动态系统组成的一个复杂网络,这些动态系统本身既是一个完整的系统,又是这个网络中相互联系并且相互作用的不同部分,我们赖以进行交流的一切群众性机构以及生命本身,都取决于我们和生物圈之间的相互作用。人类一直以自然界主人的身份自居,以征服自然、改造自然为追求目标,不断地向自然索取,但生态环境一旦遭到破坏就不可能恢复,所谓的补救措施也只能是嫁祸于人、损人利己的权宜之计。而绿党宣称它们的基本任务就是要用生态学和社会生态学这个"唯一科学的世界观和方法论"来指导绿色运动,迫使政府的一切政治、经济、文化的决策都必须符合系统论、社会生态学的基本思想和原则。

2. 绿党的局限

绿党的思想理论基础和行动指南是系统论和社会生态学。绿党认为只有用系统论和社会生态学这一"唯一正确的世界观和方法论"才能拯救人类、拯救地球,使人类社会和自然界彻底摆脱"受剥削和暴力虐待"的阴影。这种思想和理论,已经表明它不可能指导政府用来解决政治、文化、经济乃至意识形态和伦理道德等方面的危机,而最终只能把人类引向毁灭。

绿党认为,人的解放不仅是政治和经济上的,它更重要的是在精神上和思想解放的方面,那么要获得彻底的解放,就需要人人都必须有社会责任感,这种责任感的树立要求人人必须要懂得现在的生活离他们的理想生活相差很远,因此只有投入到前进绿色政治运动中去,才能达到最终的目的。同时绿党希望资产阶级政党、政府、企事业单位也具有社会责任感,并在其操作过程中与社会生态学和系统论的思想、原则相一致,在思想、观念和行为上,都要体现整体性、系统性和生态性的精神和原则要求。

生态环境归属于自然领域,但是随着经济全球化的推进,这块公有地悲剧发生的概率正在不断地增加,解决环境问题,摆脱生态危机,关乎所有人的生存利益,从公共事务管理的角度不难理解生态环境与政治有着极大的内在关联性,同时人与自然相互关系决定了生态环境与政治的互动性,由此可见,生态环境是政治领域中不可或缺的重要客体之一。绿色政治运动的发展与壮大,促使人们加大对于生态环境的重视,以绿党为核心力量的当代西方生态政治运动,不仅使西方政治走进了生态,吹绿了西方政坛,而且绿化了全球政治,生态政治的发展,改变了政治家们的执政理念,改写了许多国家的政党格局,为西方乃至全球政治注入了新的活力,为21世纪的人类走出生态危机困境展示了全新的图景。

13.2 人口增长与消费

我国是世界上人口最多的国家,我国的人口发展经过了漫长并且曲折的道路。现在,我国的人口已经结束了高增长的历史,并且走上了健康发展的轨道。

13.2.1 我国人口的发展

我国按人口总量的发展过程,结合社会发展的不同状况划分为六个阶段,分别为第一个人口高增长阶段(1949~1957年)、人口低增长阶段(1958~1961年)、第二个人口高增长阶段(1962~1970年)、人口有控制增长阶段(1971~1980年)、第三个人口高增长阶段(1981~1990年)和人口平稳增长阶段(1991年至今)。我国现阶段即为第六个阶段,我国作为一个发展中的人口大国,新中国成立以来人口类型发生了重大变化,在这个过程中,我国政府推行的计划生育政策在其中发挥了决定性的作用。

13.2.2 人口增长与消费的关系

人口增长与社会经济的发展是密不可分的,人口增长在经济发展过程中起着至关重要的作用。一直以来,人口问题对经济的发展起着促进作用还是阻碍作用引起了各国经济学家的争论。从人口发展对经济影响的历史来看,这种作用是矛盾的。人口增长能对经济发展起到促进作用,即较快的人口增长,使得人们的需求不断增加,推动了生产和经济的发展,同时能够刺激技术的发明,激发人们的科技创新能力。人口增长也能对经济发展起到阻碍的作用,即人口增长过快,导致人均收入水平下降,加大就业压力。

人口增长通过生产者和消费者的行为,与国民经济中的消费构成了直接的关系。人口增长对消费产生了重要影响。当人刚出生时,是作为消费者,随着人的不断成长,年龄的不断增大,人们由消费者逐渐转化为劳动力,即作为生产者,人们生产财富,为人们提供消费。新增人口成为既是消费人口也是生产人口的复合体,所创造的财富和人口是相互因果的关系。

人口增长会扩大消费,因为新增加的人口需要时间成长,在成长为劳动力人口的过程中会影响消费。在人口不断增长的情况下,还要保证资本积累在扩大,这样,人口的消费水平就会下降。对于一个新生婴儿,父母对于他的消费可以转化为投资,而且这项投资是长期投资,消费是持续的。父母作为生产者、劳动力,将劳动所取得的收入,相当一部分用于新生人口的生长发育上,促进了消费的产生。

13.2.3 我国的消费问题

虽然我国现在处于人口增长的平稳阶段,但是由于我国的人口基数大,所以我国仍然是世界上人口最多的国家,人口带来的问题仍旧很多,在消费方面,我国人民习惯于将收入存储于银行,而不进行消费。改革开放以来,我国经济持续高速发展,让世界瞩目,中国经济增长已经赶超了日本,成为世界第二大经济体。由于政府这些年来对投资和出口的过分激励,使得我国长期以来形成了依靠投资、出口来拉动内需,而我国的消费率却很低。可以说,我国的消费对经济增长的贡献率和拉动作用呈现出的是下降趋势。众所周知,一个国家靠出口来拉动内需是不可行的,从金融危机对我国的出口影响可以看出,出口对我国的影响之大,使我国受到重创。国家的发展应该是靠消费来拉动内需来促进经济发展。解决我国的经济问题,关键还是解决消费问题。

解决消费问题,人口增长又是不能不考虑的关键。例如,从人口增长对于粮食消费的影响上来看,人的增长必然会带来粮食需求的增加。据联合国2001年的统计,世界人口在过去的30年中每10年增加100 000万人口。世界人口2000年为606 000万人,2006年约为650 000万人,2015年为720 000万人,预计2030年为830 000万人,2050年将增到930 000万人。世界人口增长率20世纪60年代增高达2.04%,90年代后期下降到1.35%,21世纪初为1.18%。世界人口增长率2010~2015年间将为1.1%,2025~2030年间将为0.8%。从数据上我们可以看出,世界人口的增长率在逐渐降低,但是由于世界人口的基数很大,年均增长到2015年增长量高达7 900万人,2025~2030年间将达到6 700万人。世界人口的增长大部分将来自发展中国家。为满足人口数量的不断加大所需要的粮食,粮食的消费成为一个严重的问题,我们解决了这个问题才能保证所增长的人口不会因为粮食缺乏的问题而被饿死,但是如果没有足够的粮食供给,没有解决粮食消费的问题,那么粮食供给就要影响到世界经济的发展、社会的稳定。

由此可见,人口的变化与粮食消费有着密不可分的关系。但是我们知道,人口的增长不仅仅只是对粮食消费有影响,它对我们生活的方方面面都会有影响,例如对房地产消费的影响。影响房地产消费其中的一个原因就是人口增长。房地产消费需求的对象是人,人口是房地产快速发展的最主要因素。人口决定了住宅、商业等需求大小的基本因素,人的素质、数量、构成等状况,对房地产市场的影响都很大。受中国传统文化的影响,新婚夫妇都需要有一套自己的新房,并且随着我国经济的不断发展,人们生活水平的不断提高,已经形成了子女不与父母生活在一起的社会常见现象,从而导致了一个家庭拥有不止一套房子。这样,人口的增长必然带来房地产消费的增长。

13.2.4 人口对消费的影响

其实,人口与消费的关系是社会可持续发展的重要内容之一。人口与消费的关系从本质上来看就是人口与社会经济发展之间的关系。人口问题可以直接或间接地引起消费的方方面面的问题。

人口可以影响劳动力。人口就是劳动力的来源,人口的增长可以直接影响劳动力的多少,人口增长带来的人口素质问题,也直接影响到劳动力的素质。我们生活不断地生产物质资料,当然,也不断地向物质资料生产过程提供劳动力。人口规模与劳动力规模是呈正相关的,也就是说,人口的增长将导致劳动力的增加。在许多发展中国家,因为人口基数大,所以能有多余的劳动力,这使得许多发展中国家的家庭多数为底薪家庭。但是,当人们的工资水平较低时,人们的首要目标就是得到更多的劳动收入,当工资水平有所提高时,劳动者就有很强的动机增加劳动供给,这时,人们的工资就会有所提高,劳动者的工资水平提高了,人们就会在解决温饱的前提下,追求更好的生活,提高生活质量。当然,较高的工资不会一直刺激劳动者工作,不断地提高劳动生产量,而是处于一个适当的水平,这种刺激才会起到促进作用。当人们具有较高的工资水平,对于消费就会产生较大的影响,人们追求的生活改变了,消费的对象也就会发生改变。

人口的增长可以促进经济的发展,但是这并不是绝对的,人口的增长也可能对消费起到阻碍的作用。从人口的增长对国民收入分配来看,这就不能让人乐观了。我们都知道,近几年,我国的 GDP 一直处在高增长状态,但是,居民消费水平作为 GDP 中的一部分却是在不断下降,由于人口的不断增长,人口老龄化严重,劳动力压力大,导致人均收入分配不平等,这样的收入分配不平等,严重的给消费带来影响。即使我们有较高的收入增长,但是随着收入的增长带来的不是消费的增长,而是储蓄率的不断增高。

我国农村人口的增长在我国人口总增长中占有很大比例,这也在一定程度上影响到了消费。我国的城乡差距比较大,人口的增长集中在了农村,而农村经济水平比较差,人口的增长会加大城乡经济差距。2005 年,城镇居民消费性支出是农村居民消费性支出的 3 倍,从这一数据中可以看出,城乡之间的消费支出所表现出的城乡差距。其中人口增长带来的问题一定是严峻的。农村人口的增长严重阻碍农村经济的发展,从而影响消费支出。

人口的增长所带来的问题是社会生活中的重要问题,所以人口增长带来的消费问题也是不容我们忽视的。它是把双刃剑,既可能对消费起到促进作用,又可能对消费起到阻碍作用。面对人口增长带给我们的利弊,我们需要不断地探究和分析,才能为人口增长带为消费所带来的影响做出全面的估量,并制定合理的解决方案。

13.3 核武器与太空开发

13.3.1 核武器

自 1945 年美国向日本的广岛和长崎投掷原子弹之后,核武器的发展一直是国际社会关注的问题,随着 1949 年苏联试爆了第一枚原子弹,美国失去了核垄断地位。在此之后,英国、法国也相继研发并且试爆了核弹,随之 1964 年中国也试爆了第一枚原子弹。在过去的半个世纪,也有多个国家试爆了核弹,使得现在拥有核武器的国家增加到了 8 个。而近年来朝鲜的多次核试验又将核问题推到了风口浪尖。

1. 核武器的种类

核武器按其作战使用的不同通常划分为两大类,即用于袭击敌方战略目标和防御己方战略要地的战略核武器,和主要在战场上用于打击敌方战斗力量的战术核武器。

核武器按照反应原理可分为 4 种,分别是第一代原子弹,是以重核铀或钚裂变的核弹。原子弹的原理是由中子轰击铀-235 或钚-239,使其原子核裂开产生能量。第二代为氢弹(又称二相弹),由原子弹引爆氢弹。氢弹爆炸实际上是两次核反应,即重核裂变和轻核聚变,这样使得氢弹威力比原子弹要更加强大。在装载同样多的核燃料的情况下,氢弹的威力是原子弹的4倍以上。第二代核武器还包括氢铀弹(又称三相弹)经过核裂变、核聚变、核裂变三次核反应。氢铀弹是在氢弹的外层又加一层可裂变的铀-238,破坏力和杀伤力更大,同时污染也更加严重。第三代为中子弹,它是以氘和氚聚变为原理制作,并以高能中子为主要杀伤力的核弹,不需要用原子弹引爆,而是用内部的中子源轰击钚-239产生裂变,裂变产生的高能中子和高温促使氘氚混合物聚变。第四代便是现在正处于研制中的核定向能武器,因为这些核弹不产生剩余核辐射,因此可作为"常规武器"使用。

2. 核武器的危害

核武器本身是利用核反应造成杀伤和破坏,并造成大面积放射性污染,以阻止对方军事行动并且达到战略目的的大规模杀伤性武器。有些还在核武器内部放入具有放射性的元素,以增大辐射强度,扩大污染,或加强中子放射以杀伤人员。这使得核武器拥有其他武器无法比拟的破坏力。

一是冲击波,也可称为高压杀伤破坏。核武器的爆炸,在释放巨大能量的同时,还可以在微秒级的时间内完成非常迅速的核反应过程。因此,在核武器爆炸周围不大的范围内形成极高的温度,加热并压缩周围空气使之急速膨胀,产生高压冲击波。5秒钟就可以传到2千米的地方,摧毁一切它可以推倒的东西,大部分的人都是直接死于高压的挤压和间接死于房屋的倒塌。随着距离的延长,冲击波会逐步减弱。

二是光辐射,我们也可称之为高温杀伤破坏。核爆时的火球可以持续发光几秒,同时周围的空气温度可以高达几十万度。如此高的温度辐射,会把大部分物体烧焦、熔化、致死,动物即使不死也会烧伤皮肤、毁坏视力、灼伤呼吸道。

三是贯穿辐射,也成为特殊杀伤破坏。这种贯穿辐射是由阿尔法、贝塔、伽马和中子流组成的,它们对人体肌体内部细胞产生电离作用,破坏细胞正常功能,并可产生有毒物质,使人在短期内得急性放射性病死亡,或对下一代影响极大。例如广岛原子弹死亡的十数万人中,大部分都是核爆后得放射性病逐步死亡的。

四是一种长期危害,即放射性沾染。核爆1分钟左右,前3种危害作用就会消失,但核爆放出的放射性物质会弥散在大地、水源和空气中,有的在几秒内就会衰减消失,并且经过清洗会更快减弱;而有的很慢,可以达到几千年甚至上万年。但是,一旦把放射性物质吃进或吸入体内,危害极大。

五是对人类无大的危害的电磁脉冲,这种危害主要表现在对通信联络的破坏。电磁脉冲的传播破坏距离达到几百或几千千米,远远大于前4种破坏距离。电磁脉冲的强度随核爆的高低有着很大的差别,其中以超高空核爆炸产生的电磁脉冲效应最强,作用范围最广,可达远离爆心数千千米的目标,甚至对飞行中的卫星和导弹威胁很大。

除了以上5种危害之外,核武器最大的危害莫过于对人们造成的心理创伤。核武器的使用可以摧毁无数的家庭,这使得在核爆之后侥幸存活下来的人也会痛苦地度过余生。

在当今这个科技高速发展的和平年代,核武器依旧是一个挥之不去的话题。拥有核武器的国家依然强化其核统治地位,而一些无核国家却极力想要跨越这道门槛。毋庸置疑,在未来的军事中核武器拥有者无法撼动的统治地位,同时它也必将影响国家之间的战略走向。但无论如何,无核世界才是我们所向往的,也是全人类共同的期盼。

13.3.2 太空开发

自古以来,未知的宇宙一直是人类向往的神秘空间,它蕴含着极为丰富的资源和人类未曾探索和开发的领域。探索和开发这一丰富的资源,无论是对于人类还是对于整个地球都有着不可估量的影响。

首先,对于太空的开发能揭开宇宙神秘的面纱,揭示宇宙的形成与演化,探索宇宙生命的起源以及宇宙空间的环境对人类生存环境的影响,在天文学、宇宙学、生命科学甚至思想科学的领域都有巨大的推动作用。

其次,对于太空的探索是对我们科学技术的考验,它依赖并刺激了高新科技的发展,如电子技术、计算机技术、遥控遥测遥感技术、新材料开发技术等等。

再次,就现在地球上人口数量和增长趋势,靠地球上的现有资源很难保证未来人类的生存,而仅月球上所探明的氦-3大概就有100万吨到500万吨。仅这一种资源,月球就可以提供给人类社会上万年的能源。

同时,地球不止面临着资源短缺的问题,更要面对生存空间紧张的问题。所以为了开拓人类的生存空间,补充陆地资源,人类在研究开发新型资源的同时,已开始向海洋和大气环境进军。而对于宇宙的开发是一个漫长而艰难的工程,如果等到地球资源耗尽之时再去开发和探索宇宙资源,那么困难是可想而知的。人类现在必须把目光投向宇宙,不断科学地探索宇宙,研究宇宙资源的开发,以解决人类未来所面临的各种生存问题。最后,随着人类进入太空的步伐逐渐加快,人类对太空环境的影响也是不可忽视的。半个多世纪以来人类发射升空的各种卫星、航天器和空间站所产生的太空垃圾,虽然在整个宇宙中是沧海一粟,但是对于太阳系的太空环境无疑是严重的破坏,在未来对地球和人类会产生什么样的危害也是不得而知的。

1. 太空开发的航天器的分类

对于航天器的类型划分主要可以根据以下两种进行划分:

首先可以根据是否载人分为:载人航天器和不载人航天器。载人航天器主要包括载人飞机,航天飞机和空间站;不载人航天器主要包括卫星和搭载探测器的飞船。

其次根据目标和飞行方式可分为:科学卫星、空间站、飞越飞船、轨道器、大气层探测器、着陆器、漫游器、穿进器、太空观测台和跟踪与数据中继卫星。

2. 太空开发的前景

自1957年10月4日苏联发射了世界上第一颗人造地球卫星之后,随之而来便是各国相继发射人造卫星、探测器、航天飞机甚至登上了月球。直至2003年10月15日,中国的神舟五号载人飞船发射成功,将中国第一名宇航员杨利伟送上太空,这次载人飞船的成功发射使中国成为第三个成功发射载人航天飞船的国家,成功地进入了航天大国的行列。2013年6月,在神舟五号成功发射10周年之际,中国又成功的发射了神舟十号载人飞船,实现了多人多日的航天飞行,并成功地与天宫号实现了对接。这些都表明中国的航空航天技术在日益完善和进步。与此同时,我国的航天科学家和工作者们并不只满足于这个成绩,他们明确了在2030年左右实施首次载人登月、2040年建立首个短期有人值守的月球基地、2050年左右实施载人登陆火星等多个战略目标。世界其他国家也继续保持着对太空探索的追求,美国总统奥巴马宣布保留压缩版"奥赖恩"载人航天器,将这种原本用于登月的运输工具改造为宇航员的紧急逃生设备,并在今后几年内将它送至国际空间站。此举可确保美国宇航员在空间站发生意外时不必依赖俄罗斯飞船逃生。

太空的探索和开发转移了人类的部分注意力,让人类不至于在地球的有限空间里无穷尽地争夺厮杀,从而跳出狭隘的竞争。也只有真正地了解宇宙,才能更好地了解人类,为人类造福。很多的努力或许在短期内是看不到效果和用途的,但我们现在的探索和研究会给对以后宇宙资源的开发和利用带来更多方便和优势。

13.4 大气污染与气候变暖

13.4.1 大气污染

第一次技术革命之后,生产力迅速发展,煤和石油得到广泛应用,这些燃料的燃烧也使得大气污染日益加剧。现在,随着各种高新科技在生产生活中的应用,大气污染状况更是愈演愈烈,它俨然成为严重影响人类生存环境和生命安全的重要因素之一。而大气污染所带来的后果甚至会影响整个地球的生态环境。面对这些如此严重的大气污染问题,我们在研究它们的成因的同时,更应该去探寻如何高效地进行预防和治理,以及从伦理道德方面应该如何约束我们人类自身的行为。

在研究近地层大气污染规律时,往往将室外地区性空气污染称为"大气污染",而按照国际标准化组织(ISO)的定义:"大气污染通常是指由于人类活动或自然过程引起某些物质进入大气中,呈现出足够的浓度,达到足够的时间,并因此危害了人体的舒适、健康和福利或环境污染的现象。"

当今全球大气污染问题主要表现在温室效应、酸雨和臭氧层遭到破坏三个方面。而中国大气污染状况也十分严重,主要表现为城市大气环境中总悬浮颗粒物浓度普遍超标;二氧化硫污染严重;机动车尾气污染物排放总量迅速增加;氮氧化物污染呈加重趋势;全国多个地区形成酸雨区,以华中酸雨区为重。其中,比较引起重视的是城市大气环境中总悬浮颗粒物浓度超标,如:2013年初出现在北京的PM2.5。PM2.5是指大气中直径小于或等于2.5微米的颗粒物。它的主要来源,通常是日常发电、工业生产、汽车尾气排放等过程中经过燃烧而排放的残留物。可以说,人口密集地区以及工业产业发达地区的PM2.5浓度要高于边远地区。

当然,除了PM2.5以外,其他的污染问题也是不容忽视的。这些大气问题的发生,带给人类生产生活众多影响。

(1)对人体健康的危害。

人体受害的途径大体可以分成三种,即吸入污染空气、体表接触污染空气和摄入含大气污染物的食物。这除了会引起呼吸道和肺部疾病外,还会对心血管系统、肝等产生危害,严重的甚至可导致死亡。

(2)对生物的危害。

无论是陆生动物还是水生动物,都会因吸入受污染的空气或食用了含污染物食物而发病或死亡;而大气中的污染物会使植物的抗病力下降、影响其生长发育、严重的会引起枯萎死亡。

(3)对建筑物、文物古迹的危害。

大气污染物中所含有的大量化学物质,会对建筑材料起到腐蚀作用,而对文物古迹的侵蚀造成的更不仅仅是经济损失,这会造成文物古迹和文化艺术品的艺术价值和历史价值的损失。

(4)对环境的危害。

大气污染最明显的就是会造成酸性降雨、臭氧层空洞、温室效应以及粉尘等悬浮物增多,这些危害对农业、林业、养殖业等均会产生不利影响,同时也会改变地球上生物的生存环境。

面对大气污染的各种危害,我们要从区域环境的整体出发,一方面需要我国相关部门制订严格的法律法规,加大环境污染处罚力度,另一方面又不能只局限于职能部门的努力。要充分考虑该地区的环境特征,利用环境的自净能力,综合运用各种防治大气污染的技术措施,并在这些措施的基础上制定最佳的处理措施。鉴于大气污染综合防治涉及面比较广,影响因素比较多,一般来说,可以从以下几个方面考虑:

(1)采取区域集中供热。

建立规模较大的热电厂和供热站,用以代替分散于千家万户的燃煤炉灶,是消除烟尘的有效措施。

(2)植树造林、绿化环境。

绿化造林是废气处理的一种经济有效的措施。植物有吸收各种有毒有害气体和净化空气的功能。而茂密的丛林能够起到降低风速的作用,使气流挟带的大颗粒灰尘下降。

(3)多采用新型能源、调整能源结构、对燃料进行预处理(如对煤进行脱硫处理)、改进燃烧技术等均可在一定程度上降低污染。

同时,也可以在污染物未进入大气之前,使用各种技术消除废气中的部分污染物,可减少进入大气的污染物数量。大气自身有较强的扩散稀释能力,所以要充分利用大气的自净能力。对于风力大、通风良好、湍流盛、对流强的地区和时段,可接受较多厂矿企业;而对于有些大气扩散稀释能力弱的地区和时段,便不能接受较多的污染物,否则会造成严重大气污染。因此要针对不同地区、不同时段进行排放量的有效控制。

(4)减少汽车废气排放。

主要是通过发动机的燃烧设计来提高油的燃烧质量,加强交通管理。解决汽车尾气问题一般常采用安装汽车催化转化器,使燃料充分燃烧,减少有害物质的排放。另外,也可以开发新型燃料,如甲醇、乙醇等含氧有机物、植物油和气体燃料,降低汽车尾气污染排放量。

13.4.2 气候变暖

气候变暖,简单来说就是全球海洋和陆地由于人为因素造成的气温升高。气候变暖是需要一定过程的,这个过程当然是严重的人为破坏过程。

1. 气候变暖的原因及危害

近几年来,科学家一直在研究气候持续升高问题。我们现在所处的时期,气候变暖一定不是普通的自然现象。气温上升以后,我们的全球降水就开始发生变化,大自然为了协调全球温度的上升而使得降水重新分配。温度的升高使得冰川和冻土融化,从而使海平面升高,例如,著名的里海的水位变化就和气候变暖有离不开的关系。里海的水位下降是由于温度升高增快了水的蒸发,这样就会减少水的注入,而周边的农业灌溉和工业也会增加对河水的消耗。

(1)二氧化碳是全球气候变暖的原因之一。

人类排放的一些气体如甲烷、氯氟烃等都具有吸收红外线辐射的功能,这些气体,我们都称为是"温室气体"。近几年的研究发现,氟利昂对气候变暖的影响是二氧化碳的数千倍。氟利昂能够制冷,我们发现它能对大气造成严重破坏之前,也就是20世纪80年代左右,氟利昂作为制冷产品不可缺少的部分,达到最辉煌的发展,广泛用于冰箱、汽车的冷冻设备,当这些产品废弃不用的时候,氟利昂也被释放了出来。科学家认为,控制这些温室气体的排放,可能会控制全球的气候变暖。

(2)人口数量的急剧增加也是气候变暖的一个原因。

人口数量的增长不但影响了气候变暖,也影响了生态的平衡。从现在的人口数量来看,我们每天用于呼吸释放出的二氧化碳就已经是一个不小的数目,可以直接导致大量的二氧化碳排放到大气中,这样形成的二氧化碳直接影响全球的气候变化。

(3)森林的乱砍滥伐影响着气候变暖。由于人们开垦土地用于农业生产和为了建房来获取木材而过度砍伐森林,对植被也造成了严重破坏。现在我们对森林予以保护的同时,仍旧有人不断地破坏树木和植被。这严重造成了土地沙漠化,土地侵蚀。土壤侵蚀会使土壤的肥力下降,就像人类生长需要营养一样,生物生长也需要必要的养分,由于土壤的肥力下降了,保水力相应的也会下降,这样生物生长不能保持生产力的能力,使植物无法正常生长。这样形成的恶性循环,可能造成沙尘暴和洪涝灾害,造成严重的经济损失。

2. 气候变暖的防治

改善现在的全球气候环境是我们必须要做的。控制气候变暖,我们能做的很多。首先,我们要减少森林的砍伐,树木的燃烧会释放大量的二氧化碳,但是,树木的光合作用可以吸收二氧化碳。其次,我们要减少温室气体的排放,我们应该少使用化石原料,多使用无污染的可再生资源。同时,我们可以将改善气候变暖实行到日常生活中,我们可以少开车,尽量多坐公交,多使用清洁能源。

在整个过程中离不开国家的宏观调控政策和制定的相关法律法规。但是光靠国家政策是远远不够的。我们必须认识到,控制气候变暖是每个人的责任,必须要为其做出努力。

13.5 抗生素

对于抗生素的定义,医学界早有定论。抗生素(Antibiotics)是一种由微生物(包括细菌、真菌、放线菌属)或者高等动植物在生活过程中所产生的具有抗病原体或其他活性的一类次级代谢产物,能干扰其他生活细胞发育功能的化学物质。它对另外一些微生物的生长繁殖有抑制作用,其中主要对细菌有杀灭作用,所以在初期抗生素被称为抗菌素。现代抗生素的定义人们把由某些微生物在生活过程中产生的,对某些其他病原微生物具有抑制或杀灭作用的一类化学物质称为抗生素。抗生素在实际的使用中,主要可以杀灭细菌。通常使用情况下,抗生素对人体的危害很小,或者说副作用很小,只会对发病病菌起到杀灭作用。但是如果过量使用抗生素会大量杀死人体内的有益菌,使菌群失衡,在这种情况下会导致疾病发生。反复且单一使用一种抗生素也会使病原体产生一定抗药性。

13.5.1 抗生素的作用机理

抗生素主要对细菌有抑菌或杀菌作用,通过影响细胞壁的生成,影响细胞膜的功能,抑制核酸的生物合成,抑制蛋白质的生物合成来发挥作用。

首先,抗生素会影响细菌细胞壁的生成。众所周知,人类属于哺乳动物,而哺乳动物的细胞是没有细胞壁的,故不受这类药物的影响。而在这种机理会使细菌在渗透压过低的环境下,细胞壁膨胀破裂,同时细菌也将死亡。

其次,影响细菌 DNA 的复制和转录。当细菌的 DNA 复制受到阻碍时,同时阻止了 DNA 转录成信使 RNA,那么带有遗传信息的信使 RNA 合成蛋白的过程也将消失。人工合成的抗菌剂喹诺酮类,如大家比较熟悉的氧氟沙星,就是典型的这种药物。通过与细菌核糖体或其反应底物(如转运 RNA、信使 RNA)相互作用,抑制蛋白质生物的合成,细菌细胞自然无法生存。采用这种方式发生作用的抗生素有四环素类抗生素、氯霉素、大环内酯类抗生素等。

13.5.2 抗生素在使用时存在的误区

我国抗生素类药物的年产量、出口量、自用量、人均年消费量均高于世界其他各国。据 2006~2007 年度卫生部全国细菌耐药监测结果显示,全国医院抗菌药物年使用率高达 74%。在美英等发达国家,医院的抗生素使用率仅为 22%~25%。这使得中国成为世界上滥用抗生素问题最严重的国家之一。而抗生素类药物的滥用与消费者对抗生素相关知识的不了解有很大关系,这就是很多抗生素被滥用的源头所在。针对这种现状,正视抗生素药物的作用范围,明确抗生素在使用时存在的误区,是使抗生素药物发挥作用的关键所在。

误区一:抗生素等于消炎药。抗生素不能直接针对炎症发挥作用,仅适用于由细菌和部分其他微生物引起的炎症,对其他情况引起的病变是不起作用的,在这种情况下的患者使用抗生素治疗是有害无益的。

误区二:大量使用广谱抗生素。简单点说,就是如果明确了致病的微生物,就使用专门治疗这种病菌引起病变的窄谱抗生素。所以在生病的时候还是建议大家去医院就诊,明确病因,正确用药。

误区三:新的抗生素比老的好,贵的抗生素比便宜的好。其实每种抗生素都有自身的特性,优势劣势各不相同。例如,红霉素虽然是老品牌,价格很便宜,但是不代表它的功效低于其他品牌,关键看用于治疗什么样的病菌引起的病变。

误区四:使用抗生素的种类越多,越能有效地控制感染。多种抗生素一起使用,即联合使用抗生素。联合用药可以增加一些不合理的用药因素,这样不仅不能增加疗效,反而会降低疗效,更重要的是容易产生一些毒副作用。

误区五:频繁更换抗生素。任何药物治疗都有一个周期性的问题,抗生素也不例外。频繁更换抗生素药物,会对自身的免疫系统造成极大的伤害,并且容易使细菌产生对多种药物的耐药性。

误区六:一旦有效就停药。抗生素的使用有一个周期。如果在没有痊愈的情况下就停止用药,很可能会导致病情的反复,使细菌对这种药物产生抗药性。

13.5.3 抗生素的正确使用

首先,对于病毒性引起的疾病不用抗生素。抗生素对由病毒性引发的感染无法起到治疗作用,同时,对麻疹、腮腺炎等患者使用抗生素治疗也是有害无益的。除了确诊为细菌感染者外,一般不采用抗生素治疗。其次,皮肤、黏膜局部应尽量避免反复应用抗生素。除主要针对皮肤黏膜感染用的抗生素如新霉素、杆菌肽外,其他抗生素特别是青霉素对局部感染的治疗应尽量少用。另外,在使用针对性的药物时也要注意使用适量的剂量和疗程。再次,孕妇以及哺乳期的妇女要慎用抗生素。一般来说,普鲁卡因青霉素、氨苄西林等抗生素,对胎儿的影响是最小的。但庆大霉素、阿米卡星会导致胎儿畸形,四环素、米诺环素、土霉素、金霉素等抗生素会对未出世的胎儿有较大副作用,不建议使用。

在医疗技术日趋完善的今天,我们在强调药物治疗的重要性的同时,也不应忽略人体防御机制的重要性,不能过分依赖抗生素药物的治疗。在使用抗生素治疗的时候,要尽量调整自身的身体状况,从自身入手,提高自身机体抵抗外界疾病能力,对发烧的病人要先降温,多喝水,调整饮食结构,吃一些利于恢复身体健康的食物,这才是治疗的根本。

13.6 基因工程与作物改良

基因工程于20世纪70年代初建立并发展起来,经过40余年的不断发展和完善,已成为生物学的核心技术,越来越受到世界各国的关注并得以飞速发展,育成了一大批耐除草剂、抗病、抗虫、抗病毒、抗寒、高产、品质优良的农作物新品种,并开始在农业生产上大面积推广应用。

13.6.1 基因工程技术在农业生产上的应用

基因工程是指按照人们的意愿,通过体外DNA重组和转基因等技术,赋予生物以新的遗传特性,从而创造出更符合人们需要的新的生物类型和生物产品,这是一种通过不同物种之间基因重组,实现定向改变生物性状的生物工程技术。这种跨越天然物种屏障的能力,是基因工程的一个重要特征,当前,科研人员正是利用这一特征,加大对植物遗传改良的研究力度,努力达到提高作物产量,改善品质,增强作物抗逆性、抗病虫害的能力的生物生物技术的目的,并在农业生产领域已取得令人瞩目的成就。

1. 基因工程技术与改良作物品质

人们在生活水平提高的同时,越来越关注食品口味、口感、营养成分、欣赏价值等品质性状。大量实践证明,利用基因工程不但能有效地改善植物的品质,而且越来越多的基因工程植物进入了商品化生产领域,取得了很好的效果。种子及其他贮藏器官中各种营养成分的含量,直接关系到这些食物的营养价值。由于不少贮藏蛋白的基因或与这些贮藏物质有关的代谢过程改变着这些器官中的物质组成,在蛋白质改良方面,由于特定作物种子中往往缺少某几种必需的氨基酸,科研人员又集中研究通过基因工程改变蛋白质的必需氨基酸,从而改善植物的营养价值。几年前,美国国际植物研究所的科学家们就从大豆中获取蛋白质合成基因,成功地导入到马铃薯中,培育出高蛋白马铃薯品种,其蛋白质含量接近大豆,大大提高了营养价值,得到了消费者的普遍欢迎。

2. 基因工程技术与培育作物各种抗性

(1) 虫害对农业生产影响严重。

直接关系到作物的产量和品质,制约农业经济的稳定发展。为避免采用化学药剂防治害虫产生的弊端,科技人员就将目光转移到基因工程上来。自从抗虫烟草培育成功以来,国内外学者都开始了这方面研究,并已相继成功培育出具抗虫基因的番茄、马铃薯、甘蓝、棉花、杨树等。中国农业科学院生物技术中心对培育出的棉花转基因品种品系进行了实验,对棉铃虫的杀伤力达80%以上,并且具有丰产性和品质优良的特点。

(2) 病害也是农业生产中难以防治的。

据联合国粮农组织(FAO)估计,全世界粮食生产每年因病害的发生而导致的损失占10%,棉花生产上损失为12%左右。使用一些药剂来防治病害不仅效果不佳,还容易带来环境污染等负面效应;采用有性杂交的方式来获得抗病品种也存在着各种局限性,10多年来,植物抗病基因工程取得一系列的成果,已有10多个植物抗病基因被克隆并定序,同时育成了大量的抗病作物品种或品系。

(3) 植物的抗逆性也一直是植物生物学家关注的问题。

近年来,生物学家们协同作战,转基因耐涝性、耐盐碱、耐旱性和耐寒性的作物新品种(系)也已获得成功。植物的抗寒性对其生长发育尤为重要。

(4) 化学除草剂在现代农业中起着很重要的作用。

在农作物中导入高抗除草剂基因,人们可以更自由地选择适合轮作套作的作物种类。现在,针对不同除草剂作用机理,已获得抗除草剂基因工程烟草、番茄、马铃薯、棉花等作物。

3. 基因工程技术与高产作物的培育

作物产量是一个复杂生物性状,与植株光合效率、养分吸收利用能力、物质转运速度有关。对植物代谢的有效调控是十分复杂的工序,首先是对确定的基因分子靶标进行修饰,这些基因再参与淀粉合成、植物光合作用、N素吸收和同化、水分利用等植物生理生化代谢过程,使作物产量有了一定的提高,但尚未达到所期望的程度。

4. 基因工程在其他方面的成果

利用基因工程调节植物的次生代谢;用植物生产具有重要经济价值的蛋白质;固氮基因工程,现得到了飞速发展;植物激素对植物生殖、生长、发育过程的调控十分重要。最为成功的是利用基因工程产生雄性不育系。

13.6.2 基因问题带给人类的争议

基因工程不仅在农作物改良方面,在动物界、生物制药、诊治疾病、环境保护等方面都有广泛的应用,然而,社会各界对转基因品种或产物的利与弊众说纷纭,存在颇多争议。

1. 民众更关心转基因植物及其产品安全性问题

由于科学发展水平的限制,目前科学家对基因的结构、基因间的相互作用以及基因的调控机制等都了解得相当有限;再加上转移的基因虽然是成功已知的基因,但不少却是异种生物的基因;同时,外源基因插入宿主基因组的部位往往是随机的,因此在转基因生物中,基因对生态环境和人类健康可能带来什么样的后果难以预料,目前的科学水平也很难明确地回答公众对基因工程产品提出的各种各样的安全性问题。这就将引发人们在食品安全、生物安全和环境安全等方面的争论和不安。

人们担心的问题主要有：未进行较长时间的安全性实验（产生毒素、过敏或变态反应、食品的营养价值下降、降解食品中的重要成分）；产生抗菌素耐药性细菌；转基因植物对农田生态系统的影响；对环境的影响；新型病毒的出现；人造生物扩散等。

2. 伦理学家的观点

基因伦理学其内容可有两方面：一方面是生态伦理学，另一方面是社会伦理学。

生态伦理学主要是出于生物多样性的考虑，对于植物基因研究工作进行规范和合理约束。

社会伦理学认为，随着基因技术的发展，"天才论""血统论"有可能死灰复燃。许多已被证明为"天才"的科学家，在基因上可能恰恰是有缺陷的，事实上，基因工程本身也很难造成所谓各方面能力均衡的完美的人。

3. 国外科学家的观点及态度

虽然第一批基因工程农作物品种上市不久，但2005年美国种植的玉米、大豆和棉花中的一半就使用利用基因工程培育的种子。2010年，美国基因工程农产品和食品的市场规模从2005年的40亿美元扩大到200亿美元，25年后将达到750亿美元。有的专家预计："到下世纪初，很可能美国的每一种食品中都含有一点基因工程的成分。"还有不少人，特别是欧洲国家消费者对转基因农产品心存疑虑，但是专家们指出，利用基因工程改良农作物已势在必行。这首先是由于全球人口的压力不断增加。专家们估计，今后40至50年内，全球的人口将比目前增加一半，为此，粮食产量需增加75%。另外，人口的老龄化对医疗系统的压力不断增加，开发可以增强人体健康的食品十分必要。刘兵在《从德国环保界对基因工程的态度谈起》一文中说道，德国最大的民间环保团体BUND的代表在一次座谈时谈到，他们的工作致力于绿色产品等，尤其是没有应用基因工程的产品，"他们几乎众口一词地反对在农业生产中应用遗传工程"。

很多科学家是有道德、负责任的，在制作供基因工程作物用的转基因动植物时，拒绝使用抗菌素抗性基因。但遗憾的是还有一些人还在继续使用它。现在已有一些国家政府明确规定，禁止制作和出售含任何抗菌素抗性基因的基因工程食物。

13.6.3 国内外基因工程产品市场现状

目前已有转基因大豆、玉米、棉花、油菜、南瓜、木瓜、马铃薯、番茄、甜菜等几十种作物投入商业种植。其中，有的转基因作物占据主导地位。近年来，全球已有30多个国家批准了30多种转基因作物的商业化种植，涉及数百个转化体，包括抗虫、抗除草剂、抗病、品质改良等。种植面积由1996年的170万公顷发展到2017年的2亿公顷。全球转基因种子市场已由1996年的1.15亿美元增加到2016年的200亿美元。

13.6.4 理性对待转基因产物

每一项科学技术都有它们的利与弊，基因工程也是如此，我们应该用最正确、最和谐的方法去应用每一项科学技术。基因工程在我国农业发展中具有美好前景。

当前我国基因工程技术尚落后于发达国家，更应当加速发展，切不可坐失良机。对于基因工程技术，应考虑：①提高重要性认识，加大投入力度。②加强管理，有选择性地研制开发对当前生产有用的基因工程产品。③加速研究成果向产品化转变。

对于基因工程的运载体 DNA 中的标记基因——抗生素抗性基因,其危险性一直未被充分认识。芬兰的研究人员发现,基因工程食物中存在的抗生素抗性基因能转移到人体肠道中的细菌内。虽然还没有人报道,这种食物在人体内能使肠道菌特别是致病菌对抗生素产生抗性,但危险性不能被排除。从另一角度讲,至今也没有人能证明基因工程食物中的抗性基因绝对不会转移到人体肠道微生物中,也就是说消费者食用转基因产品是需要承担一定风险的。

我们清楚地认识到,目前已经大面积推广的基因工程作物并不理想,必须改进。科研人员有信心、有能力对转基因食品潜在的安全隐患,在技术上去克服,现在不要急于求成,否则就可能会使人类付出巨大的代价。

21 世纪是基因工程技术蓬勃发展的时代,以基因工程为代表的生物技术革命很可能是解决全球粮食问题的最佳选择。希望随着生物技术的不断发展,使基因工程的安全性得到保证,让人们生活的各个方面都能感受基因工程给人类带来的利益。

13.7　生态美学和生态文化

13.7.1　生态美学

生态美学的哲学基础为生态哲学。生态美学是在新时代经济与文化状况下提出的人与自然、社会达到动态平衡、和谐一致的处于生态审美状态的存在观,是一种理想的审美的人生。生态美学的提出,是人类对自然生态绝对性、必然性的一个回应。它是机械论哲学向存在论哲学演进的表现,是对"人类中心主义"的突破,是由实践美学到存在论美学的转移;它的出现将推动中国与西方的平等对话。但是,在关于生态美学的界定、所涉及的哲学与伦理学问题以及与当代科技的关系等方面尚有待进一步研究。

1. 从哲学美学看生态美学

生态美学是哲学美学的一个具体分支学科。哲学美学是以艺术为中心研究人对现实的审美关系的科学、人对现实的审美关系包括三个方面:人对自然的审美关系、人对社会(他人)的审美关系,人对自我的审美关系,而生态美学就是研究人对自然的审美关系的科学。因此,不同的哲学美学产生不同的生态美学,不能强求一律。主体性哲学向主体间性哲学的转向有着当代人类思想的现实根源。伴随着全球性生态危机,不可避免地将对以主体性哲学为基础的实践美学观提出质疑。因此,"主体间性"不能作为生态美学的哲学基础,因为"主体间性"只是西方现代主义和后现代主义的一种方法论策略,不具有哲学本体论、认识论、价值论的意义,同时,人与自然的关系,包括人对现实的审美关系不可能仅仅是"主体间性"的。通过分析胡塞尔、海德格尔和马丁·布伯三位哲学家的主体间性思想,可以看出主体间性哲学寻求与自然的对话并在平衡与和谐地球生态关系的基础上,从整个生命及物质系统繁荣中谋求人类的进步和发展。

2. 细分生态美学

生态美学包括自然生态与文化生态两大系统,而各自又有其分支系统,保持各系统的生态平衡以及两大系统之间的平衡对于审美与艺术的发生、价值构成有重大意义。在人与自然逐渐隔离的今天,生态美学的使命就是追求更深刻意义上的天人合一,人与自然的和谐,自然生态与文化生态的平衡与统一。这体现了生态美学所特有的具有生命性、宜人性、全人类性的性质。而生态哲学在主客体关系上不承认人的绝对主体性,反对主客两分,在价值观上既承认人的价值,又承认自然的价值。因此,以实践唯物主义为哲学基础的实践美学,才真正完整地以实践本体论、实践认识论、实践价值论、实践辩证法为生态美学所研究的人对自然的审美关系提供了主体性的、客体性的、主客体间性的、主体间性的全方位的研究视角。

国外环境美学、生态美学的研究从 20 世纪 6 年代开始,产生了一些有影响的论述,如赫伯恩发表于《英国分析哲学》上的论文《当代美学及自然美的遗忘》(1966)和被我国生态美学家称之为生态美学产生的标志性作品的《寂静的春天》(1962)。尔后,相当数量的环境美学、生态美学专著不断问世,曼科夫斯卡娅 1992 年发表于俄罗斯《哲学科学》中的《国外生态美学》的论文,总结了这一生态美学的发展态势,指出:"国外生态美学已取得一系列的珍贵的成果。其地位、研究对象已经确立,概念体系已经形成,它的科学知识体系中的地位和作用已显现出来。"

我国美学界从 20 世纪 90 年代开始陆续发表和出版相关的著述,其中李欣复教授的《论生态美学》一文被誉为"我国第一篇具有理论深度的生态美学学术论文"。之后,又有徐恒醇的《生态美学》、鲁枢元的《生态文艺学》等相继问世。因此,我国美学界这种新趋势已逐渐形成,体现了这一学科新的特质及其发展态势。

生态美学从工具性世界观过渡到生态世界观,从主客二分过渡到有机整体。这可以说是具有时代意义的。这是一种超越了主体性实践论,具有主体间性的理论形态,具有与认识论美学、实践论美学不同的生态存在论的哲学基础。可见,生态美学产生的时代背景、社会形态,超越人类中心的世界观、价值观,哲学基础和思维方式,多重审美对象与生态系统共存共生、协调发展的审美追求都具有新的特质。

13.7.2 生态文化

环境哲学以人与自然关系为基本问题,是一种新的世界观。20 世纪中叶,以全球性生态危机的暴发为标志,工业文化开始走下坡路,而一种新的文化——生态文化成为逐渐上升的人类新文化。生态文化作为人类新的生存方式,它包括人类文化的制度层次、物质层次和精神层次的重大变革。生态文化是和谐社会的先进文化,它标志着人类价值观的一个突变,是马克思主义的内在要求和社会主义的内涵属性。这是 21 世纪人类建设新文化的选择,是人类发展的绿色道路。在绿色道路上,遵循人与自然和谐的原则建设新文化,实现人与人关系的和解,人与自然关系的和解,构建和谐社会,必然是环境哲学研究、发展和应用的方向。

1. 生态文化与生态哲学文化

生态文化从狭义上理解是一种文化现象,即以生态价值观为指导的社会意识形态。生态文化主要包括生态哲学、生态伦理、生态科技、生态教育、生态传媒、生态文艺、生态美学、生态宗教文化等要素。这些要素互相依存、互相促进,共同构成生态文化建设体系。生态文化形成和发展的价值观基础是"人-社会-自然"和谐相处关系的文化。是"真、善、美"相结合的文化的观点,因而构建了生态文化体系的基本架构,以及构建了繁荣的生态文化体系。

从哲学的视角看,生态文化是兼顾自然之本体基础地位与人之世界价值中心地位,且与生态文明相适应的一种文化形态。而生态文化产生于人们对生态危机的哲学反思,它主张用一种整体论的观点来考察自然,用生态学的观点来考察现实事物,解释现实世界,认识和解决现实问题。

生态哲学主张把人的角色从大地共同体的征服者改变为普通成员与公民,强调生态系统是一个有相互依赖的各部分组成的共同体,人则是这个共同体的平等一员,人类和大自然的其他构成者在生态上是平等的;人类不仅要尊重生命共同体中的伙伴,而且要尊重共同体本身;任何一种行为,只要它有助于保护生命共同体的和谐、稳定和美丽时,才是正确的;人与自然之间要协调发展、共同进化。

生态哲学文化的发展不但为生态文化提供了指导人类行为的新模式、理论思维的新模式,还将为研究人与社会的合理发展提供新的战略和策略思想,从而促进生态文化在社会各领域内的生成和发展。

2. 生态文化是民族文化发展的新阶段

从生态的视角看,文化是人类适应自然生态环境的特殊方式,是人类与其生存环境的关系的体现。人类文化从诞生伊始便与"自然""生态"紧紧地勾连在一起,须臾不可分离。正因如此,20世纪90年代以来,学术界提出一种新的学术概念——生态文化,并以两种学术理论对其进行阐释,一种是将生态文化视为一种人类应当采取的新的文化形态;另一种则从人类文明演进的角度,将生态文化视为一个历史范畴或文化的有机组成部分。生态文化是在人类拯救工业文明时代生态危机的现代环境运动中形成的。因此生态文化体现了生态文明时代的价值观。而民族生态文化是中国各少数民族在与自然生态环境交往的漫漫历程中,以特有的生态观、文化观和宇宙观为指导,以调适生态与文化之间的关系、寻求人与自然和谐共存为落脚点和归宿而形成的生态物质文化、生态制度文化、生态观念(精神)文化的总和。它与生态文化既有显著的区别,又有深刻的联系。

3. 生态文化与生态经济

在推动社会主义文化大发展大繁荣的新时期,进行文化创新,增强文化发展的活力,要把积极建设生态文化作为文化创新的新方向。生态文化是以一种"互利共生型"的思维方式作为价值观基础:生态文化是一种正在崛起的新型文化,是人类文化发展的新阶段;生态文化是人类精神层面的共识。而且,生态文化体现了当代中国社会主义先进文化的前进方向。

而生态经济的模式是将生态学凌驾于经济学之上,即遵从生态经济规律,同时还要求市场信号有个基本的转变,也就是要求它们转变成尊重可维系生态永续不衰的那些法则的信号,即把自然资源的价值纳入经济学的成本计算中。生态经济是一种绿色经济和循环经济,它以可再生能源为动力,以自然资源的节约为基础,通过开发生态技术实现农业、工业和生产消费品的"绿色化",降低和防止生产过程和产品对自然环境的污染,从根本上转变经济增长的方式,促进经济、社会、环境的协调和可持续发展。只有这样的发展,才能既实现现代人的利益,又为后代打下基础,为生态安全打下基础。

第 14 章 自然价值论

14.1 自然资源价值基本概念

14.1.1 自然环境与自然资源

1. 自然环境

广义的自然环境,泛指人类社会以外的自然界。科学的含义,是指非人类创造的物质所构成的地理空间。阳光、空气、水、土地、野生动植物都属于自然环境要素,这些自然物质与一定的地理条件结合,即形成具有一定特征的自然环境。它有别于人类通过生产活动建造的人工环境,如城市、工矿区、农村等环境。

2. 自然资源

在一定的技术经济条件下,自然界中对人类有用的一切物质和能量的总称,都称为自然资源,也就是说,在自然界中,人类可以直接获得用于生活和生产的物质和能量。土地、森林、草场、矿物、太阳能等都属于自然资源。自然资源是人类赖以生存的物质基础。

我国自然资源的现状与特点主要有以下几点:①人均资源量明显低于世界平均水平。水资源不及世界人均水平的 1/4,耕地是世界人均水平的 30%,森林是世界人均水平的 4%。②自然资源的空间分布不均衡。③自然资源的缺口日趋增大。

3. 自然环境与自然资源的关系

总体来看,自然资源与自然环境之间实质上并不存在截然的界限,它们是自然界这一整体的两个侧面,也就是说,自然界有两种基本属性:环境属性(即人类生存环境,环境要素如温度适于人类生存)和资源属性。所以,自然界的自然物质条件既是自然环境,又是自然资源,可以相互转化,具有两重性。如古代所谓的自然环境因素(如水、空气等)现在看来已成为自然资源。而自然资源本身又是自然环境的组成部分,合理利用自然资源也就是保护自然环境。

14.1.2 自然环境与生态环境

1. 生态环境概念

生态环境是指影响人类生存与发展的水资源、土地资源、生物资源以及气候资源数量与质量的总称,是关系到社会和经济持续发展的复合生态系统。

动植物、空气、水、土壤、气候等一切都是生态环境。生态环境是由生物群落及非生物自然因素组成的各种生态系统所构成的整体,主要或完全由自然因素形成,并间接地、潜在地、长远地对人类的生存和发展产生影响。生态环境的破坏,最终会导致人类生活环境的恶化。因此,要保护和改善生活环境,就必须保护和改善生态环境。我国环境保护法把保护和改善生态环境作为其主要任务之一,正是基于生态环境与生活环境这一密切关系。

2. 生态环境价值及其降低与提升

地球上自然生态环境的各种价值形成的过程,基本上也是地球的起源、形成和发展的过程。地球在整个演化过程中,受到太阳的光、热和引力等的作用,太阳的作用与地球内部动力所引起的各种现象之间的相互作用,是地球上自然生态环境价值形成的条件和根据。在太阳的影响下,地球上的自然生态环境发生着价值作用。从生物主体论讲,地球上形成的最大价值是,创造了适合生命起源和进化以及生存与发展的自然生态环境价值,以及影响地球上的植物区系和动物区系等。紧接着就是人类对自然生态环境的生物和非生物通过技术手段和设备加工所创造出的新价值,即把自然生态环境中的物质及其价值,转换成为更高的其他物质及其价值形式。这完全可以看作是人类对自然生态环境中物质价的创造。人类在对自然生态环境的价值进行创造的过程中,包括人类自身的生存与发展。简而言之,首先是自然界创造了生态环境价值紧接着人类在其中将其价值提升或者说创造了其他的价值。

自然生态环境的价值的形成十分不易,但如果对其加以破坏,则会直接威胁几乎一切生物的生存,甚至会加速地球的毁灭。

目前地球上的生态环境的破坏主要表现在以下几个方面:

(1) 全球性的森林破坏。

地球上的森林面积曾经达到76亿公顷,到1985年锐减为4 147亿公顷,20世纪80年代后期乃至90年代以来,仍在加速减少之中。全世界每年损失森林面积为1 800万~2 000万公顷。与此同时,全世界每年毁坏热带森林1 130万公顷,人工造林只有110万公顷,80至90年代全世界的毁林速度要比以前高一倍。世界有关组织和专家认为再过50年,热带森林就会从地球上永远地消失掉。热带雨林是一个仍然继续在繁殖各种动植物的最大摇篮。由于全世界大面积的森林破坏,在很大程度上削弱了森林调节气候、涵养水分、防风固土、养育生物等多种生态功能,这就致使生态环境恶化,自然灾害频发等恶果,最终就破坏了地球上生物圈的平衡。这将给明天的人类带来更加严重的贫瘠,还会祸及其他一切生物,造成自然界的一系列连锁性和突发性灾难。

(2) 淡水资源的严重减少、短缺和污染。

水决定着生态系统的基本类型,是最为重要的生态物质之一。虽然水约占地球表面积的71%,总水量约为13.6亿立方千米,但是淡水储量只有3.5亿立方米,其中与人类生活息息相关的水仅占全部淡水储量的0.34%。同时,由于各种因素导致全球用水量几倍、几十倍地增加。目前世界上有100多个国家缺水,其中40多个国家严重缺水;全世界每年排放污水4 260多亿吨,造成了55 000亿立方米的水体污染。水体严重污染又造成了部分生物衰败,甚至灭种。据有关专家预测,21世纪是水资源危机的世纪。因为地球上的淡水资源只可供80亿人口消费。进入2030年之后,全世界的人口将会达到80亿,加之水资源分布的十分不均,将导致很多国家和地区提前大闹水荒。预计到2050年和2070年,全球的水资源将分别亏损2 300亿立方米和4 100亿立方米,全球各种稳定的径流量将会全部被用光和污染,后果是十分严重的。

(3) 物多样性及其物种大量灭绝。

由于人类社会的各种无休止的频繁活动,使相当多的生物及其物种,不能按照自然规律而完成它们的生存时间,而是提前被灭绝了。而且由于人类对生物圈的破坏,导致生物圈的失衡，使许多新的物种不能再生面世。许多生物学家警告：森林、湿地、珊瑚等的破坏和土地沙漠化的速度如果像目前这样发展下去，那么在 1975 年至 2000 年期间，地球上将有 100 多万种物种灭绝，并且其中大部分是尚未被分类的植物和昆虫。至今记录在案的物种只有 140 万至 170 万种，估计全球的物种种数达到 500 万至 3 000 万种。物种的再生与灭绝真是相形见绌。由于大多数动物直接或间接地以植物为食的原因，致使全球的野生植物灭绝更为严重。有关资料表明：全世界约有 10% 的植物处在灭绝的危险之中。到 2000 年，所有植物中的 16% 至 25% 行将灭绝。另有资料指出，在今后 20 至 30 年中，会有 100 多万种物种受到灭绝的威胁，尤其是植物，其中包括 26.5 万种已知的植物。目前在已知的 18.5 万种热带植物中，将有 70% 会在今后 25 年中灭绝。生物多样性的极大破坏和丧失及其价值的降低，是永远无法补救和无法替代的，也必然会祸及人这种生物实体的生存和发展。

不管是哪些方面，都对自然生态系统产生了不可修复的破坏，使生态环境价值降低且会愈演愈烈。

我们主张的自然生态环境价值的再创造，是与可持续性发展密切相关的再创造，是一种有效制止，甚至在特定的时间里停止对自然生态环境的破坏，使人与自然、生态、环境等等重新走向新的和谐与发展的价值创造。只有走可持续发展之路，一方面才有可能恢复自然生态环境的部分价值，另一方面也才能使自然生态环境的价值得到新的价值增值。可持续发展必将创造出能够替代非再生资源和服务于人类甚至服务于其他生物的价值来。

3. 自然环境与生态环境的关系

生态环境与自然环境是两个在含义上十分相近的概念，有时人们将其混用，但严格来说，生态环境并不等同于自然环境，自然环境的外延比较广，各种天然因素的总体都可以说是自然环境，但只有具有一定生态关系构成的系统整体才能称为生态环境。仅有非生物因素组成的整体，虽然可以称为自然环境，但并不能叫生态环境。从这个意义上说，生态环境仅是自然环境的一种，二者具有包含关系。

14.1.3　自然资源价值研究的哲学基础

对自然资源价值的认识，应首先从价值哲学的高度把握价值的本质，联系可持续发展的理论与实践，分析自然资源的价值内涵及基础。

1. 价值本质的辨析

"价值"一词起源于哲学，广泛为人们接受的哲学价值的含义是：客体与主体之间需要和满足需要的关系，是客体对主体的影响或意义。也就是说，主体有某种需要，客体能够满足这些需要，那么对主体来说，这个客体就是有价值的。因此，价值是主体与客体相互作用、相互影响的二元结构。价值是属于关系范畴而不是属性范畴，它不是主体人的属性，也不是客体的属性，而是主体与客体的相互作用。在这种相互作用的关系中，对价值的认识和把握，是与主体的意识和自我意识分不开的。例如，马克思的劳动价值论是尊重和维护生产劳动者权益的典范，它表明了马克思致力引导人们尊重生产型劳动，维护生产劳动者对自己劳动成果的权益；效用价值论引导人们珍惜稀缺资源，尊重那些拥有稀缺自然资源所有权的人们对其资源的占有权力和能有效利用稀缺资源的人们的劳动。

2. 自然资源的价值内涵

根据哲学"价值"概念的界定，自然资源的价值应是指：人类与自然相互影响的关系中，对于人类和自然资源这个统一的整体的共生、共存、共发展具有的积极意义、作用和效果。其内涵:首先人与自然应该是属于同一整体之中,在作用上是整合一致的;其次,该概念还反映了相互性,人和自然资源之间是相互作用和影响的,而不是单一的征服与被征服以及利用和被利用的关系;再次,该概念还反映了价值更主要的本质是功能、效用和能力的恢复、替代以及再生的可持续性。

3. 自然资源的价值基础

自然资源价值产生于人类与自然界的关系中。在现代经济社会中,自然资源的价值基础来源于稀缺性、资源产权和劳动价值三方面。

物以稀为贵,稀缺性是资源价值的基础。但随着人口数量的增加和社会的发展,自然资源不但变得越来越有用,而且变得越来越稀缺,资源供需矛盾越来越紧张。为了保持社会的稳定持续发展,人类必须在自然资源的再生产过程中投入劳动,于是现存的、有用的、稀缺的自然资源都有了价值。此时,稀缺的自然资源的获得不再是无偿的,要通过市场机制分配有限的自然资源,资源具有了交易价格。

自然资源价值的一个重要方面是其产权的体现。产权是经济运行的基础,是交易的先决条件,体现了所有者对其拥有的资源的一种权利,是规定使用权的一种法律手段。设想在一个没有资源产权的地区,任何人能够以任何方式使用资源,而不支付任何报酬,这样只有在资源无限的情况下,才不会稀缺,那时也就不成为资源,资源也就没有价值。

资源体中凝结的人类劳动是自然资源价值增大的源泉。现代的自然资源已被人类从事经济再生产而不同程度涉足过,直接或间接、或多或少地投入了人的劳动。如现在天然林的保护,石油、矿产的勘探、开发和管理等都包含了人类劳动。此外,人类对自然资源的探索、认识、研究,属于人类认识方面的"劳动积累",这些劳动耗费也都应成为构成资源价值实体的部分。

14.1.4 自然资源价值基本概念

1. 基本概念

根据哲学"价值"概念的界定,自然资源的价值应是指:人类与自然相互影响的关系中,对于人类和自然资源这个统一的整体的共生、共存、共发展具有的积极意义、作用和效果。其内涵为:首先人与自然应该是属于同一整体之中,在作用上是整合一致的;其次,该概念还反映了相互性,人和自然资源之间是相互作用和影响的,而不是单一的征服与被征服以及利用和被利用的关系;再次,该概念还反映了价值更主要的本质是功能、效用和能力的恢复、替代以及再生的可持续性。

2. 研究意义

资源价值理论是资源经济学的最基本的理论,是制定资源经济政策、促进资源经济发展的理论基础。长期以来,人类在从事经济活动时,由于对自然资源的价值问题存在着非理性认识,片面追求经济利益,因而过度开发和消耗自然资源,造成生态破坏、环境恶化、资源短缺、贫富差距扩大等,不仅带来了环境问题,而且带来了一系列的社会经济问题,严重危及了人类社会的持续发展。因此,自然资源价值问题,既是一个重要的理论问题,又是一个重大的现实问题。

进入 21 世纪,随着可持续发展战略的实施,迫切需要对自然资源价值问题的认识科学定位,以促进对自然资源的保护与合理利用。这将对社会发展、经济决策、生态建设等产生重要的理论指导意义,有助于实现人口、资源、环境的协调发展。

科学地认识自然资源价值,有助于有关自然资源价值的理论创新与观念更新,为促进经济与资源的可持续发展,奠定了理论上和思想上的基础。自然资源不仅是人类索取的对象,而且是需要人类加以关心、保护的对象,改变视自然资源为完全没有价值的纯粹的"自然物"的认识,促使人类在进行资源开发的同时,保持应有的慎重和节制态度,合理地开发利用自然资源。其次,自然资源价值论有助于进行或加强对自然资源的资产化管理。自然资源具有价值,而且可以成为资产,能带来收益和财富,就应该按资产管理的要求进行管理,把使用和消费自然资源纳入正常的经济行为规范之中,通过市场运动规律有效地配置自然经济资源,使自然资源的所有权在经济上能得到充分体现,使自然资源在开发利用中实现自我补偿、更新、积累和增值,实现自然资源配置和利用的合理化。

总之,建立科学的自然资源价值观,改变无偿使用自然资源的错误做法,大力节约资源,科学利用资源,保护资源产权,不断提高资源利用率,促进对自然资源的保护与合理利用,充分发挥自然资源在人类经济社会生产和生活中的重要作用,对实现经济社会的全面、协调、可持续发展具有重大意义。

3. 自然资源价值国外研究发展状况

自然资源价值的经济学思想,可以追溯到17世纪的威廉·配第,其著名的论述"土地为财富之母,劳动为财富之父"是资源价值论的最早萌芽。随后18世纪到20世纪初,亚当·斯密、杰文斯、李嘉图、马歇尔等经济学家从自由市场的"稀缺"层面研究了经济与自然资源的关系,并得到了较一致的结论:自然资源的稀缺可以通过市场的价格机制得到解决。从20世纪初期,自然资源经济学朝着两个方向发展,一是自然资源学与经济学的结合,把自然资源当作一门经济学科系统来研究;二是继承从纯经济学角度研究自然资源的优化配置问题。进入20世纪80年代,资源经济学已经形成了完整的学科体系,出版了美国阿兰·兰德尔的《资源经济学》,他认为:资源经济学是微观经济学的一个分支,是研究自然资源和环境政策的一个分支,是研究自然资源和环境政策的一门应用经济学,它是利用经济学理论和定量分析的方法来揭示、分析、评价和指导制定关于自然资源和环境方面的政策。随着数学分析方法和计算机的发展,数学分析方法在资源经济学中应用越来越广。近年来,自然资源经济学充分吸收现代西方经济学的研究成果,重点研究资源环境价值计量、制度政策、自然资源的可持续利用等问题。

4. 自然资源价值国内研究发展状况

我国资源价值的经济学研究起步较晚,20世纪80年代以前,对资源经济问题的研究一般仅局限于自然资源综合考察、区划和地理研究。真正较系统地研究资源经济学是在20世纪80年代以后,鉴于中国经济所处的过渡经济体制特征,长期以来,理论界的研究主要集中在自然资源的价格理论和自然资源的使用制度(主要是产权制度)研究两大主题。1984年,中国农业科学院牛若峰研究员以美国《自然资源经济学》(1979年)和苏联《自然资源利用经济学》(1982年)为基础编写了《资源经济学和农业自然利用的经济生态问题》。到1993年之前,倪祖彬、刘书楷、许涤新、马传栋、黄亦妙、樊永廉、陈迭云、黄鸿权、史忠良、程鸿等先后编写了一些有关资源经济问题的著作。所有这些研究工作,丰富和发展了我国资源经济学,其中最明显的一个特点是:较注重政府管理研究,忽视市场机制利用研究。1993年后,强调综合运用新制度经济学研究自然资源优化配置问题,研究大多集中在产权制度改革、引入市场机制和激励性规制手段方面,包括公共资源补偿机制、外部性激励与抑制机理、资源代际管理机制优化、可持续发展经济机制、环境经济手段、排污权交易、经济激励机制、资源产权市场化等方面。纵观我国资源经济学的研究历程,一方面体现了对自然资源的开发利用由粗放型转向集约型的特点,另一方面也体现了我国经济由计划经济向市场经济转变的特点,逐步与西方资源经济学研究接轨。

5. 自然资源价值研究发展趋势与展望

我国自然资源价值的经济理论是在转型经济体制背景下产生的,在其发展的初期,研究内容、研究工具等主要体现了其特殊性。然而,随着市场经济体制的日益完善和资源经济理论的进一步发展,以市场经济为基本假定的现代西方资源经济理论研究的前沿问题必然出现在我国经济中,从而成为我国资源经济研究的领域,这主要包括:资源在经济意义上的分类问题;资源消耗过程中不确定性的研究;资源经济理论中的"租"的概念问题。同时,针对我国自然资源国情的实际,不完全的市场经济体制,自然资源市场化管理已成为我国资源经济理论研究的重点,并将继续发展下去。要形成完善的自然资源产权市场体系,还需要从政府规制、企业制度改革、市场交易制度完善以及市场制度的两大支撑——法律制度建设和生态伦理建设上全面进行制度建设,许多理论问题还有待深入加以研究解决。另外,作为我国资源经济研究的延续,在自然资源价值理论、资源安全和制度经济分析方面各有一些不同层次的问题尚需进一步研究。

在自然资源价值方面,首先要解决的是对劳动价值论和效用价值论在资源经济领域的比较分析。其次是对劳动价值论拓展的进一步论述。劳动价值理论是马克思主义经济理论的核心,即拉卡托斯所谓的理论"硬核",自觉结合自然资源特性对劳动价值理论的改进能否保证马克思主义经济学的理论完整性是需要进一步论证的。在自然资源定价方面,反映资源的可持续发展政策内涵的资源产品价格,从而,以资源补偿税为主的租金水平如何确定,在实施可持续发展战略情况下,将成为一个重要的研究课题。当然,各种资源定价方法的进一步完善,也是今后研究的一个重要方向。

14.2 面向可持续发展的自然资源价值观

14.2.1 可持续发展战略

1. 布伦特兰夫人提出的可持续发展

20世纪80年代伊始,联合国成立了以挪威首相布伦特兰夫人为主席的世界环境与发展委员会(WCED),以制定长期的环境对策,帮助国际社会确立更加有效地解决环境问题的途径和方法。经过3年多的深入研究和充分论证,该委员会于1987年向联合国大会提交了经过充分论证的研究报告《我们共同的未来》。报告将注意力集中于人口、粮食、物种和遗传资源、能源、工业和人类居住等方面,在系统探讨了人类面临的一系列重大经济、社会和环境问题之后,正式提出了"可持续发展"的模式。

报告深刻地指出,在过去,我们关心的是经济发展对生态环境带来的影响,而现在,我们正迫切地感到生态压力对经济发展所带来的重大制约。因此,我们需要有一条崭新的发展道路,这不是一条只能在若干年内、在若干地方支持人类进步的道路,而是一条直到遥远的未来都能支持全人类共同进步的道路"可持续发展道路",这实际上就是卡逊在《寂静的春天》里没能提供答案的"另一条岔路"。布伦特兰鲜明、创新的科学观点,把人们从单纯考虑环境保护的角度引导到环境保护与人类发展相结合,体现了人类在可持续发展思想认识上的重要飞跃。

2. 各学科领域的各种理解

(1) 侧重于自然属性的定义。

可持续发展的概念源于生态学,即所谓"生态持续性"(ecological sustainability)。它主要指自然资源及其开发利用程度间的平衡。世界自然保护联盟(IUCN)1991 年对可持续发展的定义是:"可持续的使用,是指在其可再生能力(速度)的范围内使用一种有机生态系统或其他可再生资源。"同年,国际生态协会(INTECOL)和国际生物科学联合会(IUBS)进一步探讨了可持续发展的自然属性,他们将可持续发展定义为"保护和加强环境系统的生产更新能力",即可持续发展是不超过环境系统再生能力的发展。此外,从自然属性方面定义的另一种角度是从生物圈概念出发,即认为可持续发展是寻求一种最佳的生态系统以支持生态的完整性、实现人类的愿望,使人类的生存环境得以持续。

(2) 侧重于社会属性的定义。

1991 年,由世界自然保护联盟、联合国环境规划署和世界自然基金会共同发表了《保护地球——可持续生存战略》(Caring for the Earth: A Strategy for Sustainable Living)。其中提出的可持续发展定义是:"在生存不超出维持生态系统涵容能力的情况下,提高人类的生活质量。"并提出了可持续生存的 9 条基本原则。这 9 条基本原则既强调了人类的生产方式与生活方式要与地球承载力保持平衡,以保护地球的生命力和生物多样性,又提出了可持续发展的价值观和 130 个行动方案。报告还着重论述了可持续发展的最终目标是人类社会的进步,即改善人类生活质量,创造美好的生活环境。报告认为,各国可以根据自己的国情制定各自的发展目标。但是,真正的发展必须包括提高人类健康水平、改善人类生活质量、合理开发和利用自然资源,创造一个保障人们的平等、自由、人权的发展环境。

(3) 侧重于经济属性的定义。

这类定义均可把可持续发展的核心看成是经济发展。当然,这里的经济发展已不是传统意义上的以牺牲资源和环境为代价的经济发展,而是在不降低环境质量和不破坏世界自然资源基础上的经济发展。在《经济、自然资源、不足和发展》中,作者巴比尔(Edward B Barbier)把可持续发展定义为:"在保护自然资源的质量及其所提供的服务的前提下,使经济发展的净利益增加到最大限度。"普朗克(Pronk)和哈克(Hag)在 1992 年为可持续发展下的定义是:"为全世界而不是为少数人的特权提供公平机会的经济增长,不进一步消耗自然资源的绝对量和涵容能力。"英国经济学家皮尔斯(Pearce)和沃福德(Warford)在 1993 年合著的《世界末日》一书中提出了以经济学语言表达的可持续发展的定义:"当发展能够保证当代人的福利增加时,也不应使后代人的福利减少。"而经济学家科斯坦萨(Costanza)等则认为,可持续发展是能够无限期地持续下去,而不会降低包括各种"自然资本"存量(量和质)在内的整个资本存量的消费数量。他们还进一步定义:"可持续发展是动态的人类经济系统与更为动态的但在正常条件下变动却很缓慢的生态系统之间的一种关系。这种关系意味着,人类的生存能够无限期地持续,人类个体能够处于全盛状态,人类文化能够发展,但这种关系也意味着人类活动的影响保持在某些限度之内,以免破坏生态学上的生存支持系统的多样性、复杂性和基本功能。"

(4) 侧重于科技属性的定义。

这类定义主要是从技术选择的角度扩展了可持续发展的定义,倾向于这一定义的学者认为,可持续发展就是转向更清洁、更有效的技术,尽可能接近"零排放"或密闭式的工艺方法,尽可能减少能源和其他自然资源的消耗。还有的学者提出,可持续发展就是建立极少产生废料和污染物的工艺或技术系统。他们认为污染并不是工业活动不可避免的结果,而是技术水平差、效率低的表现。他们主张发达国家与发展中国家之间进行技术合作,缩短技术差距,提高发展中国家的经济生产能力。

14.2.2 面向可持续发展的自然资源保护

人类发展至今,经历了采集狩猎文明、农业文明、工业文明,现在正处于工业文明向生态文明转型的关键时期。一种文明指向一种资源范围。在采集狩猎文明和农业文明时期,人们的行动都没有超过地球的资源范围,而工业文明指向稀缺、不可再生资源范围,正在兴起的生态文明指向清洁、可持续利用的资源范围。工业文明造成了严重的生态危机,可持续发展必须走以承认自然价值为基础的生态文明之路。

1. 传统发展的自然资源保护

从人类诞生之日起,在数百万年之久的采集狩猎文明时代,人类是以极其简单的工具去直接获得他们所需要的生活资料。通过采集和狩猎活动,人类的活动既对他用来为生的动植物群施加影响,又受到自然界中生物规律和生态规律的制约。在这段漫长的时期里,自然界处于一种非常重要的主导地位,而人在其中只是处于顺从、被动的地位。人和自然界相互作用的历史形式,是以生态规律占支配地位的原始人和自然共同进化的方式。

在采集狩猎文明末期,人类的生物进化基本完成,技术进步加快,发生了旧石器晚期的技术革命。狩猎技术的巨大进步带来了人口的快速增长,大片的森林、草原被开垦,自然环境受到一定的负面影响。食物危机迫使人类寻求新的生存资源和劳动方式。

农业文明时代的人类从自然系统的食物链上解放出来,开始建造自己的人工自然环境。在一万多年的农业文明中,虽然有各种自然灾害和斗争,但人类总体来说是稳定和安全的。因为当时的农业生产活动是人类仿效自然,利用生物规律和生态规律进行有机物质再生产过程。农业文明对自然资源的利用能力是有限的,没有对自然进行破坏,没有超过自然的自我净化能力。同时,人们注意维护与自然和谐一体的关系。

以蒸汽机、纺织机的发明和使用为标志的工业革命使人类进入了工业文明时期。在这一时期,任何自然的关系发生了重大的变化。人类利用不断发展的先进技术,把对自然征服和改造的痕迹扩展到地球上的一切自然系统,直至整个生物圈,使地球的整个表面成为人的活动场所,甚至越过地球进入太空。在工业文明时期,由于技术的突飞猛进,人类对自然的改造和利用形式更加深广和复杂。人类活动影响了动物、植物、微生物的生态系统结构,并且破坏了生态系统的良性循环。人类在工业文明价值观的影响下,发展了损害自然环境的科学技术和生产工艺。人类在不断膨胀的物质欲望的驱动下,凭借高超的技术,对自然进行不负责任的过分开采,这导致了人和自然的对立,大自然以生态规律的形式对人类进行了严厉的惩罚,这就是全球生态危机。生态危机揭示了人类对自然价值的损害造成了严重的环境污染和生态破坏,损害了生命和自然的多样性。在严厉的惩罚面前,人们才意识到工业文明对自然的掠夺所获得的物质上的发达是难以长久了。工业文明过分注重物质的发展,而不顾生态系统的可持续发展,这是一种片面的发展。

2. 可持续发展的自然资源保护

可持续发展的自然资源保护变得迫在眉睫。可持续发展呼唤一种新的文明,这就是生态文明。随着工业文明弊端的暴露和知识经济的出现以及人类的醒悟,一种新的有利于人类生存和发展的生态文明观正在建立。自然价值论为生态文明的建构提供了理论上的支持。

生态文明是指人们在改造客观物质世界的同时,不断克服改造过程中的负面效应,积极改善和优化人与自然、人与人的关系,建设有序的生态运行机制和良好的生态环境所取得的物质、精神、制度方面的成果总和。人与自然的和谐是生态文明建设的核心问题。生态文明是用生态世界观及其科学方法论来维护和促进自然进化,促进人和自然协同发展。

西方工业文明是以资源的消耗为代价谋求经济的增长,以高消费和享乐主义来刺激经济的增长。在中国,一些人对发展的理解片面,错误地认为发展就是单纯的经济发展。在改革开放30年时间里,中国的经济虽然得到了快速的发展,但是自然资源和生态环境受到严重的破坏。中国人口众多,资源相对薄弱,中国用短短的30年的时间走完了西方一些发达国家上百年的工业化路程,导致本应在不同阶段出现的资源环境问题在短时期内集中爆发出来,成为中国经济、社会可持续发展的主要制约因素。中国如何处理发展经济和节约资源的关系,是当今必须解决的首要问题。中国科学发展观的构建正是解决这一问题的关键。中国科学发展观提出要建立一个资源节约型、环境友好型的和谐社会,必须转变人们的生产模式和生活方式。发展循环生产和生态型消费是中国构建和谐社会的必然选择。自然价值论为循环生产和生态型消费的提出和推广提供了重要的伦理向导和理论支撑。

14.2.3 自然资源保护可持续发展的价值观

1. 传统价值观

人是自然的产物,人类依靠自然来获取生活的资源,维持自己的生存和发展。因此,我们的祖先对自然充满敬畏感和依附感。同时,人作为自然界唯一具有理性和智慧的存在物,又是不愿意完全屈服于自然的,即使在远古时代,人类也借助于想象来征服自然力、支配自然力,如盘古开天、女娲补天、夸父逐日、精卫填海等壮美的神话,就反映了早期人类征服自然的幻想。

随着人类生产力的发展和科学技术的进步,特别是工业化的发展,这种征服和支配自然的幻想逐步变为现实。人们在认识上也逐步形成"主客二分"和"人类自我中心主义"的价值观。这种自然观强调人与自然、思维与物质的分离和对立,认为只有人是主体,自然界是客体,主体是目的,客体是手段。作为主体的人有权主宰和统治世界,充分利用自然界来满足自己的需求。应该说,这种"主客二分"和"人类自我中心主义"的自然观在近代西方取得了很大的成功,它在实践中促进了人类对自然的征服和改造,创造出了巨大的物质财富,并促进了科学技术的发展。

然而,在这种观念的支配下,人类的自信和欲望盲目膨胀,人类的思想和行动只考虑自己的生存和享乐,殚精竭虑、贪得无厌向自然界索取,甚至不惜掠夺自然来满足自己的欲望。由此产生了滥砍滥伐森林、过度开采矿藏资源、大肆捕捉野生动物,导致资源的耗竭和生态的破坏,同时,又无止境地排放废弃物,损害了自然的净化能力,造成严重的环境污染。结果,不仅使自然遭受严重创伤,也使得人类陷入严重的资源危机、环境危机和生态危机中,威胁着人类自己的生存和发展。罗马俱乐部的创始人贝切利曾一针见血地指出:"人类创造的技术圈,入侵了生物圈,过多地进行榨取,从而破坏了人类自己明天的生活基础。因此如果我们想自救的话,只有进行文化价值观念的革新。"

2. 可持续发展价值观

文化价值观的革新,首先在于要克服把人与自然机械割裂开来的观念,确立人与自然一体共存的意识。实际上,人仅仅是自然界所创造的物质存在形态之一,人与自然在本质上是一体的、不可分割的。中国古代儒家提出"天人合一"的基本理念,认为"天道与人道相通不二",道家提倡"天地与我并生,万物与我齐一"的观点,佛家也认为"万物皆是佛",这些表述虽然不一,但都包含一个基本思想,这就是人与自然万物是一体的,不能把二者割裂开来。

因此,人类要实现可持续发展,首先要克服那种把人与自然割裂开来,只强调人是目的和人的主体地位,而把自然当作征服、索取对象的观念。自然界的健全存在,生态系统的良好维持,是我们赖以生存和发展的基础,保护自然界、保护生态环境不受破坏,就是保护我们自己的家园和生存的基础。可持续发展呼唤确立人与环境相融和谐的价值观,它要求把包括人在内的整个世界看成是紧密的有机统一体,肯定人内在于自然,生活于自然之中,人与自然一荣俱荣,一损俱损。

其次,必须确立尊重自然权利和自然规律的价值观念,既然自然万物和我们人类一样,是整个宇宙的相互依存的存在物,我们就应当像尊重他人一样,去尊重自然万物。我们对自然的保护,虽然不能脱离人类的需求,但又不能仅仅基于人类功利的计算,而必须有更高的伦理升华,或者说,是对自然权利有一种道义上的尊重和爱护。只有这样,我们才不会为了追求一种暂时的利益,去任意地掠夺自然,才能真正地与自然和谐共存。当然,尊重自然不是说人类不能向自然索取,不能从自然中去获得自己生存发展所需的资源,实际上,人类向自然获取生存资源也是一种自然法则。尊重自然权利的实质是强调人类的行为必须尊重自然固有的规律,按照自然规律去获取自然资源,尊重自然规律去选择自己的行为,遵循自然法则去保护生态环境。

再次,应该树立对自然的责任和使命意识。人是地球上唯一具有智慧的生命存在物,因此,人类不仅要承担起自己生存发展的责任,也应该承担对整个地球的责任,应该作为地球生命物种利益的代表者、生态环境的管理者、生物进化的引导者,去维护、发展、繁荣、更新、美化地球。人类的道德责任应该超出自身的狭隘限制,把维护整个生态系统的完整和协调作为自己义不容辞的使命。

14.2.4 自然资源可持续发展的伦理道德观

1. 中国传统伦理道德观

自然资源可持续发展的思想在中国源远流长,古代思想家对于可持续发展思想有着精辟而深刻的论述。著名思想家孔子主张"钓而不纲,弋不射宿"(指只用一个钩而不用多钩的鱼竿钓鱼,只射飞鸟而不射巢中的鸟)。其后的荀子则把自然资源的保护视作治国安邦之策,特别注重遵从生态学的季节规律,重视自然资源的持续存在和永续利用。春秋时期在齐国为相的政治家管仲,从发展经济和富国强兵的目标出发,十分注意保护山林川泽及生物资源,反对过度狩猎。

我国古代不仅有丰富的可持续发展的思想,而且有宝贵的可持续发展的实践。"网开三面""里革断罟"等典故形象地反映了我国夏、商、周三代自然保护活动的特点。到了春秋战国时期,人们不仅秉承了保护自然的传统,而且开始注重遵从生态学的季节节律,重视自然资源的持续存在,创立了保护正在孕育和产卵的鸟兽鱼鳖以利"永续利用"的思想和封山育林定期开禁的法令。例如重视自然循环的有机农业实践。土地资源可持续开发利用的实践,发明了"桑基鱼塘"和"修筑梯田"等农业生产方式。为了保护生物和环境,制定"圣王之制""王者之法",实施"虞衡"制度,以保证生物的可持续利用,这种思想在今天仍具有现实意义。

2. 现代可持续发展的伦理道德观

可持续发展的观念和思想是人类经过长期的探索,吸取以往发展道路的经验教训,根据多年的理论和实际研究而提出的一种崭新的发展观和发展模式。它是一个涉及经济、社会、技术及自然环境的综合概念,特别是一种从环境和自然资源角度提出的关于人类长期发展的战略和模式,并从理论上结束了长期以来将发展经济与保护环境、资源相对立的错误观点。可持续发展主要包括自然资源与生态环境的可持续发展、经济的可持续发展和社会的可持续发展这三个方面:一是以自然资源的可持续利用和良好的生态环境为基础,二是以经济可持续发展为前提,三是以谋求社会的全面进步为目标。

可持续发展包含了当代与后代的需求、国际公平、国家主权、自然资源、生态承载力、环境和发展相结合等重要内容。在代内公平和代际公平方面,可持续发展是一个综合的概念,它不仅涉及当代的或一国的人口、资源、环境与发展的协调,还涉及后代的和国家或地区之间的人口、资源、环境与发展的协调。另外,可持续发展也是一个涉及经济、社会、文化、技术及自然环境的综合概念。总体来说,基于可持续发展丰富的内容与改革的思想,其基本思想主要包括以下几个方面:

(1)不否定经济增长,尤其是落后国家的经济增长,但需要重新审视如何推动和实现经济增长。

(2)要求以自然资源为基础,同环境承载力相协调。

(3)以提高生活质量为目标,同社会进步相适应。

(4)承认并要求在产品和服务的价格中体现出自然资源的价值。

(5)以适宜的政策和法律体系为条件,强调"综合决策"和"公众参与"。

14.2.5 保护自然资源是实现保护生产力发展的要求

1. 以科学发展观为指导思想

科学发展观的具体内容包括:①以人为本的发展观;②全面发展观;③协调发展观;④可持续发展观。从中可以看出,科学发展观包含了可持续发展的理念,是较可持续发展观更为全面和深刻的发展战略。

科学发展观是国家发展战略的整体构想,既从经济增长、社会进步和环境安全的功利性出发,也从哲学观念更新和人类文明进步的理性化目标出发,几乎是全方位地涵盖了"自然、经济、社会"复杂系统的运行规则和"人口、资源、环境、发展"四位一体的辩证关系,并将此类规则与关系在不同时段或不同区域的差异表达,包含在整个时代演化的共性趋势之中。

在科学发展观指导下的国家战略必然具有十分坚实的理论基础和丰富的哲学内涵。为了实现我国的战略目标所规定的内容,我们应该根据自己的国情和具体条件,去规定实施战略目标的方案和规划,从而组成一个完善的战略体系,在理论上和实证上去寻求战略实施过程中的满意解答。

2. 实施科学发展观的主题

(1)始终保持经济的理性增长。
(2)全力提高经济增长的质量。
(3)满足"以人为本"的基本生存需求。
(4)调控人口的数量增长,提高人口的素质。
(5)扩大和保护自然的资源基础。
(6)集中关注科技进步对于发展瓶颈的突破。
(7)始终调控环境与发展的平衡。

14.3 自然资源价值理论

14.3.1 自然资源传统劳动价值论

从马克思劳动价值论的角度来解释自然资源价值,认为马克思劳动价值论是解决自然资源价值问题的坚实理论基础和重要理论依据,自然资源价值论是在新的历史条件下深化对劳动和劳动价值论认识的重要途径,具有重要的意义。

马克思的自然资源价值思想主要体现在《资本论》中,马克思的劳动价值论依然是当今诠释自然资源价值坚实的理论依据。在马克思的劳动价值论中,价值是凝结在商品中的无差别的一般人类劳动,即人类脑力与体力的耗费。价值是商品所特有的社会属性。价值概念有两方面含义:其一,价值是商品经济所特有范畴,用来反映人们互换劳动的社会关系,商品之所以要体现价值,不在于它是具有使用价值的物,而在于它是用来交换的。在非商品经济条件下的劳动产品是没有价值的。其二,价值的实体是抽象劳动的凝结。自然物之所以能成为可供人用以交换并为他人消费的商品,根本原因在于人对其物质形态的改变,人是通过自身的劳动实现这种改变的。劳动是一切价值的创造者。只有劳动才赋予已发现的自然产物以一种经济学意义上的价值。当劳动产品进入交换成为商品时,生产这种商品的劳动才能表现为价值,"劳动是价值的唯一源泉"这一论断是劳动价值论的核心观点。所以,这里所谈的自然资源的"价值",不是哲学意义上的价值概念,它仅指政治经济学意义上商品的价值。离开商品,就不是马克思在《资本论》中所论述的价值概念了。离开商品和商品经济谈论价值毫无意义。正如恩格斯所说:"经济学所说的唯一价值就是商品的价值。"

对自然资源有无价值的问题,马克思虽然没有专门地、系统地加以论述,但在《资本论》中多处谈到。马克思一方面认为自然资源没有价值,因为自然资源是先天形成的天然的自然物,不是劳动产品,有些自然资源是不能被人为生产和创造出来的,"瀑布的推动力,那是自然界现有的东西……瀑布是一个自然的生产要素,在它的生产上没有任何劳动曾经参加进去。瀑布和土地一样,也和一切自然力一样,没有价值,因为它不代表任何在其中物质化的劳动"。但是马克思另一方面又认为自然资源是有价值的,"煤有价值,必须支付一个等价物作为报酬,它是有所费的"。因为煤是"劳动的产物"。金和银有价值,因为"金和银,一从地中心出来,就同时是一切人类劳动的直接体化物"。可见,马克思对自然资源有无价值的问题并不是一概而论的,而是具体问题具体分析。

自然资源的价值主要由以下几方面决定:

第一,在自然资源的生产和再生产过程中伴随着人类劳动的大量投入,使整个现存的自然资源都表现为直接生产和再生产的劳动产品,它们参与流通与交换,因而具有价值。

第二,劳动创造的价值是由社会必要劳动时间决定或衡量的。尽管自然资源的再生产有其自身独特的规律性,但是自然资源价值量的大小仍然是由在自然资源再生产过程中人们所投入的社会必要劳动时间决定的。

第三,自然资源具有不同程度的自然力作用,能为人们所利用,以节约劳动、增加财富。

第四,自然资源的价格是其价值的货币表现,并反映自然资源的供求关系,供求规律决定着自然资源价格变化趋势。

因此,作为人类劳动与自然生产结合的产物,自然资源也是使用价值与价值的矛盾统一体;自然资源的价值和一般商品价值是完全同质的,只是二者在量的规定及表现形式等方面存在差别。自然资源既有价值,也有交换价值,还有资产属性。这种解释不但不违背马克思的劳动价值论,而且完全符合马克思劳动价值论的一般原理和实质。

以自然资源价值论为理论基础的自然资源资产化管理就是将自然资源作为生产资料构成的资产来进行管理。

自然资源资产化管理的基本要求表现为:

第一,确保国家自然资源所有者权益,使国有自然资源的所有权在经济上能得到充分的体现。

第二,强调国有自然资源在再生产过程中实现自我积累和保值增值。

第三,规范国有自然资源产权的流动,实现自然资源配置和利用的合理化。

14.3.2 自然资源的效用价值论

效用价值论是从物品满足人的欲望能力或人对物品效用的主观心理评价角度来解释价值及其形成过程的经济理论。运用效用价值理论很容易得出自然资源具有价值的结论。内在的使用价值、物质性效用和外在的有限性或稀缺性,构成了赋予自然资源价格的充分且必要的条件,亦即形成了可以对自然资源进行定价的原理和准则。但效用价值理论将商品的价值混同于使用价值或物品的效用,抹杀了商品价值范畴所固有的社会历史性质,同时,效用价值论存在着效用本身难以确定、效用论的价值观无法解决长远或代际资源利用等问题。

西方经济学的效用价值论是自然资源价值理论的基础。效用价值论认为人的欲望及满足是一切经济活动的出发点,也是包括价值论在内的一切经济分析的出发点。效用是物品满足人的欲望的能力。价值则是人对物品满足自己欲望的能力的一种主观评价。另外,只有与人的欲望相比稀缺的物品才会引起人们的重视,才是有价值的。因此,效用价值论的核心观点是效用是价值的源泉稀缺性,是价值的前提,而边际效用递减规律是一般的规律价值,由边际效用决定。

根据效用价值论的观点,自然资源显然具有能够满足人的欲望的能力,其数量的有限对人类需要的无限性是稀缺的,于是自然资源有价值成为不可避免的事,而资源的合理配置及资源的价格也自然成为西方经济学关注的焦点。

一般而言,自然资源可分为两类:一类是可再生资源,即那些可以用自然力来保持或增加储藏量的自然资源,如土地、江河湖泊等,只要合理利用,不使其过量消耗,都可以自己生产自己,不断地通过循环或繁殖,无穷尽地存续下去。另一类是不可再生资源,即那些没有自我繁殖能力的资源,如石油煤炭等。

14.3.3 自然资源功能价值理论

1. 自然资源的功能、效用和能力

自然资源的功能是指自然资源具有的满足人类某种需要的功能状态。任一自然资源对人类都具有特定的或多方面的功能。比如水资源能够为人类所认识、利用,提供饮用、渔业、航运、抗旱、灌溉、工业、发电、景观等各项功能。这些功能可以为人类产生一种或多种效用。人类根据自身的特点及能力,对资源施以开发利用,使这些功能满足了人类某方面或多方面的需要,也在此过程中实现了功能价值。自然资源的功能越多,满足人类需要的可能性就越大,即具有较高的功能价值,反之则具有较低的功能价值。

2. 功能价值理论

所谓功能价值理论,就是根据自然资源的质量和功能的变化来研究自然资源的变化规律,进而确定自然资源的理论。

3. 功能的减退与价值损失

自然资源在被开发利用的过程中,其物理的、化学的、生物的、性质都可能发生变化,即遭到不同程度的污染和折损,资源的质量因此下降,功能因之减退。这实质上是资源的价值降低,即资源在功能方面的损失。

14.3.4 自然资源补偿价值理论

1. 补偿价值理论

补偿价值是社会再生产过程顺利实现的必不可少的条件。马克思的再生产理论认为,社会再生产过程中的耗费不仅需要得到价值补偿,而且需要得到使用价值的补偿,即以各种各样的物质形态进行补偿。

由于历史的局限,经典的价值理论完全没有注意到经济活动与自然环境之间不断相互影响的事实。真实的情况是现代经济寄生于生物圈,它依赖生物圈提供资源,同时也将不可避免地产生的废物还给生物圈。在这里,社会经济的再生产与自然资源的再生产相互关联、相互影响,社会生产力由经济生产力和自然生产力相互交织转化而构成,整个生产过程既要受经济规律的作用,也要受那些不以人的意志为转移的自然规律的约束。因此,自然生产力无疑地加入了经济产品的价值形成过程。

在考虑自然资源的因素后,参与经济生产过程的生产要素从原先的资本、劳动增加为

自然资源、资本、劳动。世界银行的专家们将进入生产过程的自然资源称为自然资本。自然资本的价值的补偿有三种情况：一是限制资源的取用量，由自然生产力在时间的作用下得到恢复更新。二是面对因经济增长而引起的日益严重的资源环境危机，在全社会的范围内借助经济力量进行大规模的投资，以此来保护乃至改善资源状况。三是运用行政、法律、道德的力量，在制度上进行革命，同时树立人与自然协调进化的伦理观念，对地球的有机属性报以感激和尊重，不断地探索自然规律，并从中学习大自然的智慧。

2. 足量经济补偿

自然资源主要是指自然界合成的，在一定条件可以利用的自然要素，是构成生产活动的不可替换的生产基础，是现实生产的重要部分。自然资源的生态效应具有商品属性，让渡其使用价值应该得到经济补偿。经济补偿是通过一定的政策、法律经济手段实行自然资源利用外部性的内部化，让其消费者支付相应费用，生产、提供者获得相应报酬，通过制度设计和制度创新解决好消费中的"搭便车"现象，激励公共产品的足额提供，激励人们从事生态环境保护投资并使资本增值。

建立补偿机制是维持生态可持续发展的要求，自然资源不仅影响区域内支柱产业的选择和发展，对区域的发展具有支撑作用，同时资源的丰度、区位等也制约着区域的发展。我国的经济增长是以资源投入为主的粗放型增长来支撑的，是以自然资源的急剧消耗和环境的严重破坏为代价的。如果不顾生态环境的开发限制，在经济利益的驱动下，掠夺性的开发浪费资源，只会造成生态恶化，进而经济发展也会受到严重影响。现在，土地、森林、矿产、水资源保护形势严峻。

与此同时，建立经济补偿机制面临着许多问题：

（1）要明确补偿的主体与客体。

自然资源是一种公共资源，只有将产权界定清晰，才能明确谁补偿谁的问题。根据《中华人民共和国环境保护法》第16条"地方各级人民政府，应当对本辖区的环境质量负责，采取措施改善环境质量"的规定，建议明确地方人民政府是生态赔偿和补偿的主客体，不涉及具体的单位和个人。但是这种界定是不是有利于经济补偿的实施还需要实践的检验。

（2）要建立合理的补偿标准。

建立科学、合理的生态环境补偿机制必须对资源环境保护和重建的投入成本及效益进行科学的计算。计算资源环境保护和重建的直接投入成本相对比较容易，可等同为将受到破坏的资源环境恢复到正常或预期的状况所需支付的费用。但是资源破坏所造成的间接成本则很难确定。这是因为自然资源所造成的破坏有长期性和距离性，不是一个地区在短时间内就可以确定的。

（3）要有稳定的资金来源。

资金筹措问题是经济补偿机制的瓶颈，机制的建立最后还是需要资金的运作来支持，因此融资对于机制的建立是最重要的一环。我国的经济补偿大体上是以国家的转移支付为主，但是国家的财政收入有限，无法支撑起庞大的资金运作，现在建立一种有利于运用社会各种资金的融资机制是必需的。

建立经济补偿机制有其特有的的具体形式：

首先，应界定自然资源的产权。

一方面，由于自然资源的公共产品的特征，政府必须在补偿机制中发挥重要作用。产权的明晰界定应该法制化,保护产权所有者的权利,激励其在承担风险的同时得到有效的经济回报;另一方面,可以建立自然资源经营管理权交易市场,通过市场建立环境产权的流转机制。例如目前在生产中使用的可转让排污许可证。政府可以通过定价出售或者拍卖的形式分配排污许可证;或者政府给予企业一定数量的污染物排放权利,企业就拥有这些权利的产权,可以对这些权利进行配置。如果企业提高其生产技术,改革其排污治理能力,减少排污的数量,它就会有剩余的排污量,它可以拿到市场上进行交易。只有界定明晰的产权才能有明确的权利和义务。由于排污总量是政府在环境监测的标准的范围内,排污许可证转移的只是权利的使用,并不会改变环境的质量。用界定产权、政府直接法规控制和污染物税等形式来实施环境保护的方法,这方面需要政府发挥积极作用,需要政府建立环保法律诉讼制度、建立环保法规、制定污染税等。生态环境的保护是一个仅靠市场经济不能完成的任务,需要政府行使其职能。

其次,要正确进行自然资源价值的评估。

自然资源不仅具有经济价值,还具有巨大的社会价值。评估其经济价值也就是使用价值从其自然属性和社会属性入手。

(1)资源的丰度。

丰度包括资源的质和量,这是资源的基本自然属性。质高量高的资源体现在价格上也应该是高价格。下面以矿产资源为例,矿产质量方面的要求基本包括两方面内容:一是对矿石某些主要有用、有害组分含量方面的要求也就是品味的要求;二是对某些矿石物理技术性能方面的要求。矿石品位是衡量矿石质量的重要指标,它是指矿石单位重量或单位体积内有用组分或矿物的含量。矿石品位及物理技术性能要求包括以下几个方面:边界品味、工业品位、矿石类型品级、精矿质量要求、伴生有用组分和有益组分等等。这些标准都可以建立起量化指标,根据其指标显示其质量。针对不同的自然资源如森林、土地适用不同的量化评估指标。

(2)资源的区位。

区位是指自然资源富集在空间的点,自身与周边自然条件所构成的位置对产业空间有导向性的作用。不同的区位也会导致资源的经济价值差异。土地的区位差异是一个很简单的事实。在农业,这种差异可以透过土地的天然沃度、气候、水文及追加投资的状况等加以考察,它会在人与土地结合的过程中表现为产量的高低不同。区位的不同还会产生不同的影响。例如长江上游是长江流域的生态屏障和水源涵养地,长江上游的生态保护因其特殊的区位不仅在维持整个流域生态环境稳定方面起着极为重要的作用,其水、土、气等资源状况和生态环境的变化甚至会影响到全国的生态安全。长江上游地区的水土流失面积扩展迅速,目前占长江上游流域总面积的 1/3 以上。加之过度砍伐森林造成的森林涵养水源的减少,致使长江及其上游支流的流量明显减少。随着环境污染状况日益恶化,不少地区成为国家新的重污染区,不仅影响到该地区的发展,而且污染物通过扩散、迁移、传输,对周边地区和长江中下游地区产生了较大影响,特别是上游水质污染直接波及并加剧了长江中下游水污染情势。对于长江上游的生态环境的治理与改善,不仅仅是上游的问题,同时是整个长江流域的问题。全国生态环境建设规划将长江上游生态环境建设纳入国家生态环境建设的总体规划之中,实施退耕还林还草、禁止砍伐森林的政策,并且加大对生态建设的投资。但是实施的生态保护政策在一定程度上损害了上游的经济利益,作为受益者的中下游应该为上游做出的经济牺牲给予补偿。

14.3.5 自然资源价值形态

1. 自然资源价值的多样性

"价值"既是自然价值理论的前提,也是环境伦理学的基础。使用"价值"一词,可以从人的角度对大自然所承载的价值进行总结。在这里使用"承载"一词,因为这个词语可以使人们同时思考客观性和主观性两个方面的问题。在这里,将自然资源价值具体分为14种:

(1)生命支撑价值。

生态系统是我们人类文化的基底。人是生态系统的栖息者,人依赖于自然给我们的空气、阳光、水、食物链、光合作用等。自然是一个进化的生态系统,在几十亿年的过程中创造了上万个物种,在人类之前所有的资源、其余的生命价值已经存在,人类的出现是这个系统中最有价值的事件,但只是这个有价值的系统中价值生产和价值支撑事件的一个子集。

(2)经济价值。

自然的事物种类繁多,具有多姿多彩的巨大能量,因而大自然具有丰富的实用潜能,人类可以加以利用,这是经济价值的来源,价值既依赖于人的劳动,同时也是自然物固有的属性。

(3)消遣价值。

人不是时时刻刻都在工作,也需要消遣。大自然的景色需要人们用心体会,但可以使人们获得惬意的、休闲的、具有创造性的娱乐,荒野自然更是塑造人的性格之所。

(4)科学价值。

对毫无价值的东西研究在本质上是不可能有价值的,自然本身的丰富性值得研究。科学告诉我们事物是什么,它们从哪里来,这些故事包含着人类的起源,让我们知道,人不过是地球上的后来者。

(5)审美价值。

自然中的美无处不在,但是需要人的心灵的静观。

(6)基因多样性的价值。

地球生物包含有丰富的基因种类,人类的实验室里不可能全都了解和利用。基因多样性的价值是人类的经济价值和存在于生命当中的生物价值的某种奇特组合。

(7)历史价值。

人与自然相互作用中产生了个民族的文化,但自然史比文化史更漫长,了解自然史就能知道人来自何处,人在自然中的地位如何。

(8)文化象征价值。

文化不可能脱离环境而发展,人们之间的差异包括意识的自我表现确证和受大自然影响的文化传统,因而每一种文化都会选择自然物来象征自己。

(9)性格培养价值。

荒野自然以及自然史对人的性格培养塑造起重要的作用,使人学会抗争、自立、勤俭、宁静、单纯等等。

(10)辩证的价值。

自然界的进化是在动力和阻力二者之间展开的,生命在竞争和互相依赖中进化发展起来。

(11) 稳定和开放性价值。

大自然在稳定中又有着偶然和变化、创新,使自然不断走向创新。

(12) 多样性和统一性价值。

自然现象丰富多彩,原理却非常简单。组成生命的物质只有几种,生命形式却多种多样。自然就是多样性与统一性的完美结合。

(13) 生命价值。

一切有生命之物都值得敬畏和尊重。

(14) 宗教价值。

自然既锻炼体魄,也熏陶精神,启发了人类的敬畏和谦卑感,创造了诗歌、哲学和宗教。

2. 创造性是价值属性最重要的特征

价值是一种创造性,是事物本身的属性。价值也就是自然物所具有的创造性属性。这些属性使得自然物不仅极力通过对环境的主动适应来求得自己的生存和发展,而且它们彼此之间相互依赖、相互竞争的协同进化也使得大自然本身的复杂性和创造性得到增加,使得生命朝着多样化和精致化的方向进化。

有生命的生物个体是有价值的,因为它们虽然没有主体意识,但是它们能从自己的角度评价、选择并利用其周围的环境,求得自己的生存,而且通过它们之间的相互依赖、相互竞争的协同进化,使大自然本身的复杂性和创造性得到增加,使得生命朝着多样化和精致化的方向发展。价值更是进化的生态系统内在具有的属性,这种内在价值是客观的,不能还原为人的主观偏好。大自然不仅创造了各种各样的价值,而且创造了具有价值评价能力的人,自然朝着产生价值的方向发展,并不是我们赋予自然以价值,而是自然把价值馈赠给我们。从系统的角度来说,评价行为不仅属于自然,而且存在于自然之中。总之,价值能创造出有利于有机体的差异,使生态系统丰富起来,变得更加美丽、多样化、和谐、复杂。

后　记

　　记忆中,小时候的每一个端午节似乎都会下雨,久而久之便会固执地认定,雨也是端午节的一部分。在端午节的第一场雨里,娃娃时的我就挂着装满香草的荷包,美滋滋地到处逛游。直到现在忆起,儿时头发和衣服上那淡淡的香草味还贮存在肺里,我童年的端午就在这叽叽喳喳、欢欢蹦蹦中遥遥而过。时间和我约定,等来端午后的另一场雨时,就把手上的五彩绳剪掉,于是我常常数着日历,期待着又不想那场雨这么快就来。

　　在千万里之远的江南,待了足足七个年头。大城市的节日往往少了些什么。除了那雨还记着这个端午,似乎别的都被忘却了。不知道是不是因为城市太大、马路太宽、路程太远,人心也不知不觉地被拉得远之又远。

　　家乡的端午永远是最有味道的。一大清早,妈妈都会把我从迷迷糊糊中叫醒,还在我迷蒙赖床之时给我的脖上、手腕、脚踝系上五彩绳。那时候家里正是艰难的时候,舍不得去买外面的好几块钱一根的彩绳手链,妈妈就提前好几天给我搜集缝补衣裳的细绳,把它们拧成一股儿留好,到端午之时便细心地给我戴上。虽然小小的手脖环绕的五彩线比不了外面买的那样气派与亮眼,但是每个端午节妈妈都不会少了我这样的小玩意儿。每当看到别人手上光彩夺目的手链,我虽有一点羡慕,但心里却从没感到过任何失落,因为我总觉得,只有妈妈亲手给我戴上的,才算得上最好的。

　　系牢后,妈妈会用她熟悉的声音哄着我快去照镜子,这时一向爱美爱装饰的我就一股脑爬起来,眯缝着眼睛仔细欣赏我新鲜可爱的五彩绳。然后妈妈一边催着我一边拉起我的胳膊,带我去门前不远的那条清澈的大河里洗一把。捧起一汪水,透凉的河水划过脸颊和肌肤,两只小脚在河边的浅滩里欢快地踢着水花,我"咯咯"的笑着,妈妈也跟着我一起笑着……后来我越来越能体会到,在那段日子里妈妈曾不止一次对我说,有我在和我的笑声在,就能把她那段最难熬、最苦涩的岁月冲甜。

　　这时候我总不忘要站在那块硕大无比的石头上,将我悉心折好的、写满愿望的小船,缓缓放入水中,看着它们顺流漂去,眉开眼笑,心里笃定那些简单的小愿望一定会实现。现在当我再次折一只纸船的时候,我愈发能体会到冰心老人含泪所叠的纸船里蕴含的是怎样的至爱挚情。倘若我也折一只纸船寄给您,妈妈,你在梦里也能收到吗?我知道你也一定不会讶异。

　　从大河回家的路上,绕道去趟小树林,摘两枝艾蒿,系上妈妈和我亲手用彩纸叠的那几个八角小葫芦,插在自家的门檐上,家家户户都如此,愉悦地打扮着各自的门面。动作快的人家早就插好了,各式各样的葫芦随着微风在树枝上飘动,顿时小镇里处处洋溢着节日的氛围。

　　每当妈妈和我踏青回来,爽朗的大舅妈就会给我们送来热乎乎的粽子,头几年是红枣的,再后几年蜜枣粽多一些。我最喜欢吃大舅妈做的饭菜了,小时候爸爸妈妈都非常忙,没人顾得上我吃饭的时候,我就会自己一个人厚着脸皮跑到大舅妈家蹭吃蹭喝,再或者我在自己家没吃饱饭的时候,也会耍赖皮偷偷跑去大舅妈家再吃一顿。有时候我就在想,要是小时候没有时不时地就去大舅妈家补充营养，说不定现在的我连这么高的个子也长不到呢。每次我一去大舅妈家，我总是习惯性跟在大姐的屁股后面转来转去，小小的我总是觉得世界上好像只有大姐才是和我最最亲近且不会离开我的女神，她总是哄着我和二姐乐颠颠的。再后来，大姐读了高中，去了别的区，当我再去大舅妈家的时候，总觉得心里空落落的少了点什么，二姐读了初中也紧忙着功课，我一个人似乎变得孤独了，之后我去蹭饭的时候也越来越少了。伴随着大姐离开家，我第一次真切地感受到自己的童年似乎快要画上句号了。

宿舍里挂着的香包在雨气里显得格外清香，但是总少了几分家乡那种香草的味道。我到现在还记得，每逢端午，班主任何老师都会在班里组织"碰鸡蛋大比拼"，早上的时候我都会把妈妈煮熟的鸡蛋全部碰一遍，美其名曰帮妈妈剥鸡蛋壳，然后精挑细选出一个"最硬"的鸡蛋去学校找小朋友们一较高低，可我总是用不上几轮就败下阵来，记得有一次一个小男生竟然拿着鹅蛋来和我们比拼，结果秒杀班里所有的鸡蛋硬汉，顺利夺冠，接着我们这帮娃娃们就欢声笑语地把自己那颗被碰得碎不成样的鸡蛋给吃掉，就算我再不愿意吃蛋黄，和同学们一起吃，我也一定会把它通通消灭。现在回想起来，童年的事情总那么让人忍俊不禁。

每个节日，外婆总是我最浓的情感所在。每个端午，外婆都靠她那一双巧手给我家剪出一把红色的剪刀贴在门上靠锁的位置，还会特意给我做一个用线紧缠的小纸人放在外婆自己缝制的口袋里压在我的香草小枕头下，这个枕头我至今还一直尤为爱惜地保留着。我从没觉得外婆迷信，相反我很乐意更很享受这位80多高寿的老人家对我这唯一的外孙女的爱。外婆没上过学，但是她经历过真正的战争，我可喜欢听她讲她小时候遇到鬼子总是能很好地把自己藏起来，有时还会顽皮地在日军空袭之后偷偷跑去捡几个炮筒子玩，吓得曾祖母和曾祖父再不敢让她拣子弹。外公去世的早，我没有见过外公，可我经常听妈妈和我说起，在外公撒手人寰之后，在那个年代里，外婆作为一个家庭妇女，没有工作，家里没有任何经济来源，是她一个人起早贪黑苦苦支撑起这个家，拉扯着5个孩子一起过活，再苦再难也没有抛弃孩子们，宁可累垮自己也要坚持供5个孩子上学读书。有时候我都不敢去想象，外婆1米5的个子，80斤的体重是如何一步步撑起这个残败的家。外婆的这些故事足以写成一部书，可惜我并没有那样好的文笔，也没有那样多的时间能够像小时候那样依偎在外婆怀里问这问那，盯着外婆那双透彻的眼睛，看她笑意盈盈。或者有一天，我会怪自己当初竟会找这么多无聊无知的借口作搪塞罢。

每当想起外婆，我都会想起小时候正月十五我和外婆一起去看烟花，大姐、二姐、我和外婆一起去大河滚冰送灯，星星点点的光亮就像天上的星星一般璀璨。有时候在滚冰之前，我们也会开玩笑说，长到了几岁就打几个滚，外婆总是声色俱厉又温柔搞笑地呵斥我们，祖孙4人哈哈大笑，不亦乐乎。半夜里吃了夜宵，或是第二天一大清早，我们就一起去河里捡蜡烛，就像寻宝似的，每次都能捡到好多好多，冰封的大河被白雪厚厚地覆盖着，虽然天气严寒，风刮得脸生疼，但每次只要和外婆在一起，我总是觉得很自在、很快乐。

70岁有个家，80岁有个妈。这话一点不假。依稀记得外婆66大寿的时候，我们全家人一个不少地聚在一起为外婆贺寿，那时候我觉得外婆还年轻。如今贺寿的场景依稀在目，可是外婆已经80出头了。这十多年的光景就这样不知不觉地过来了，在这期间，我们这个大家庭里面的每户小家都发生了太多的变化，阿城、哈尔滨、唐山、上海、杭州、武汉、成都、中国台湾，甚至美国，天南海北，分分离离……只有外婆一个人一直固守在家乡不曾离开。我理解她，故土难离，对于我来说尚且如此，那么对于她来说，更是这样。

去年回家的时候，跟了外婆一辈子的老房子要被强制拆迁。外婆一次次大老远地跑去看望那座空壳子。看着那房子一点点被拆得七零八落，外婆的心仿佛也被拆得千疮百孔。我还记得，面对拆了一半的老房子，她第一次淡淡地说起"看得叫人心疼"，这是我第一次感受到这个坚强的女人内心里的那份柔弱，身体一向很好的她病了一场。

那年，我特意一个人跑去老房子拿着相机前前后后拍了好几遍，这里我太熟悉了，它是我从小待过的地方，这里的前院后院、一瓦一砖、一树一草我都再熟悉不过了，就算我十几年不去，远远一眼我也能立刻认出它，闭上眼我也能想出它的样子。贴了对联，贴了福字，在老房门前放了鞭炮，虽然已经被拆了一半了，房子里没有任何东西，玻璃也破烂不堪，但是我去之前外婆还是再三叮嘱我，记得出来家的时候要锁好门。我哽咽了，是啊，在外婆心目中一直不愿相信这座老房子已经不属于她了，这座老房子就要没了这个铁打的事实，她总是觉得房子还在，人也还在。我听外婆的话，学着她的动作，默默地把大锁头在两个门环上别好，拿前面这块遮挡的皮子挡牢。有时候，自欺欺人其实是一种可悲。

我心里清楚地知道，对于这房子来说，这是最后一个年了。等我再回来时，它将不复存在，这个跟了外婆一辈子的房子，记载着她婚姻、青春、儿孙的老房子将再也看不到了。我想，就算现在外婆住在高楼里，用着高档的家电，在外婆心里也远远比不上老房子那些个古董破旧的东西，因为那是她一生的心血和情感所在。外婆这辈子已经承受了太多太多的东西，她不说，但是我懂。每次妈妈回家的时候，她害怕妈妈一路劳顿胃口不好，就会早起煮妈妈最爱喝的玉米面粥；每次我要离家时，外婆都会提前好几天为我准备我想要的黄豆和木耳，每次她都是带着老花镜一个一个、一片一片地把最好的挑出来给我带着，自己拣最差的吃。对妈妈是这般，对我是这般，对她的这些儿女子孙都一如这般，殚精竭虑，事事挂心。

还记得上次老舅离家时，外婆看到老舅踏上了离别的车，背过身就往家里走，再不肯多看一眼。回到家，我真真地看到外婆一个人在屋里抹眼泪，那是我第一次看到外婆哭，也是唯一的一次。外婆心里的难过、担心、思念、孤单等等种种交织在一起的情感必定比我这个孙辈体味到得更深更沉。

外婆是伟大的、博爱的、坚忍的、要强的，她这一生都在为儿女子孙考量，就算是现在如此高龄了也还是这样，从不把自己放在心上。

窗外一场雨，竟勾起我无数往昔的回忆。今天，真的想家了……记得我曾和独在异国他乡的传哲哥哥说"我们都要做内心强大的人"——是啊，无论这生命中的历练再怎么难，我们都会咬着牙坚挺过去。

写在端午，写给我们的家人。骨肉相连，血浓于水。不管天涯海角，还是各自一方，只要我们大家彼此安好，所有的节日就都是值得庆祝的。

因为，我们是一家人。

2015.6.21 端午
杨倩胜辉　于浙江杭州

参考文献

[1] 曾建平.环境正义:发展中国家环境伦理问题探究[M].济南:山东人民出版社,2007.
[2] 郑慧子.走向自然的伦理[M].北京:人民出版社,2006.
[3] 高兆明.伦理学理论与方法[M].北京:人民出版社,2005.
[4] 韩立新.环境价值伦理学[M].北京:北京大学出版社,2004.
[5] 蒙培元.人与自然——中国哲学生态观[M].北京:人民出版社,2011.
[6] 曹孟勤.人性与自然:生态伦理哲学基础反思[M].南京:南京师范大学出版社,2004.
[7] 余涌.中国应用伦理学[M].北京:中央编译出版社,2002.
[8] 宋惠昌.应用伦理学[M].北京:中共中央党校出版社,2001.
[9] 李培超.自然的伦理尊严[M].南昌:江西人民出版社,2011.
[10] 王海明.伦理学原理[M].北京:北京大学出版社,2010.
[11] 解庭晨.生态危机的哲学思考[J].自然辩证法研究,1993(7):17.
[12] 刘李伟,邹永图.人与自然:"中心论"还是"主体论"[J].广东社会科学,2000(1):12.

参考文献

[1] 潘家华,郑艳主义.适应性新区域治理:跨国界流域气候风险管理[M].青岛:中国海洋大学出版社,2007.
[2] 姚檀栋.走向西部的中国冰川学[M].北京:大象出版社,2006.
[3] 高登义.名山大川与名人[M].北京:气象出版社,2005.
[4] 鲁安怀.矿物材料化学基础[M].北京:北京大学出版社,2007.
[5] 蔡运龙.人文地理学——地理学中的一支奇葩[M].北京:大象出版社,2014.
[6] 蔡运龙.人地关系与自然区域治理与气候变化问题研究[M].北京:商务印书馆,2004.
[7] 郁进.地理学思想史[M].北京:高等教育出版社,2005.
[8] 何强.自然作为哲学[M].沈阳:中国社会科学出版社,2001.
[9] 葛剑雄.自然地理哲学导论[M].南昌:江西人民出版社,2011.
[10] 姚洪钧.公理地理学原理[M].北京:北京大学出版社,2010.
[11] 陆大道.区域发展及其空间结构[J].自然地理学进展,1993(3):7-17.
[12] 施雅风.地球系统科学与地理科学体系研究[J].地理学报,2000(5):1-.

12